泰國

THAILAND COMPLETE MAP

最新・最前線・旅遊全攻略

泰國全圖
0 50 100km
N
A
B
C
1
2
3
緬甸
寮國
越南
泰國
柬埔寨
馬來西亞
印尼
阿卡族村落 P.121
Akha Hilltribe Village
金三角
P.120 瑤族村落
Yao Hilltribe Village
(Nong Waen)
清萊 P.134
Chiang Rai
湄公河
龍坡邦
河內
海防
南定
寧平
清化
北部灣
榮市
帕夭
清邁 Chiang Mai P.105
博桑
P.121
克倫族村
Ban Mae Sa Pok Nuea
南邦
東吁
萬象
烏塔拉迪
烏隆府
班清遺址
勃固
怒川
直通
仰光
P.148 素可泰
Sukhothai
披索洛克
孔敬
比魯島
毛淡棉
毛淡棉灣
濱河
那空沙旺
孟族村寨 P.121
Mu Ban Mon
耶城
桑卡拉武里
烏汶叻差他尼
巴色
瓦盧昂寺
普寺
那空叻差叻
通帕蓬
昭披耶河
沙拉武里
大城 P.94
Ayutthaya
土瓦
夸伊河鐵橋
帕納孔大塔
曼谷 P.21
Bangkok
叻披里
阿朗耶普拉特
暹粒
吳哥
湄公河
安達曼海
曼谷灣
彭世洛
P.104 格蘭島
Koh Lan
芭達雅 P.100
Pattaya
馬里島
洞里薩湖
馬德望
華欣
美禮（毛淡棉）
塔儂丹池島
達叻府
象島
閣骨島
金邊
惠安瀑布
丹老群島
班薩潘
泰國灣
圖薩莫特
胡志明市
朗比島
南緣島 P.194
Koh Nang Yuan
西哈努克市
春蓬
隆世安
米托
永隆
喀拉地峽
龜島 P.194
Koh Tao
富國島
朗江
芹苴
沙嗲島
蘭蘇艾
邦安島
蘇美海峽
蘇美島 P.171
Samui
越南
克莫
白龍
蘭塔島
蘇叻他尼
塔克帕
克莫角
崑山島
P.143 考帕吊
國家公園
Khao Lak Lam Ru
National Park
那空是貪瑪叻
甲米
P.137 普吉島
Phuket
P.168 皮皮島
Koh Phi Phi
特蘭
博他崙
宋卡
合艾
北大年府
南海
塔爾陶島
康奈爾
蘭卡威島
亞羅士打
馬來半島
哥打巴魯
蘇門答臘島
喬治城
檳城島
瓜拉登嘉樓
太平
馬六甲海峽
圖示
景點
寺廟
餐廳
咖啡廳
酒吧
購物
美容
飯店
超商
星巴克
匯兌

曼谷市中心
0 1 2km
D
E
F
1
2
3
Nonthaburi Civic Centre
Thung Song Hong
馬哈橋
Chaloem Kanchanaphisek Park
Ministry Of Public Health
BIG C超市
暖武里博物館
Yaek Tiwanon
MRT紫線
Wat Samian Nari Station
Wat Samian Nari寺廟
農業大學站
Kasetsart University
社那尼空站
Sena Nikhom
拉瑪五世橋
基安寺
Wong Sawang
SRT暗紅線
拉差裕庭站
Ratcha Yothin
帕鴻裕庭24巷站
Phahon Yothin 24
Nikhom Rotphai Khomo Sip-Et
叻抛五岔路口站
Ha Yaek Lat Phrao
Bang Son
喬德夜市：神奇之地 P.15
JODD FAIRS:DanNeramit
拉瑪七世橋
P.76 洽圖洽周末市集
Chatuchak Weekend Market
洽圖洽公園
帕鴻裕庭站
Phahon Yothin
紅蓮花水上市場 P.37
Red Lotus Floating Market
島本站
Tao Poon
曼谷中央車站
叻抛站
Lat Phrao
蒙奇站 Mo Chit
叻猜拉披色站
Ratchadaphisek
MRT黃線
Prachim Ratthaya Expy.
昭披耶河
Mae Nam Chaophraya
甘帕安碧站
Kamphaeng Phet
螺萃文創園區
P.63 Opium Spa
P.92 Josh Hotel
素鐵訕站
Sutthisan
暹羅飯店
The Siam Hotel Bangkok
P.33
大林江水上市場
Taling Chan Floating Market
Sirat Expy.
阿里站
Ari
Don Muang Toll Way
匯權站
Huai Khwang
MRT藍線
鐵路
P.44
Krua Apsorn
拉差達火車夜市
The One Ratchada
Chalong Rat Expy.
勝利紀念碑
曼坤暖站
Bang Khun Non
P.43
Pe Aor
泰國文化中心站
喬德夜市 P.78
JODD FAIRS
P.4-5
南隆市場
Nakhon Sawan Rd.
拉瑪九世站
Rama 9
拉瑪九世寺
MRT藍線
金山寺
Wat Saket
披耶泰站
Phaya Thai
Sirat Expy.
P.29 粉紅象神廟
Wat Saman Rattanaram
國家運動場站
National Stadium
碧武里站
Phetchaburi
ARL城市線
P.12-13
暹羅站
Siam(Central Station)
蘇坤蔚站
Sukhumvit
P.6-7
阿索克站
Asok
BTS蘇坤蔚線
塔帕站
Tha Phra
倫坡尼公園
曼派站
Bang Phai
Petchkasem Rd.
空訕站
Khlong San
是隆站
Si Lom
Sirat Expy.
BTS金線
水門寺 P.28
Wat Paknam
通羅站
Thong Lo
曼瓦站
Bang Wa
武他甲站
Wutthakat
BTS是隆線
P.14
P.8-9
P.10-11
拍崑崙站
Phra Khanong
Baan Charm P.71
曼谷嘉佩樂飯店 P.48.90
Capella Bangkok
Phra Nakhon P.51
Chalerm Maha Nakhon Expy.
P.39
河濱碼頭夜市
Asiatique The Riverfront
P.39
克里普索人妖秀
Calypso Cabaret Bangkok
Away Bangkok Riverside Kene P.93
Away Bangkok Riverside Kene
安努站
昭披耶河
Mae Nam Chaophraya
Tuang Dim Sum P.47
Por Krua Tuen
楠拉差皇家寺
Terminal 21拉瑪3百貨
TERMINAL 21 RAMA 3
P.58 Pier21
拉瑪九世橋
邦南彭水上市場
Chalerm Maha Nakhon Expy.
Pariwat寺
席娜卡琳火車鐵道夜市
Train Night Market Srinakarin
Dan 寺
菩提通寺
普羅凱切塔拉姆寺
lat pho公園
景福宮站
Sontam Worawihan 寺
普密蓬二世橋
Bearing
Imperial World Samrong 百貨公司
Maha Wong寺
普塔布查寺
Big C超市
暹羅站
Pu Chao
Kanchanaphisek橋
P.36 安帕瓦水上市場
Amphawa Floating Market
三頭象神博物館
The Erawan Museum

古城區
0 100 200m
1:14,000
A
B
C
1
2
3
普拉蘇門堡壘
Bang Lamphu博物館
Phra Arthit碼頭
Phra Arthit
Phra Pin-Klao碼頭
Phra Pin-Klao
帕賓納大橋
Phra Arthit Rd.
Madame Monsieur
Khun Dang Guay Jub Yuan P.81
Phra Sumen Rd.
P.43 Mam Tom Yum Kung
查那松康寺
僧王寺
昭披耶河
Mae Nam Chaophraya
Somdet Phra Pin Klao Rd.
詩里拉醫院
吞武里火車站碼頭
Thonburi Railway Station Pier
泰國景觀酒吧
國立美術館
考山路 P.80
Khao San Road
國立劇場
曼谷國立博物館
Ratchahadamnoen Klang Rd.
Royal Rattanakosin Hotel
民主紀念碑
Prajarn碼頭
法政大學
Rop Krung Canal
Prannok碼頭
Prannok
瑪哈泰寺
皇家田廣場
Sense Of Thai
The Maharaj碼頭
Tha Maharaj
Mont NomSod
泰國最高法院
Chao Pho Suea廟
曼谷市政府
泰國藝術大學
P.46 Naiuan Yentafo
鐘廟
Lan Khon廣場
鐘廟碼頭
曼谷城柱神廟
P.60 Cheng Sim Ei 丁索路店
Cheng Sim Ei Dinso Road
入口
大鞦韆
Tha Chang碼頭
Tha Chang
P.48 The Gingerbread House
Sanam Chai Rd.
P.35 蘇泰寺
Wat Suthat
P.26玉佛寺＆大皇宮
Wat Phra Kaew & Grand Palace
Ratchaworadit碼頭
拉差巴迪寺
拉查波比托寺 P.35
Wat Ratchabophit
Maharat Rd.
Saranrom
公園
MRT藍線
MRT Blueline
(停業中)
Tha Tien碼頭
Tha Tien
渡し船
P.32 臥佛寺
Wat Pho
Krua Wan
Worawiharn寺
P.49 Make Me Mango 塔田店
Make Me Mango Tha Tian
老暹羅購物中心
Wat Arun碼頭
Wat Arun
China World
P.33 鄭王廟
Wat Arun
暹羅博物館
沙南猜站
Sanam Chai
P.50
Supanniga Eating Room 塔田店
Supanniga Eating Room Tha Tien
P.61 Bue Whale
P.81
Floral Cafe at Napasorn
Rajinee碼頭
Rajinee
帕空鮮花市場
Moli Lokkayaram
Ratchaworawihan寺
拉瑪一世紀念碑
Chakraphet Rd.
甘拉耶納密佛寺
昭披耶河
Mae Nam Chaophraya
Memorial Bridge碼頭
Memorial Bridge
巴塞提朴大橋

D
E
F
Makkhawan Rangsan橋
Ratchadamnoer Nok Rd.
Phitsanulok Rd.
1
Buddha & Pals
Thewakam Rangrak 橋
南龍傳統市場
Luk Luang Rd.
Nakhon Sawan Rd.
Sabaidee Minitel
Lan Luang Rd.
拉瑪七世博物館
Panfa Leelard Pier
王孫寺 P.35
Wat Ratchanatdaram
入口
Narit Damrat橋
P.81 Sutathip
金山寺 P.80
Wat Saket
Prince Palace Hotel
Bangkok
鬼門炒河粉 P.45
Thipsamai
Jay Fai P.14
Charoen Rat 橋
Bo Be Market
P.60 Sai Sai
Sai Sai
2
步行約5分鐘
Bamrung Mueang Rd.
Worachak Rd.
Hua Chiew醫院
Villa De Pranakorn
Krungthai銀行
Thewi Worayat寺
Ministry of Energy
ommani Nart
公園
Maha Chai Rd.
Kasat Suek橋
Phra Phiren寺
三峰站
Sam Yot
Damrong Sathit橋
Yot Se
Debsirindrawas Ratchaworawihan寺
中央醫院
盤谷銀行
Luang Rd.
Mega Plaza
Nopphawong橋
P.12-13 唐人街
石龍軍路
龍蓮寺
三聘市場
3
龍蓮寺站
Wat Mangkon
7月22日圓環
MRT藍線
MRT Blueline
耀華力路
華喃峰站
Hua Lamphong Station
Hua Lamphong

暹羅廣場周邊
0 100 200m
1:10,000
A
B
C
1
2
3
拉差貼威站
Ratchathewi
曼谷亞洲飯店
曼谷VIE美憬閣飯店
Phetchaburi Road
Petchaburi Rd.
City Complex
Pantip Plaza Pratunam
水門市場
The Platinum Fashion Mall
Phaya Thai Rd.
Hua Chang(Siam Square碼頭
Hua Chang Heritage Hotel
湄南運河
Khlong Saen Saep
曼谷暹羅凱賓斯基飯店
州立公園
LIT BANGKOK Hotel
拍耶泰路
P.86 Thongyoy Cafe
P.72 Greyhound Original
Siam Paragon
P.86 暹羅百麗宮
Siam Paragon
曼谷市立藝術文化中心
Bangkok Art & Culture Centre
暹羅探索
Siam Discovery
暹羅中心
Siam Center
Super Rich
P.86 中央世界購物中心
Central World
國家運動場站
National Stadium
暹羅站
Siam
SEA LIFE Bangkok Ocean World
Nimibutr Arena
Thephasadin Stadium
國立競技場
拉瑪一世路
Rama I Rd.
Siam Square Connect
P.61,86 Kluay Kluay
Siam Square One
BTS是隆線
BTS Silom Line
MBK Center
Nail it!Tokyo P.65
Nail it! Tokyo BTS Siam
SIAMSCAPE
國家警察總部
Amazon Cafe
芭桐灣公主飯店
警察護士學校
警察醫院
Police General Hospital
Phaya Thai Rd.
步行約5分鐘
拍耶泰路
朱拉隆功大學美術館
拉差丹利站
Ratchadamri
皇家曼谷運動俱樂部
Ratchadamri
朱拉隆功大學
朱拉隆功大學
自然歷史博物館
工學部

D
E
F
拉察巴洛站
Ratchaprarop
ARL City Line
Bangkok Palace Hotel
Pratunam Night Market
1
Burachat Chaiyakon醫院
盛泰樂曼谷水門飯店
Amari Watergate Bangkok
曼谷白金水門諾富特飯店
Hotel Novotel Bnagkok Platinum
The Berkeley Hotel Pratunam
Holiday Inn Bangkok
紅大哥水門雞飯 P.42
Go-Ang Kaomunkai Pratunam
Pratunam (Outbound)
Kuang Heng Pratu Nam Chicken Rice P.42
Café Amazon
Chitlom
湄南運河
Khlong Saen Saep
Saphan Wittayu
Super Rich
三面愛神＆象神廟 P.34
Trimurti Shrine & Ganesha Shrine
曼谷瑞享BDMS健康渡假村
Mövenpick BDMS Wellness Resort Bangkok
Chalerm Maha Nakhon高速公路
Chalerm Maha Nakhon Expy
Big C超市
Big C
Arnoma Grand Bangkok
Ratchadamri Rd.
ラチャダムリ通り
Nai Lert 公園
2
蓋頌中心
Gaysorn Village
曼谷假日飯店
Holiday Inn Bangkok
Sivatel Bangkok
尚泰齊隆
Central Chit Lom
尚泰領使購物中心
曼谷柏悅飯店
奔集路
Phloen Chit Rd.
曼谷瑰麗飯店
七隆站
Chit Lom
De Rest Spa P.87
BTS素坤逸線
BTS Sukhumvit Line
四面佛 P.34
Phra Phrom
曼谷大倉新頤飯店
奔集站
Ploen Chit
Spice Market P.53
Spice Market
曼谷安納塔拉暹羅飯店
Anantara Siam Bangkok Hotel
曼谷雅典娜豪華精選飯店
The Athenee Hotel, a Luxury Collection Hotel, Bangkok
曼谷無線路英迪格飯店
Lang Suan Rd.
空盛桑運河
Wittayu Rd.
曼谷瑞吉飯店
The St. Regis Bangkok
3
All Seasons Place
曼谷拉查丹利都喜套房飯店
奇德倫中心飯店
Benviar Tonson Residence
曼谷東方公寓
曼谷金普頓玫蘭飯店
Velaa Sindhorn Village
Sindhorn Kempinski Hotel Bangkok

是隆周邊
0
100
200m
1:11,000
A
B
C
1
2
3
BLOCK 28：CREATIVE & STARTUP VILLAGE
Joke山燕
拉馬四世路
MRT藍線
Rama IV Rd.
MRT Blue Line
Samyan Mitrtown
Somboon Seafood
Chamchuri Square購物中心
Mandarin Hotel Bangkok, managed by Centre Point
華南蓬寺
山燕站
Sam Yan
Si Phraya Rd.
Montien Hotel Surawong Bangkok
星巴克
Jim Thompson
Naret Rd.
警察署
曼谷艾美飯店
曼谷是樂園皇冠假日飯店
Anantara Siam Bangkok Hotel
Sap Rd.
Amara Bangkok
沙拉鈴站
Sala Daeng
Surawong Rd.
Mango Tree
拉麵亭
P.44 建興海鮮酒家
Somboon Seafood Surawong
曼谷基督教醫院
日本料理 葵
素里翁路
United Center
Silom Serene, a Boutique Hotel
曼谷銀行總行
曼谷鉑爾曼G飯店
聖約瑟夫修道院學校
SuperRich Exchange
Si Lom 3
Le Du P.52
Joke山燕
Trinity Mall
BNH醫院
Silom Rd.
是隆路
卍馬里安曼印度廟
P.24王權瑪哈納功大廈
King Power Mahanakhon
沖暖詩站
Chong Nonsi
Soi Sathon 8
P.25,53 Ojo Bangkok
Hoong P.42
P.15,22,88 The Standard, Bangkok Mahanakhon
曼谷長榮桂冠飯店
瑪哈納功觀景台
Sky Beach酒吧
步行約5分鐘
W Hotel
Luka Cafe
N Sathon Rd.
Sathon City Tower
Il Bolognese
聖路易斯站
Saint Louis
Empire Tower
Ascott Sathorn Bangkok
BTS是隆線
BTS Silom Line
AIA Sathorn Tower
沖暖詩運河公園
Narathiwas Rajanagarindra Rd.
聖路易斯醫院
P.73
April Pool Day
Marriott's Bangkok Empire Place

D
E
F
曼谷金普頓玫蘭飯店 P.15,89
Kimpton Maa-Lai Bnagkok
Ratchasamri Rd.
Soi Ton Son
Sarasin Rd
ゲート6
1
Bhurapat Chayakorn醫院
倫坡尼公園攤販-釀豆腐粿條
倫坡尼早市
倫坡尼早市
BTS Silom Line
朱拉隆功王
紀念醫院
BTS是隆線
警察署
圖書館
倫坡尼公園 P.59
Lumphini Park
曼谷銀行
拉瑪六世像
Witthayu Rd.
是隆站
Si Lom
倫坡尼展演廳
日本駐泰國大使館
Silom Edge
教育中心
中式涼亭
是隆購物中心
Silom Complex
倫坡尼公園
Food Court
拉瑪四世路
Rama IV Rd.
2
Somtum Der
Benjarong P.54
Prince Chumphon Shrine
Sala Daeng Rd.
曼谷SO/飯店
SO/ Bangkok
倫坡尼站
Lumphini
星巴克
Life Center
MRT藍線
MRT Blue Line
N Sathon Rd.
Sathon 1 Alley
珍平酒樓
BANGKOK CITYCITY GALLERY
曼谷悅榕庄
Soi Goethe
曼谷COMO大都會飯店
COMO Metropolitan Bangkok
Ascott Embassy Sathorn Bangkok
曼谷素可泰飯店
The Sukhothai
Bangkok Hotel
Villa Deva Resort & Hotel Bangkok
Amanta Hotel & Residence Sathorn
Somerset Park Suan Phlu Bangkok
Thanon Suan Phlu
曼谷沙通
宜必思飯店
Fran's Brunch & Greens
Sathon 1 Alley, Lane 1
Ngam Duphli Alley
3
Suan Phlu Park

A
B
C
1
2
3
St Joseph Convent School
那那站
Nana
蘇坤蔚路
Sukhumvit Rd.
曼谷蘇坤蔚凱悅飯店
Hyatt Regency Bangkok
P.71 Thai Isekyu
喜曼谷威斯汀
蘇坤蔚飯店
曼谷喜來登蘇坤蔚大飯店
Terminal 21
Prai Raya P.55
阿速站
Asok
Super Rich
Soi Sukhumvit 8
曼谷蘇坤蔚麗亭飯店
Pier 21 P.58
Ricochet Boutique Terminal21店 P.72
Ricochet Boutique Terminal21
Cha Tra Mue P.61
Cha Tra Mue
曼谷蘇坤蔚鉑爾曼飯店
Pullman Bangkok Grande Sukhumvit
蘇坤蔚站
Sukhumvit
P.62 The Oasis Spa Sukhumvit 31店
The Oasis Spa Sukhumvit 31
Soi Sawadi
P.57
Baan Esarn Muang Yos
The Continent Hotel Sukhumvit
The Continent Hotel Bangkok
P.67 Dew
P.85 Lofty Bamboo
BTS蘇坤蔚線
BTS Sukhumvit Line
曼谷麗笙廣場飯店
Radisson Blu Plaza Hotel
曼谷蘇坤蔚卡爾頓飯店
Carlton Hotel Bangkok Sukhumvit
North P.55
S31 Hotel
RSU Tower
Sereine Hotel
P.64
Po Thai Massage
P.70 Armong Shop
星巴克
P.64 at ease Sukhumvit 33/1
P.67 Erb Emsphere
P.15 Emsphere
EmQuartier
P.75 Boots EmQuartier
P.84 Thong Smith EmQuartier
P.85 Gourmet Eats
Emporium
班哲希利公園
澎蓬站
Phrom Phong
班哲希利公園豆腐攤販
P.73 NaRaYa
NaRaYa Sukhumvit 24
曼谷蘇坤蔚希爾頓飯店
曼谷蘇坤蔚希爾頓逸林飯店
MRT藍線
MRT Blue Line
Ratchadaphisek Rd.
Gardina Asoke
班嘉奇蒂森林公園
Library Cafe
Pad Thai Station
Sukhumvit 24 Alley
班嘉奇蒂公園醫院
詩麗吉王后國家會議中心
曼谷蘇坤蔚公園
萬豪行政公寓
詩麗吉王后國家會議中心站
Queen Sirikit National Convention Centre
克隆托伊站
Khlong Toei
MedPark 醫院
星巴克
星巴克
曼谷瓦利亞飯店
Valia Hotel Bangkok,
Sukhumvit 24
Soi Ari
涉谷涮涮鍋
Flow House
拉瑪四世路
Rama IV Rd.
麥當勞
K Village
Khlong Toei Market
Krungsri Bank
Big C Extra
Lotus's超市

蘇坤蔚路周邊
0 100 200m
1:15,000
D
E
F
1
2
3
Soi Phrom Phak
Camillian Hospital
割烹 雅
Patom Organic Living
Christopher Rose Café & Gallery
137 PILLARS 套房公寓飯店
137 PILLARS SUITES & RESIDENCES
Nico Nico cafe
Flat+White cafe
警察署
P.65 Nail House
Nail House Bangkok
Roots at Thonglor
the Commons
三美泰醫院
Villa Market
步行約5分鐘
郭炎松(牛肉/羊肉湯)
肯德基
Thong Lo Rd.
曼谷蘇坤蔚路55號格蘭德中心點飯店
Adelphi Grande
Adelphi Grande Sukhumvit
Kay's P.85
Eight Thong Lo
Donki Mall
Tops超市
KOON asian ZAKKA P.70
通羅路
Ekkamai Rd.
Cinema Oasis
Adelphi Forty-Nine
Naruto拉麵
曼谷通羅駐橋套房飯店
曼谷通羅駐橋套房飯店
Marché Thonglor
Bacco
エカマイ通り
Big C超市
星巴克
BTS蘇坤蔚線
BTS Sukhumvit Line
Fifty Fifth購物中心
Hotel Nikko
Hotel Nikko Bangkok
Hoi-Tod Chaw Lae P.46
Hoi-Tod Chaw-Lae Thonglor
Taling Pling
通羅站
Thong Lo
Mae Varee P.49
曼谷素坤逸萬豪飯店
Bangkok Marriott Hotel Sukhumvit
Hom Duan
Somerset Ekamai Bangkok
曼谷通羅雅詩閣飯店
P.38 Tichuca
Soi Naphasap
蘇坤蔚路
Sukhumvit Rd.
Major Cineplex
Oakwood Studios Sukhumvit Bangkok
Phed Mark P.45
科學教育中心
曼谷東部巴士總站
That Thong寺
億甲邁站
Ekkamai
蘇坤蔚醫院
Roomquest Sukhumvit 36 @BTS Thonglor

唐人街
0 50 100m
1:5,000
A
B
C
1
2
3
Khanikaphon寺
華僑報德善堂
Phlap Phla Chai Rd.
Mangkon Rd.
MRT藍線
石龍軍路
MRT Blue Line
和成豐
星巴克
龍蓮寺 P.82
Wat Mangkon Kamalawat／龍蓮寺
呂帝廟
P
大華大飯店
步行約2分鐘
Je Sung Kiam Ai
P.47 Kuaytiaw Luuk Chin Plaa Je Ple
Kuaytiaw Luuk Chin Plaa Je Ple
龍蓮寺站
Wat Mangkon
永福寺
泰國廣肇會館
(廣東寺)
三聘廣場
三聘夜市
Hua Hong Sen Bnak
Lotus's go fresh
I'm Chinatown
金行
金行
唐人街夜市
P.41 八號甜蜜
Ba Hao Tian Mi
P.47 Guay Jub Ouan Pochana
關帝古廟
耀華力舊市場
The Old Market
京華大飯店 (曼谷唐人街)
Hotel Royal Bangkok @ Chinatown
耀華路
陳億粿條店
唐人街
China Town
Mang Kon Rd.
Shanghai Mansion Bangkok
Yaowarat Rd.
益生甫記
P.52 Potong
P.83 龍頭咖啡
Lhong Tou Cafe
SCR - Song Wat Coffee Roasters
Luang Kocha清真寺
Vanich 1 Rd.
Samphanthawongsaram Worawihan寺
松瓦路
Rongklannuea／牛面王 P.82
Woodbrook
Song Wat Rd.
Song Sawat Rd.
Phathum Khong Kha Alley
昭披耶河
Mae Nam Chaophraya
開泰銀行
JOJO SEAFOOD RIVERSIDE
NAAM 1608

D
E
F
步行約2分鐘
Nopphawong
Café Amazon
Mittraphan Rd.
Mangkon Rd.
1
義肉骨茶
Iam Pochana
鐵路
Sai Panya 學校
曼谷
郵局中心
Thanon Santiphap
Old Thai Heng Hotel
22th July Roundabout
W22 Hotel by Burasari
Happy Espresso
La Locanda Bangkok
Soi Phantha Chit
Krung Kasem Rd.
Maitri Chit Rd.
Hom Dee Noodles
華僑基督教
浸信會心聯堂
Soi Phantha Chit
P.93 Ba Hao Residence
2
Wallflowers Cafe P.83
華藍浦火車站
Hua Lamphong Station
石龍軍路
MRT藍線
El Chiringuito
The Mustang Blu P.92
華藍浦碼頭
Hua Lamphong
興來飯店
拉瑪四世路 Rama IV Rd
MRT Blue Line
2
鐵道博物館
Charoen Sawat 橋
3
拉瑪四世路 Rama IV Rd.
三美泰醫院
金佛寺 P.83
Wat Trimit
1
華藍浦火車站
Hua Lamphong
3
Prime Hotel Central
Station Bangkok
中華街門
2499 Heritage Hotel
Tri Mit Rd.
Song Wat Rd.
Talat Noi
D
E
F

昭披耶河周邊
0 100 200m
A
B
C
華藍浦火車站
Hua Lamphong
CU Centenary Park
三攀他旺沙蘭寺
金佛寺
華藍浦火車站
Hua Lamphong
Sirat Expy
拉瑪四世路
Bama IV Rd.
MRT藍線
MRT Blue Line
1
P.41 Citizen Tea Canteen of Nowhere
Momo Talat Noi P.73
P.40 Baan Rim Naam
蘇恒泰宅邸
Charmgang咖哩
Marine Dept.
Maha Phruettharam Worawihan寺
空訕站
Khlong San
越繳尖華寺
Bang Rak區公所
Bang Rak警察局
Charmgang咖哩 River City Bangkok
Everyday Mookrata Cafe & Bar Riverside P.56
Maha Nakhon Rd.
曼谷千禧希爾頓飯店
Si Phraya
曼谷人博物館
2
番紅花號遊輪(乘船處) P.39
Saffron Cruise
Charoen Nakhon站
Pier 2
曼谷素拉翁塞萬豪飯店
Bangkok Marriott Hotel The Surawongse
暹羅天地購物中心 P.68
ICONSIAM
ICONSIAM
Harnn P.67
Harnn ICONSIAM
Thann P.67
Thann ICONSIAM
Yenly Yours P.60
Yenly Yours ICONSIAM
Starbucks Reserve
Silom Rd.
步行約5分鐘
BTS金線
BTS Goldline
曼谷東方文華飯店 P.91
Mandarin Oriental Bangkok
Oriental
Riverside Terrace P.51
The Bamboo Bar
是隆路
Jewelry Trade Center
曼谷半島飯店
The Peninsula Bangkok
The Peninsula Spa P.63
lebua at State Tower
曼谷香格里拉
P.45 Baan Phadthai
王子戲院豬肉粥 P.46
Joke Prince
BTS是隆線
BTS Silom Line
素拉刹站
Surasak
3
Sathorn碼頭(到暹羅天地接駁船)
鄭皇橋站
Saphan Taksin
N Sathon Rd.
Abhaibhubejhr P.67
昭披耶河
Mae Nam Chaophraya
Sirat Expy

曼谷市中心主要路線圖
圖例
鐵路
BTS蘇坤蔚線
BTS是隆線
BTS金線
MRT藍線
MRT黃線
MRT紫線
ARL機場鐵路
SRT暗紅線
遊船與快艇
3號運河 Khlong 3
帕詩摩訶探皇家佛寺 Wat Phra Sri Mahathat
第十一步兵團 11th Infantry Regiment
曼博 Bang Bua
林業局 Royal Forest Department
農業大學 Kasetsart University
社那尼空 Sena Nikhom
拉差裕庭 Ratcha Yothin
帕鳳裕庭24街 Phahon Yothin 24
刑事法院 Criminal Court
藍沙利岔路口 Yaek Lam Sali
蘭實 Rangsit
廊曼 Don Mueang
乍都節 Bang Sue
昭披耶河 Mae Nam Chaophraya
空曼派 Khlong Ban Phai
※塔田碼頭2024年1月暫停服務，但前往鄭王廟的渡船照常運行
拉抛五岔路口 Ha Yaek Lat Phrao
帕鳳裕庭 Phahon Yothin
叻抛 Lat Phrao
乍都節公園 Chatuchak Park
巫七 Mo Chit
叻猜拉披色 Ratchadaphisek
曼坡 Bang Pho
曼奧 Bang O
島本 Tao Poon
挽賜 Bang Sue
甘烹碧 Kamphaeng Phet
水牛橋 Saphan Kwai
素鐵訕 Sutthisan
曼盼 Bang Phlat
詩琳通 Sirindhorn
阿里 Ari
匯權 Huai Khwang
Phra Athit碼頭 Phra Athit
沙楠包 Sanam Pao
泰國文化中心 Thailand Cultural Centre
曼吉康 Bang Yi Khan
Tha Maharaj碼頭 Tha Maharaj
勝利紀念碑 Victory Monument
拉察巴洛 Ratchaprarop
拉瑪九世 Rama 9
曼坤暖 Bang Khun Non
Tha Chang碼頭 Tha Chang
披耶泰 Phaya Thai
瑪卡珊 Makkasan
碧武里 Phetchaburi
蘭甘亨 Ramkhamhaeng
吞武里 Thonbri
Tha Tien碼頭 Tha Tien（休業）
電筒交叉口 Fai Chai
Wat Arun碼頭 Wat Arun
拉差貼威 Rajchathewi
七隆 Chit Lom
奔集 Ploen Chit
那那 Nana
華瑪 Hua Mak
Siam(Central Station)暹羅
國家運動場 National Stadium
拉差丹利 Ratchadamri
阿速 Asok
素坤逸 Sukhumvit
查蘭13街 Charan 13
沙南猜 Sanam Chai
三峰 Sam Yot
沙拉鈴 Sala Daeng
塔帕 Tha Phra
鵬蓬 Phrom Phong
曼派 Bang Phai
伊沙拉鷹 Itsaraphap
Rajnee碼頭 Rajinee
龍蓮寺 Wat Mangkon
華喃蓬 Hua Lamphong
山燕 Sam Yan
是隆 Si Lom
倫披尼 Lumphini
克隆托伊 Khlong Toei
詩麗吉王后國家會議中心 Queen Sirikit National Convention Centre
班塔昌 Ban Thap Chang
曼瓦 Bang Wa
Ratchawong碼頭 Ratchawong
沖暖詩 Chong Nonsi
空訕 Khlong San
暹羅天地碼頭 Iconsiam
聖路易斯 Saint Louis
萊卡邦 Lat Krabang
乍能納空 Charoen Nakhon
素拉刹 Surasak
通羅 Thong Lo
武他甲 Wutthakat
嘍叻普 Talat Phlu
鄭皇橋 Saphan Taksin
吞武里城 Krung Thon Buri
Sathorn碼頭 Sathorn
億甲邁 Ekkamai
普尼密 Phonimit
大羅斗圜 Wongwian Yai
拍崑崙 Phra Khanong
蘇凡納布機場 Suvarnabhumi Airport
佛統四路 Phuttamonthon 4
Asiatique碼頭 Asiatique
沙旺卡尼瓦 Sawang Khaniwat

清邁全圖
0 500 1km
1:57,000
N
A
B
C
1
2
3
700週年紀念體育館
清邁四季度假飯店 P.130
Four Seasons Resort Chiang Mai
清邁市政府
蘭納高爾夫球場
山地民族博物館
拉瑪九世蘭納公園
Sireeampan Boutique Resort and Spa
清邁國家博物館
Chiang Mai National Museum
柴尤寺
清邁動物園＆水族館
清邁大學
Angkaew水庫
素帖寺 P.108
Wat Phra That Doi Suthep
P.123 One Nimman
MAYA Lifestyle購物中心
P.128
Fah Lanna SPA Exclusive at Nimman
Pha Lat寺
P.122 Chabaa
P.122 Kanok Crafts
蘭納傳統建築博物館
Royal Project Shop
展望台
Nimmanhaemind Rd.
Suthep Rd.
P.109 松達寺
Wat Suan Dok
Aleenta Retreat
Aleenta Retreat Chiang Mai
悟孟寺
Wat Umong
Chonprathan Rd.
P.118 The Barn:Eatery And Design
Hotel
Ram Poeng寺
P.111 清邁夜間動物園
Chaing Mai Night Safari
Central Chiangmai Airport
清邁國際機場
Chiang Mai International Airport
P.116 Saenkham Terrace
am
Thipanet Rd.
來康寺 P.109
Wat Phra That Doi Kham
清邁Klaimor醫院
Lotus's Hangdong
大金殿
拉查帕皇家花園
Big C超市
Chandra Residence
柴萊蘭飯店 P.133
The Chai Lai Orchid

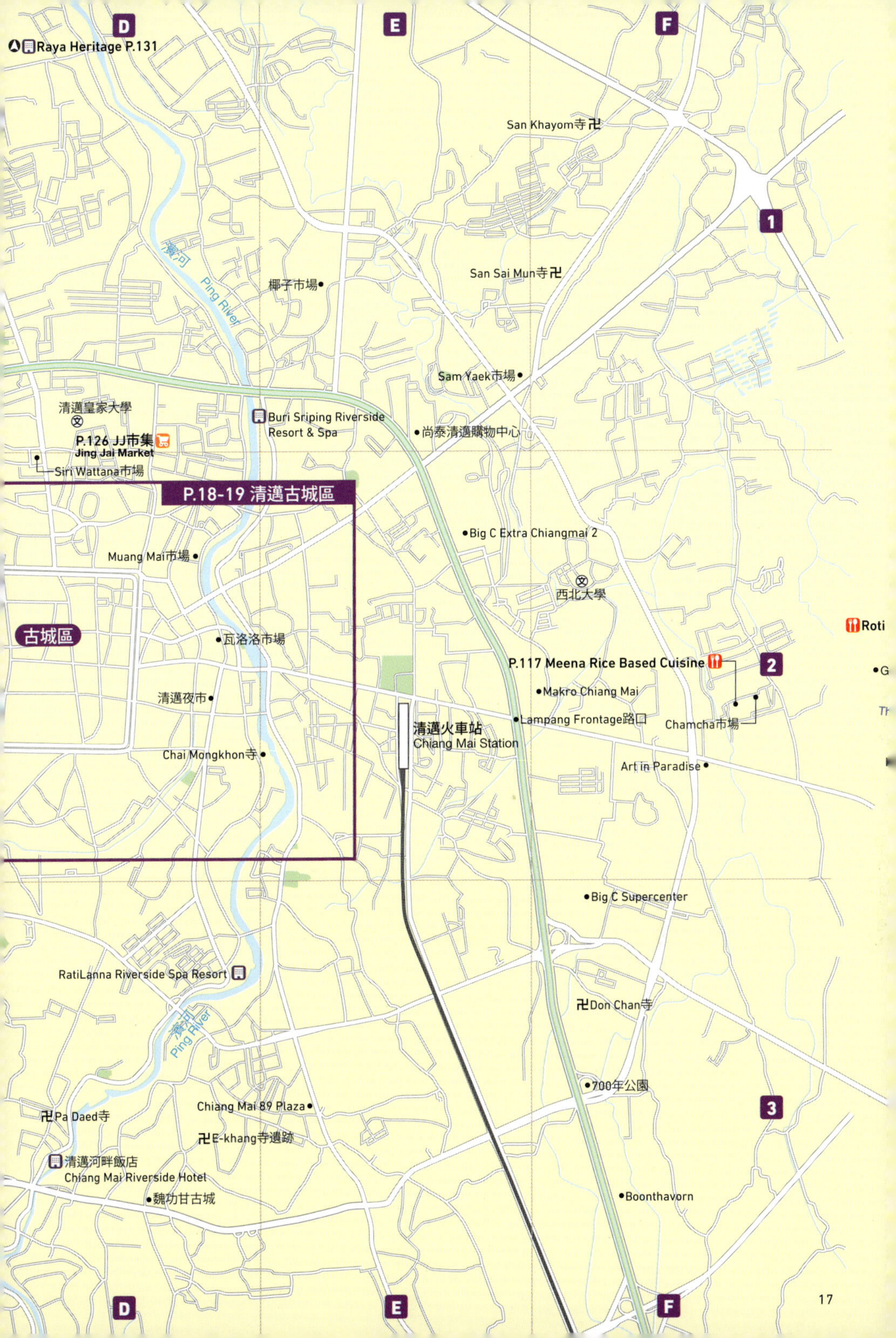
D
E
F
Raya Heritage P.131
San Khayom寺
1
San Sai Mun寺
濱河
Ping River
椰子市場
Sam Yaek市場
清邁皇家大學
Buri Sriping Riverside Resort & Spa
尚泰清邁購物中心
P.126 JJ市集
Jing Jai Market
Siri Wattana市場
P.18-19 清邁古城區
Big C Extra Chiangmai 2
Muang Mai市場
西北大學
古城區
瓦洛洛市場
Roti
P.117 Meena Rice Based Cuisine
2
Makro Chiang Mai
清邁夜市
Lampang Frontage路口
清邁火車站
Chiang Mai Station
Chamcha市場
Chai Mongkhon寺
Art in Paradise
Big C Supercenter
RatiLanna Riverside Spa Resort
Don Chan寺
濱河
Ping River
700年公園
3
Pa Daed寺
Chiang Mai 89 Plaza
E-khang寺遺跡
清邁河畔飯店
Chiang Mai Riverside Hotel
魏功甘古城
Boonthavorn
D
E
F

A
B
C
1
2
3
Khao Soi Mae Sai P.114
Huen Muan Jai P.115
清邁市立體育館
Icon Park Hotel Chiang Mai
羅摩利寺
白象門夜市
Manee Nopparat Rd.
Sri Poom Rd.
Pingdoi Hualin Boutique Hotel
白象門
Chang Puak Gate
清邁Ram醫院
清曼寺
Muay Thai Gym
Wiang Kaew Rd.
Sense Garden Massage & Spa
Bunrueang Rit Rd.
Arak Rd.
古城區
清邁國際機場
三王紀念碑
P.117 CHUM Northern Kitchen
清邁文化藝術館
蘭納民俗博物館
Prasat寺
Duang Dee寺
松達門
Suan Dok Gate
P.108 帕辛寺
Wat Phra Sing
P.113 週日夜市
Sunday Market
清邁珍寶博物館
盼道寺
Rachadamnoen Rd.
P.132 查拉曼卡飯店
Rachamankha Hotel
P.109 柴迪龍寺
Wat Chedi Luang
P.129 綠洲Spa
THE OASIS SPA Lanna
P.119
Akha Ama Phrasingh
Makka Hotel
Muen Ngoen Kong寺
Bodhi Serene
Bodhi Serene Chiang Mai Hotel
P.129 Wat Pan Whaen按摩
Wat Pan Whaen
Phuak Hong寺
Buak Hard 公園
清邁市場
Sai Mun Burma寺
Bumrung Buri Rd.
清邁門
Chiang Mai Gate
Chang Lor Rd.
P.113 週六市集
Saturday Market
清邁醫學中心
素攀寺
Wua Lai Rd.
Mahidol Rd.
Thipanet Rd.
Hai Ya Rd.
et Town
Hotel

清邁古城區
0 150 300m
1:16,000
P.114 Khao Soi Lamduan
Khao Soi Lamduan
Ping River
濱河
Royal Peninsula Hotel
Royal Peninsula Hotel Chiangmai
Muang Mai市場
清邁市政府
Wichayanon Rd.
The Prince Royal's College
Kaeonawarat Rd.
Chai Si Phum寺
Riverside Floral Inn
Nakhon Phing橋
Mitte Mitte Cafe & Brunch P.119
Ket Karam寺
137 Pillars House
137 Pillars House Chiang Mai
Mun Mueang Rd.
Chaiyapoom Rd.
清邁花市
Ton Lam Yai市場
P.124
PUNJUM
P.125 瓦洛洛市場
Warorot Market
RarinJinda Wellness Spa Resort
孟族市場 P.125
Hmong Market
Puripunn Hideaway
塔佩門
Tha Phae Gate
Gateway Coffee Roasters P.118
P.117 Kiti Panit
Nawarat橋
MO Rooms P.133
Upakhut寺
Changklan Rd.
清邁火車站
P.112
清邁夜市
Chiang Mai Night Bazaar
Rimping Village
Loi Kroh Rd.
銀烏龍麵
Anusarn市場
P.124 Chachaa Slow Place
鐵橋
Rimping超市
清邁美平洲際飯店
InterContinental
Chiang Mai Mae Ping
Ta Satoi寺
清邁安納塔拉度假村 P.132
ANANTARA CHIANG MAI RESORT
Chai Mongkhon寺
Chang Khlan
墓園
Mae Kha運河
清邁香格里拉飯店
Shangri-La Hotel Chiang Mai
Changklan Rd.
清邁皇后大飯店
The Empress Hotel Chiang Mai
濱河
Ping River
D
E
F
1
2
3

普吉島全圖
0 1.5 3km
1:200,000
A
B
C
1
2
3
Sarasin橋
椦帕吊國家公園 P.143
Khao Lak-Lam Ru National Park
泰國本土
西開奧海灘
普吉島JW萬豪度假村及Spa中心
JW Marriott Phuket Resort & Spa
邁考海灘
Mai Khao Beach
Melia Phuket Mai Khao
Mai Khao Dream Villa Resort & Spa Phuket
Laem Sai Seafood
普吉島國際機場
Phuket International Airport
Blue Canyon Country Club
閣遙島
Koh Yao Noi
詩麗那國家公園
Sirinat National Park
普吉島奈揚海灘
萬豪水療度假飯店
Phuket Marriott Resort and Spa,
Nai Yang Beach
Supalai Scenic Bay Resort and Spa
普吉島阿卡狄亞奈通海灘鉑爾曼度假飯店
Pullman Phuket Arcadia Naithon Beach
奈通海灘
Nai Thon Beach
The Naka Island, a Luxury Collection Resort & Spa
P.14,153 PRU
Thanyapura Sports & Health Resort
Thanyapura
Bang Pae瀑布
瑤諾島
Koh Yao Yai
P.153 Seafood at Trisara
P.164 Trisara
P.154
Ma Doo Bua Cafe
Phra Thong寺
Wat Phra Tong
Ton Sai瀑布
Ko Nakha Yai島
拉古納海灣
Laguna Golf
The Kiri Pool Villas Resort Phuket
P.163
Banyan Tree Spa
P.141 邦陶海灘
Bang Thao Beach
Oasis Spa
Porto de購物中心
COMO Point Yamu
Santhiya Koh Yao Yai Resort & Spa
蘇林海灘
女英雄紀念碑
國立他朗博物館

普吉島
Koh Phuket
夢幻嘉年華樂園 P.14
Carnival Magic
卡馬拉海灘
Kamala Beach
幻多奇樂園
Phuket FantaSea
凱悅飯店
Hyatt Regency Resort
Keemala P.165
Marina Gallery Resort P.167
Four Points by
Sheraton Phuket Patong Beach Resort
P.145
老虎王國
Tiger Kingdom
P.140 芭東海灘
Patong Beach
班古拉街 P.140
Bangla Road
P.141
江西冷購物中心
Jungceylon
P.141,163 De Flora Spa
自由海灘
Freedom Beach
Mookda Spa P.162
安達曼水上樂園 P.14
Andamanda Phuket
瑯山觀景處 P.145
Khao Rang View Point
Central Phuket
普吉水族館
Hotel Verdigris P.166
P.22-23 古城區
林記福建麵 P.150
Mee Ton Poe
P.150 O Tao Bang Niao
Rassada碼頭
Rassada Pier
普吉鳥園
移民署
普吉島西瑞灣威斯汀Spa度假飯店
The Westin Siray Bay Resort & Spa, Phuket
卡倫海灘
Karon Beach
P.145 查龍寺
Wat Chalong
Mor Mu Dong
Kao Khad觀景台
P.151 Ajan Restaurant
Crowne plaza phuket panwa beach
P.144
查龍灣萊姆酒釀造廠
Chalong Bay Rum Distillery
P.144 普吉大佛
Big Buddha
查龍碼頭
Chalong Pier
查龍灣
P.141卡塔海灘
Kata Beach
Cape Panwa Hotel
普吉水族館
桃花島
Koh Lon
P.155 Cannelle Bakery&co
BARÜ P.158
奈涵海灘
Nai Han Beach
拉威海灘
Rawai Beach
P.144 Laem Phromthep
P.141 亞努伊海灘
Yanui Beach
P.142 珊瑚島
Coral Island (Koh He)
Maiton島
Koh Maiton
P.168 皮皮島
Koh Phi Phi
Rang Noi島
Island Escape by Burasari
椰子島
Koh Coconut
Laem Hin碼頭
Laem Hin Pier
Kruvit Raft P.152
4
5
6
A
B
C

古城區
0 25 50m
1:3,000
A
B
C
1
2
3
P.166
Hotel Verdgris
xinlor house
P.159 Endless Summer
迪布克路
Dibuk Rd.
古中歐式風格建築物
街頭藝術壁畫
樂天美食廣場
Pink Flamingo
P.155 Thai Hua Cafe
加油站
NA SIAM Guesthouse& Travel Hotel
Chino Town Gallery Alley
蘇尼阿榜糕
忍鐵板燒
鑫發
街頭藝術壁畫
Yaowarad Rd.
Rommani
羅曼尼路
Isara Boutique Hotel and Café
Krabi路
P.146 泰華博物館
Phuket Thaihua Museum
Cafe'in P.157
The Rommanee Classic Guesthouse
Krabi Rd.
Rose Espresso Cafe
Thalang Rd.
Aung Ku Phuket
海南神社
椰子冰淇淋
Kim's Massage & Spa 12
Thaivetro冰淇淋
ROCKIN' ANGELS Cafe
Ice Japan冰淇淋
耀華力路
PARADAI P.159
P.158 Lemongrass House
Kim's Massage & Spa
Cafe Mem P.147
桑塔姆神社 P.147
Sang Tham Shrine
The Memory at On On Hotel P.167
The Memory at On On Hotel
攀牙路
P.156 甜甜
Tian Tian Phuket Dessert Cafe
開泰銀行
Ranong路
Ranong Rd.
居酒屋 侍
Suriyadej Circle
Little Phuket
Cafe Amazon
老地方魚翅
Ratsada路
Madcow Burger
普吉市第一菜市場
Ranong Main Market
Takuapa Rd.
Hotel Midtown Ratsada

D
E
F
The Tint At Phuket Town
卍Mongkolnimit 寺
Wat Mongkhon Nimit
1
Lime light Avenue
P.161 Phuket Indy Market
迪布克路
Dibuk Rd.
•Raya餐廳
Raya Restaurant
•公園
Baan Suwantawe
One Chun P.152
•滿月酒吧
Hotel Phuket Town Inn
Torry's Ice Cream P.156
紐約牛排•
Thep Krasattri Rd.
Baan 109
Roti Taew Nam P.151
•海龍王
Golden Dragon Monument
Health Food Store•
Hello Phuket
Studio P.146
P.160 週日夜市
Sunday Night Market
•BABA服飾
the Roof Bar
福源藥房•
他朗路
Thalang Rd.
baan baan hostel
2
普吉郵局
Phuket Rd.
•GD Avocado Cafe
Casa Blanca Boutique Hotel
普吉郵政博物館•
Phuket Philatelic Museum
The Neighbors Cafe
P.147
普吉島博物館
Museum Phuket
Charm Massage•
CIMB
THAI Bank
Government Savings Bank
•Kim's Massage & Spa 5
Phangnga Rd.
Antique Arts•
•Amore Mexican
普吉路
普吉3D博物館•
Phuket 3D Museum
•Cafe 63
Ratsada Rd.
P.157 Pancake Corner
Krungsri銀行
Thavorn Hotel
PARi Handmade
The vegan table
Coffee Talk
•Sino Imperial Phuket
Phuket Rd.
3
Montri Rd.
O Tao Bang Niao P.150
Mee Ton Poe P.150
D
E
F

蘇美島全圖
0 1 2km
1:156,000
A
B
C
1
2
3
南緣島・龜島 P.194
Koh Nang Yuan Koh Tao
P.175 秋安蒙海灘
Choeng Mon Beach
P.189,190 SIX SENSES
Thongson海灘
P.191 Kimpton Kitalay
P.178 千手觀音寺
Wat Plai Laem
大佛寺
大佛海灘
P.185 The Cocoon
蘇美國際機場
Big C超市
P.25 右下圖
波普海灘
貝夢德納帕塞度假村
Belmond Napasai
Bang Po海灘
蘇美島四季度假村
Four Seasons Resort Koh Samui
湄南海灘
蘇美島移民署
Mantra Resort
大象叢林保護區
Nathon海灘
P.182 The Nature Samui
Tan Rua瀑布
P.183 Sator Kitchen
Nathon碼頭
Nathon夜市
チャウエン池
Easykart
蘇美國際體育館
P.25 左圖
查汶海灘
Namtok Hin Lat寺
Hin Lat瀑布
Khun Si瀑布
Hoboya
蘇美高原
P.179 Pra Buddha Dīpankara
蘇美喜來登度假飯店
Sheraton Samui Resort
利巴諾伊海灘
The Jungle Club
P.25 右上圖
拉邁海灘
天堂公園農場
Tarnim Magic Garden P.179
Tarnim Magic Garden
利巴諾伊碼頭
P.185 Giant Summit Samui
南安瀑布 P.179
Na Muang Waterfalls
蘇美島洲際度假飯店
InterContinental Koh Samui Resort
Taling ngam海灘
P.178 庫納朗寺
Wat Khunaram
Ratchathammaram寺
蘇美水族館＆老虎園
Hua Thanon海灘
Thong Krut海灘
ShaSa Resort & Residences
ShaSa Resort & Residences, Koh Samui
蘇美島康萊德度假村
Conrad Koh Samui
Sor岬
Sor佛塔
馬桑島 P.177,181
Ko Mat Sum
丹島 P.177,181
Ko Taen

D
E
F
拉邁海灘
0 500 1000m
1:64,000
P.189 Eranda Herbal Spa
蘇美島拉瓦納安娜塔拉度假飯店
Anantara Lawana Koh Samui Resort
Chaweng Beach Rd.
蘇美島楚拉鴻居飯店
Chura Samui
蘇美國際機場
Samui International Airport
蘇美國際醫院
SALA Samui Chaweng Beach
SALA Samui Chaweng Beach Resort
潛水店
P.175 查汶海灘
Chaweng Beach
Muang Samui Resort
Muang Samui Spa Resort
Chaweng Villawee Hotel
查汶麗晶海灘度假村 P.193
Chaweng Regent Beach Resort
租車店
Qujami Koh Samui P.186
Central Samui P.187
查汶夜市
Nature Jewelry P.186
步行約5分鐘
健身房
Banana Fan Sea Resort
Avani Chaweng Samui Hotel & Beach Club
Chaweng Beach Rd.
摩托車出租
Mercure Samui Chaweng Beach Tana
Samui Resotel Beach Resort
查汶海灘
0 150 300m
1:20,000
Baan Hin Sai Resort&Spa
Vikasa Life Cafe P.184
The Cliff Bar and Grill
蘇美島悅榕莊
Banyan Tree Samui
1
P.193 思拉瓦迪度假飯店
SILAVADEE POOL SPA RESORT, KOH SAMUI
Beach Republic Koh Samui
P.188 Tamarind Springs Forest Spa
TAMARIND SPRINGS FOREST SPA
Samui Health Shop by Lamphu P.187
Pracharakpattana Rd.
拉邁週日夜市 P.187
Lamai Sunday Night Market
拉邁寺
P.183 The Oyster bar X
拉邁海灘 P.175
Lamai Beach
步行約12分鐘
Pracharakpattana Rd.
White Sand Samui Resort
White Sand Resort
Beluga Boutique Hotel
P.178 阿公阿嬤石
Hin Ta Hin Yai
2
Royal Beach Boutique Resort
Royal Beach Boutique Resort & Spa
CoconutsPalm Resort
關帝廟 P.178
Guan Yu Shrine
波普海灘
0 250 500m
1:34,000
P.192 Karma Resort
蘇美島漢沙度假飯店
Hansar Samui Resort & Spa
Coco Tam's P.182
蘇梅島波普安納塔拉度假飯店
Anantara Bophut Resort & Spa
波普海灘 P.174
Bo Phut Beach
P.174 Good Things Cafe
GOOD THINGS Cafe
P.183 Guilty Samui
GUILTY SAMUI
銀行
Bo Phut Rd.
3
Dreams Villa Resort
Dreams Villa Resort Koh Samui
波普市場
P.187 Fisherman's Village
步行約5分鐘

旅遊基本片語

旅遊泰文指南

以下是旅遊期間會用到的基本泰文片語列表。
因為泰文發音比較難，
如果真的溝通困難也可以翻開這頁直接指給對方看。

從這裡開始！

泰文中，男性和女性的敬語不同！

特別是初次見面或面對長輩，使用敬語是基本禮貌。只需在句末加上下面的單字，就可以變成日文「～です(desu)・ます(masu)」這樣的敬語句型。

男性：「khrap」　女性：「kha」

基本篇

您好
สวัสดี
Sawadee

敬語的說法，男性是「Sawadee Khap」，女性則是「Sawadee ka」。

謝謝
ขอบคุณ
Khop Khun

不客氣
ไม่เป็นไร
Mai Pen Rai

不好意思
ขอโทษ
Khor Thot

是／不是
ใช่／ไม่ใช่
Chai／Mai Chai

我知道了
เข้าใจแล้ว
Khao Jai Laeo

我不明白
ไม่เข้าใจ
Mai Khao Jai

我不會說泰語
พูดภาษาไทยไม่ได้
Phut Phasa Thai Mai Dai

我是日本人
(男性)ผมเป็นคนญี่ปุ่น
Phom Pen Khon Yipun
(女性)ฉันเป็นคนญี่ปุ่น
Chan Pen Khon Yipun

請問您的名字？
คุณชื่ออะไร
Khun Chue Arai

如果要把疑問句變成更敬語表達，比照直述句男性在句末加上「khrap」，女性在句末加上「kha」，就可以了！

我的名字叫做○○
(男性)ผมชื่อ ○○
Phom Chue○○
(女性)ฉันชื่อ ○○
Chan Chue○○

再見
เจอกันใหม่
Jee Kan Mai

觀光篇

請問外幣兌換所在哪裡？
ที่แลกเงินอยู่ที่ไหน
Thi Laek Ngern Yu Thi Nai

從幾點開始？
ตั้งแต่กี่โมง
Tang Tae Kii Mong

到幾點鐘？
ถึงกี่โมง
Thueng Kii Mong

可以幫我拍照嗎？
ช่วยถ่ายรูปหน่อยได้ไหม
Chuai Thai Rup Noi Dai Mai

請問廁所在哪裡？
ห้องน้ำอยู่ที่ไหน
Hong Nam Yu Thi Nai

我想去○○○
อยากไป
Yak Pai○○○

計程車司機有很多無法閱讀英文，所以建議地名和店名出示泰文會比較好！

(一邊指著地圖)
請告訴我這裡怎麼走
ไปที่นี่ยังไง
Pai Thi Ni Yang Ngai

美食篇

請給我菜單
ขอเมนูหน่อย
Kho Menu Noi

有什麼推薦的嗎？
มีอาหารแนะนำอะไรบ้าง
Mee Ahaan Naenam Arai Baang

請給我一份冬蔭功湯
ขอต้มยำกุ้ง
Kho Tom Yam Kung

這個句型只需要把「冬蔭功湯」替換成其他料理即可。料理名稱可以參考下一頁的美食清單。

請不要太辣
เอาไม่เผ็ด
Ao Mai Phet

想要確認「這個辣嗎？」，可以問「Phet Mai」？

請給我加大份的
เอาพิเศษ
Ao Phiset

我想外帶
เอากลับบ้าน
Ao Klap Ban

泰國幾乎所有店家都提供外帶，可以放心詢問。

「非常好吃」可以用「Aroi Mak」來表達。「Mak」也可以使用在修飾大小或價格。

好吃
อร่อย
Aroi

請幫我結帳
เช็คบิลหน่อย
Chek Bin Noi

請給我收據
ขอใบเสร็จด้วย
Kho Bai Set Duai

購物篇

這是什麼？
นี่อะไร
Nī Arai

多少錢？
เท่าไร
Thao Rai

請問可以試穿嗎？
ลองใส่ได้ไหม
Long Sai Dai Mai

請問有其他尺寸嗎？
มี ไซด์อื่นไหม
Mee Sai Eun Mai

請給我這個
เอาอันนี้
Ao An Ni

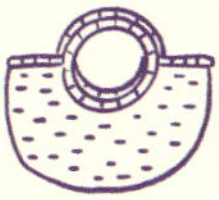

請問可以打折嗎？
ลดหน่อยได้ไหม
Lot Noi Dai Mai

旅遊篇

救命！
ช่วยด้วย
Chuai Duai

請叫警察
เรียกตำรวจหน่อย
Riak Tamruat Noi

警察是Tamruat，也可說英文的police。

肚子痛
ปวดท้อง
Puad Thong

我身體不舒服
ไม่สบาย
Mai Sabai

我迷路了
หลงทาง
Long Thang

我弄丟護照了
ทำพาสปอร์ตหาย
Tham Pasupōt Haai

錢包是**กระเป๋าสตางค์**
Kur pạn sātān。

\ 知道更方便！ /

泰文單字集

觀光和購物經常使用的實用字彙！

觀光・交通

機場	สนามบิน（Sanam Bin）
飛機	เครื่องบิน（Krueang Bin）
國際線	บินระหว่างประเทศ（Bin Rawaang Pra Theet）
國內線	บินในประเทศ（Bin Nai Pra Theet）
車站	สถานีรถไฟ（Sathani Rot Fai）
電車	รถไฟฟ้า（Rot Fai Faa）
公車站	ป้ายรถเมล์（Pai Rot Mae）
航廈	สถานีขนส่ง（Sathani Khon Song）
寺廟	วัด（Wat）
市場	ตลาด（Talat）
百貨公司	ห้าง（Haang）

緊急情況

警察	ตำรวจ（Tamruat）
醫院	โรงพยาบาล（Rong Phayaban）
救護車	รถพยาบาล（Rot Phayaban）
大使館	สถานทูต（Sathaan Thut）

購物

昂貴	แพง（Phaeng）
便宜	ถูก（Thuk）
大	ใหญ่（Yai）
小	เล็ก（Lek）

數字

1	หนึ่ง（Nueng）
2	สอง（Song）
3	สาม（Sam）
4	สี่（Si）
5	ห้า（Ha）
6	หก（Hok）
7	เจ็ด（Chet）
8	แปด（Paet）
9	เก้า（Kao）
10	สิบ（Sip）
100	หนึ่งร้อย（Nueng Roi）

在飯店及遊客較多的商店和餐廳，通常可以用英文溝通，但當地小吃店和路邊攤大多不諳英語。

點餐靠這一頁就OK！

手指點餐圖片指南

泰國料理曾獲選為世界上最美味的料理之一。
從眾多菜色中為大家精選出21道特別受歡迎的料理，
即使是英語不通的當地小吃店，只要翻開這一頁就能通行無阻！

飯 RICE

海南雞飯
ข้าวมันไก่

泰版海南雞飯，使用加入薑蒜等材料汆燙雞肉的高湯來煮飯。

雞肉打拋飯
ผัดกะเพราไก่

雞絞肉炒羅勒葉配米飯。也有牛肉、豬肉和海鮮版本。

滷豬腳飯
ข้าวขาหมู

豬肉或豬腳用八角等香料燉煮。滷汁會一起淋到飯上。

稀飯
โจ๊ก

米粒煮到化開的泰式粥。豬絞肉和內臟等是比較常見的配料。

麵 NOODLE

泰式炒河粉
ผัดไทย

河粉與蝦、韭菜、雞蛋、豆芽等一同拌炒的泰版日式炒麵。

麵條
ก๋วยเตี๋ยว

泰式拉麵的統稱。有很多種湯頭可供選擇。

咖哩麵
ข้าวซอย

泰國北部的特色料理。在椰漿為基底的咖哩湯中加入中華麵和炸麵條。

湯 SOUP

冬蔭功湯
ต้มยำกุ้ง

融合香茅、檸檬草等多種植物香氣，甜、酸、辣味三位一體。名列世界三大湯品之一。

冬蔭蓋湯
ต้มข่าไก่

濃郁的香草風味及酸味，再與雞肉和椰奶巧妙融合的湯品。

沙拉 SALAD

涼拌青木瓜
ส้มตำ

泰國東北部的地方菜。青木瓜薄片和調味料邊搗邊拌的涼拌菜。

涼拌冬粉
ยำวุ้นเส้น

冬粉、蔬菜拌入甜酸醬汁的沙拉，海鮮和豬絞肉的版本比較常見。

涼拌辣碎肉
ลาบหมู

豬絞肉和香草、檸檬、乾煎米粉等拌在一起的沙拉，源自泰國東北部的涼拌菜。

美食的基礎&食材，單字一覽表

烹調方式

- 烤　ย่าง（Yang）
- 炒　ผัด（Phat）
- 炸　ทอด（Thod）
- 蒸　นึ่ง（Nueang）
- 汆燙　ลวก（Luak）

飯&麵

- 飯　ข้าว（Khao）
- 糯米　ข้าวเหนียว（Khao Niew）
- 中華麵　บะหมี่（Ba Mee）
- 中細米粉　เส้นเล็ก（Sen Lek）
- 極太米粉　เส้นใหญ่（Sen Yai）
- 極細米粉　เส้นหมี่（Sen Mee）
- 冬粉　วุ้นเส้น（Woon Sen）
- 泡麵　บะหมี่สำเร็จรูป（Ba Mee Samret Rup）

肉

- 雞肉　เนื้อไก่（Nua Kai）
- 豬肉　เนื้อหมู（Nua Moo）
- 牛肉　เนื้อวัว（Nua Wua）

海鮮

- 魚　ปลา（Pla）
- 蝦　กุ้ง（Goong）
- 螃蟹　ปู（Poo）
- 花枝　ปลาหมึก（Pla Muek）
- 蛤蜊　หอยลาย（Hoy Lai）
- 牡蠣　หอยนางรม（Hoy Nang Rom）

蔬菜

- 小黃瓜　แตงกวา（Taeng Kwaa）
- 茄子　มะเขือ（Makua）
- 番茄　มะเขือเทศ（Makua Thet）
- 高麗菜　กะหล่ำปลี（Ka Lam Plee）
- 空心菜　กบุ้ง（ Phak Bung）
- 玉米　ข้าวโพด（Khao Phot）
- 洋蔥　หัวหอม（Hua Hom）

水果

- 香蕉　กล้วย（Kluai）
- 西瓜　แตงโม（Taeng Mo）
- 椰子　มะพร้าว（Ma Phrao）
- 鳳梨　สับปะรด（Sap Pa Rot）
- 芒果　มะม่วง（Ma Muang）
- 木瓜　มะละกอ（Ma La Ko）
- 山竹　มังคุด（Mang Koot）
- 芭樂　ฝรั่ง（Fa Rang）

香草&配料

- 香菜　ผักชี（Phak Chi）
- 香茅　ตะไคร（Takrai）
- 泰國檸檬葉　ใบมะกรูด（Bai Makrut）
- 打拋葉　กระเพรา（Kra Phao）
- 薄荷　สะระแหน่（Sa Ra Nae）
- 檸檬　มะนาว（Ma Nao）
- 薑　ขิง（King）
- 大蒜　กระเทียม（Kra Thiam）
- 荷包蛋　ไข่ดาว（Kai Dao）
- 花生　ถั่วลิสง（Thua Lisong）

調味料

- 魚露　น้ำปลา（Nam Pla）
- 蠔油　น้ำมันหอย（Nam Man Hoi）
- 辣椒醬　ซอสพริก（Sos Prik）
- 辣椒　พริก（Prik）
- 醬油　ซีอิ๊ว（Si Iw）
- 醋　น้ำส้มสายชู（Nam Som Sai Chuu）

肉&魚類料理 MEAT & SEAFOOD

泰式烤雞
ไก่ย่าง

帶骨雞肉用甜鹹醬料醃過後，再用炭火燒烤。非常適合搭配糯米飯。

泰式蚵仔煎
ออส่วน

在澱粉漿中加入生蚵和雞蛋攪拌均勻後，再使用大量油煎炸製成。

蒜香冬粉蝦
กุ้งอบวุ้นเส้น

用大蝦和冬粉先蒸後炒的料理。醬油為基底的鹹甜調味，是日本人最喜歡的口味。

醬油蒸魚
ปลานึ่งซีอิ๊ว

整條白身魚用醬油紅燒，搭配大量的蔥薑，邊煮邊吃。

咖哩 CURRY

咖哩炒蟹
ปูผัดผงกะหรี่

螃蟹與咖哩粉、蛋液一起拌炒而成的料理，辣度較低，風味濃郁。

綠咖哩
แกงเขียวหวาน

用青辣椒和椰漿做成的咖哩。辣度因店而異。

瑪莎曼咖哩
แกงมัสมั่น

源自南泰，有世界上最美味料理的美譽，裡面加有馬鈴薯和堅果。

帕能咖哩Gaeng Panang
แกงพะแนง

源自南泰的咖哩，特色是沒有湯汁，質地濃稠口味濃厚，辛香料的風味明顯。

甜點 SWEETS

芒果糯米飯
ข้าวเหนียวมะม่วง

新鮮芒果搭配用椰漿和糖一起炊煮的糯米飯甜品。

這裡介紹的地方特色料理在泰國全國也都非常受歡迎，幾乎在所有城市都可以品嘗。

可以用英文預約好安心！

人氣自選行程總整理

當地旅行設所提供的自選行程，是從事各種戶外活動或前往郊外觀光景點的好選擇！
不僅可以省去安排交通工具和購買門票的麻煩，還提供飯店接送服務，方便又安心。

※費用為每位成人的含稅價格
※行程內容或有變動

曼谷

A
體驗泰國限定的娛樂新體驗

卡利普索歌舞秀在曼谷的變性人秀非常華麗！

費 1000B

安排曼谷最著名的人妖秀「卡利普索歌舞秀」的門票。
演出時間是每天的19:40和21:15兩場。

需時 1小時30分鐘

A
輕鬆享受河上遊船♪

〔啤酒暢飲〕傍晚時分可享受昭披耶河的超值晚餐遊船

費 1050B

少數能在夕陽下遊覽昭披耶河的遊船之一。提供啤酒和氣泡飲料暢飲的自助吧晚餐。

需時 2小時

A
一口氣逛遍必訪景點

包車前往阿瑜陀耶遺跡和粉紅象神廟

費 4300B

從曼谷酒店出發前往阿瑜陀耶，遊覽當地的三個熱門景點，途中停留在粉紅象神廟後再返回飯店（不含導遊）。

需時 8小時

A
去看看那個刺激的市場！

從曼谷出發包車前往美功鐵道市場

費 3000B

從曼谷市中心出發，約1小時30分鐘車程即可抵達沿鐵路兩側擠滿商店的美功鐵道市場。提供飯店-市場、市場-下個目的地的接送服務（不含導遊）。

需時 5小時

清邁

B
也可以去少數民族的村落！

素帖寺＋孟族村落＋蒲屏宮，來回半日遊

費 500B～

參觀位於山頂的素帖寺，再到蒙族村落體驗少數民族的生活（或參觀泰王室的官邸，蒲平宮）。形成包含酒店往返的接送服務。

需時 4小時

B
在寧靜的村落愜意散步♪

白天參觀湄康蓬村和溫泉，含飯店接送的共乘

費 400B

安排共乘接送服務（不含導遊）。從清邁出發到湄康蓬村約1小時車程，可在村中散步，或體驗戶外天然水療設施。

需時 9小時

B
規模最大的夜間動物園

清邁夜間動物園門票

需時 5小時

費 560B

含清邁夜間動物園的門票，可以看到130種以上的動物，如長頸鹿、大象、斑馬等。若是從清邁市中心出發的接送服務價格為680B。

B
烹調農園現採的新鮮蔬菜

預訂泰國料理教室，費用含參觀當地市場

需時 5小時

費 700B

參觀當地市場，品嘗市場的當地水果和甜點後，再用農場的蔬菜製作泰國料理共5道菜。

普吉島

C 想要多走多看的好選擇！
老虎公園＆島內觀光，週末限定的週末市集

費 1600B

除了老虎公園外，還會參觀大佛、查隆寺、腰果工廠等旅遊景點，也可以去逛逛週末限定的週末市集。

需時 6小時

C 稍微走遠一點盡情享受大自然
考索國家公園＆秋蘭湖之旅

費 2400B

從普吉島前往泰國本島的考索國家公園。在秋蘭湖享受遊船觀光，還能與大象近距離接觸。活動內容含英文導遊、午餐和接送服務。

需時 12小時

D 普吉島戶外活動人氣第一名
普吉島高爾夫球場的介紹與預約

需時 6小時

費 2850B～

普吉島有六座高爾夫球場，旅行社可以代訂。也有供初學者體驗的相關設施，接送服務需另外詢問。

D 在大自然盡情奔馳！
卡圖 ATV越野車冒險

需時 1小時30分鐘

費 1000B

在自然景觀豐富的卡圖地區，騎乘ATV（四輪傳動車）或卡丁車。開放時段為9~17點可自由報名，部分區域提供酒店接送服務。

蘇美島

E 探索離島的冒險之旅
搭快艇前往安通海洋公園旅行團

費 2200B

搭船前往位在蘇美島西方約30公里的安通群島。在當地可選擇划獨木舟或浮潛。費用含接送服務和英文導遊。

需時 7小時

E 壯麗的日落航行
乘坐雙體遊艇盡情享受海上樂趣

費 10000B～

搭乘雙體帆船海上巡航。半天4小時費用1萬B（最多10人）。費用含午餐和釣具租借（英文導遊和接送服務費用另計）。

需時 4小時

E 提供英文服務的體驗潛水
龜島體驗潛水

費 6100B～

與英文教練一起前往潛水聖地龜島。即使沒有潛水或浮潛經驗也可參加，包含午餐、接送服務以及設備租借。

需時 6小時

E 前往擁有海景的高爾夫球場
蘇美島高爾夫球旅行團

費 5800B

到島上唯一能俯瞰大海的正式高爾夫球場，聖塔布里鄉村俱樂部打一場球。費用含球童和高爾夫車（接送服務和租借設備費用另計）。

需時 5小時

旅行社參考資料

A TRIPULL 曼谷
Email info@tripull.asia URL https://tripull.asia/

B KK day 清邁
Email service@kkday.com
URL https://kkday.me/gHC08

C Phuket Happy Tour 普吉島
Email info@phukethappytour.com URL https://phukethappytour.com/

D J & R TRAVEL 普吉島
Email mail@jandrphuket.com URL https://jandrphuket.com/

E Houbou-Ya 蘇美島
Email info@houbou-ya.com URL https://houbou-ya.com/

當地旅行社不僅提供旅遊行程，也提供機場接送和包車服務。詳情請洽官網。

TAXI
TAXI
TAXI

最新・最前線・旅遊全攻略

泰國

曼谷・清邁・普吉島・蘇美島

THAILAND

如何使用本書

【圖例說明】

- 地址
- 電話
- 營業時間（註明從開店到關店的時間。最後點餐或入館截止時間或有不同。也有部分店家可能因特殊原因提早打烊）
- 休 固定公休日
- 費 成人1位的門票和設施使用費（除了記載的費用外，也有需要加收服務費和增值稅的情況）
- 交 搭乘交通工具和從指示地點出發到達目的地的所需時間
- 英文OK 表示有提供英語服務的服務人員，但須留意並非固定常設。
- 刷卡OK 表示提供信用卡的支付服務
- ▶MAP 表示在別冊地圖上的位置

【特別說明】

本書所記載的內容為採訪當時或2023年12月～2024年1月的資訊，內容或有變動，請留意事先確認。如遇假期或年底年初期間，營業時間和公休資訊可能會有較大變動，還請特別留意。若因與內容不同之情況而發生的相關損失，敝出版社恕不負擔相關賠償責任，敬祈見諒。

CONTENTS

在泰國必做的83件事

附贈詳細地圖！

☑ 做過的請打勾！

【別冊】

泰國全圖 …… 2
曼谷市中心地圖 …… 3
曼谷分區地圖 …… 4
曼谷市中心主要路線圖 …… 15
清邁全圖 …… 16
清邁古城區地圖 …… 18
普及島全圖 …… 20
普及島古城區地圖 …… 22
蘇美島全圖 …… 24
泰國便利帳1：旅遊泰文指南 …… 26
泰國便利帳2：手指點餐圖片指南 …… 28
泰國便利帳3：人氣自選行程總整理 …… 30

如何使用本書 …… 1

BEST PLAN

□ 01 探索實現夢想的區域 …… 4
□ 02 200%玩樂泰國 …… 6
□ 03 準備旅途中的小幫手 …… 12
□ THAILAND NEWSPAPER …… 14
□ 泰國事件簿BEST 9 …… 16

BANGKOK

SIGHTSEEING

□ SP 到曼谷王權瑪哈納功大廈拍張絕景美照 …… 24
□ 01 參觀玉佛寺&大皇宮 …… 26
□ 02 最強開運景點 …… 28
□ 03 陶醉在2大絕美寺廟 …… 32
□ 04 市區開運景點BEST 5 …… 34
□ 05 安帕瓦水上市場的小旅行 …… 36
□ 06 夜貓族4大夜晚景點！ …… 38

EAT

□ SP 泰國咖啡廳流行最前線！ …… 40
□ 01 經典！泰國菜排行榜 …… 42
□ 02 地方小吃接龍 …… 46
□ 03 南國下午茶&芒果 …… 48
□ 04 前往河岸餐廳 …… 50
□ 05 名副其實的星級名店晚餐 …… 52
□ 06 品嘗昔日宅邸的餐廳！ …… 54
□ 07 享用令人垂涎欲滴的泰式火鍋！ …… 56
□ 08 到美食廣場&小吃街玩食物接龍 …… 58
□ 09 解鎖熱帶甜點&飲料 …… 60

BEAUTY

□ 01 享受奢華Spa芳療的療癒時光 …… 62
□ 02 價格實惠的泰式按摩＆美甲 …… 64
□ 03 超神的泰國天然美妝品 …… 66

SHOPPING

□ 01 暹羅天地探險去♪ …… 68
□ 02 欣賞泰國傳統織品雜貨&器皿 …… 70
□ 03 話題時尚服飾店 …… 72
□ 04 到藥妝店掃購人氣必買商品 …… 74
□ 05 到恰圖恰市集尋寶 …… 76
□ 06 到夜市盡情買到收攤 …… 78

TOWN

古城區

□ 01 到絕美景觀寺院俯瞰曼谷市景 …… 80
□ 02 去考山路走走 …… 80
□ 03 午餐吃古城區的著名美食！ …… 81
□ 04 怎麼拍都好看的花卉咖啡廳 …… 81

唐人街

□ 01 色彩繽紛的中國寺廟 …… 82
□ 02 午餐吃中式×泰式料理 …… 82
□ 03 想到坊間的復古咖啡店坐坐！ …… 83
□ 04 參拜金佛寺 …… 83

蘇坤蔚路周邊

□ 01 到美食購物中心EmQuartier探險 …… 84
□ 02 想到美食廣場，去Emporium就對了 …… 85
□ 03 繞到家飾雜貨和美妝的人氣商店逛逛 …… 85
□ 04 稍事休息的咖啡廳就選有南國情調的！ …… 85

暹羅周邊

□ 01 泡在可以玩一整天的暹羅百麗宮！ …… 86
□ 02 前進裡面附設開運景點的大型購物中心！ …… 86
□ 03 稍事休息就到果汁吧！ …… 86
□ 04 去出站直達的休閒Spa放鬆一下 …… 87

STAY

□ 01 入住不同類型的人氣飯店 …… 88

SHORT TRIP

□ 01 大城（阿瑜陀耶） …… 94
□ 02 芭達雅 …… 100
□ 03 格蘭島 …… 104

BEST PLAN 01

掌握地理位置就出發吧！ 探索實現夢想的區域

大都會曼谷、古都清邁、度假聖地普吉島和蘇美島、讓人眼花撩亂的泰國街道，先想好目標再來挑選目的地吧！

各區特色圖示表

- 遊玩
- 購物
- 美食
- 美容
- 觀光

佛寺逛不完的泰國首都

1 曼谷

Bangkok >>P.21

高樓林立的大都會，從購物中心到話題餐廳應有盡有。也很推薦從曼谷出發一日往返的觀光行程。

1 暹羅廣場一帶的大型購物中心總是人山人海。
2 鄭王廟位於昭披耶河沿岸，巨大的佛塔相當壯觀，在曼谷境內的寺院多達3000座以上。

Short Trip

世界遺產的古都

大城

Ayutthaya >>>P.94

海灘度假聖地

芭達雅

Pattaya >>>P.100

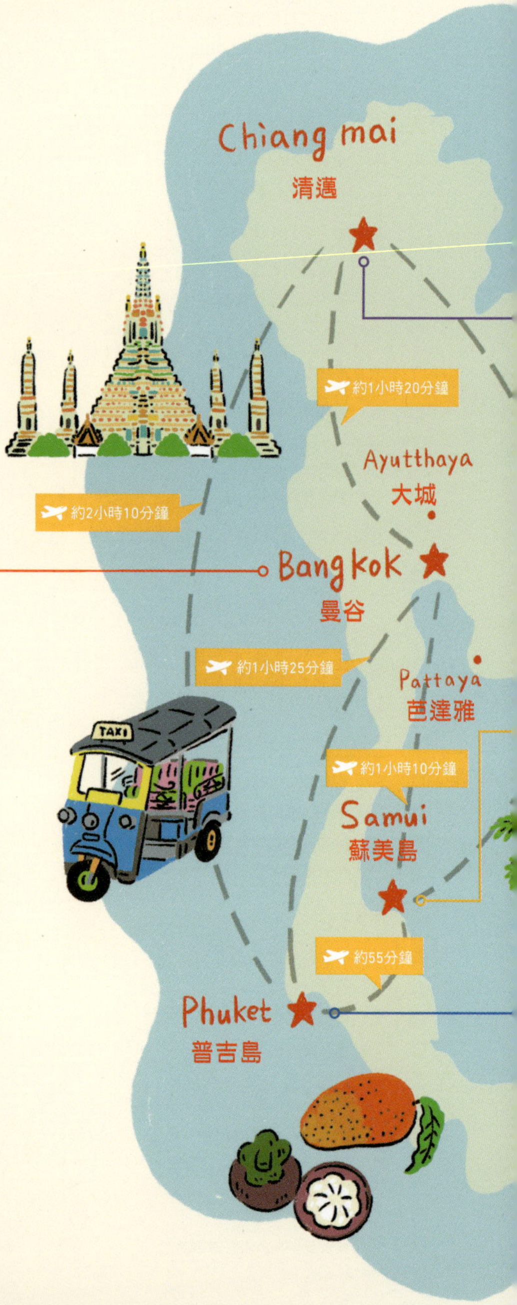

泰國行前須知				
	從台北出發	約4小時	主要交通工具	計程車、電車
	時差	-1小時	電壓	220V（插座類型有三種：A、B、C。）
	簽證	60天內觀光免簽	匯率	1泰銖（B）≒0.98新台幣
	語言	泰文		

（2025年5月資料）

避暑勝地的第二大城

2 清邁

Chiang Mai >>P.105

位於泰國北部，文化與傳統自成一格。城牆包圍的古城，座落著歷史悠久的寺廟。少數民族的藝品店是必去的尋寶景點。

1 泰國北部的少數民族工藝品，相當受歡迎。 2 護城河沿岸寺院林立，充滿古都風情的街景。

泰國灣的度假之島

3 蘇美島

Samui >>P.171

位於泰國東南部，因島上椰子樹隨處可見，又稱作椰子島。山海自然景觀盡收眼底。

1 查汶海灘。 2 充分享受大自然的戶外探險團。

多元文化充滿魅力

4 普吉島

Phuket >>P.137

安達曼海域最大的島嶼。有著融合中西文化充滿異國情調的街景，也有美麗海灘，適合離島觀光的行程。

1 逛色彩繽紛的古城。 2 俯瞰亞努伊海灘。

往來泰國各大主要城市可以搭飛機移動，國內線的班機很多相當方便。

BEST PLAN 02

先選區再規畫行程

200%玩樂泰國

6天4夜！

周遊普吉島&曼谷的標準行程

享受完普吉島的海景與歷史街道後，再往曼谷移動。
在兩座大城間城市接龍！

第一天

PM 18:30左右
普吉
國際機場

搭車 約45分鐘

20:00
古城區 ①

步行
約5～10分鐘

20:30
One Chun ②
→P.152

在曼谷轉機到普吉島！

因為沒有直飛普吉島的班機，所以必須從曼谷或其他國家的城市轉機。

SIGHTSEEING

看夜景
逛古城區 ①

晚上到飯店放完行李可到古城區散步，夜間燈飾很美。

普吉島街道夜景

EAT

南泰晚餐 ②

晚餐吃普吉島的當地料理。One Chun環境優美懷舊氣氛佳，晚一點的時段不用預約也很容易有空位。

NICE!

普吉島傳統的紅燒豬五花。

有豐富蔬菜的泰式酸辣蝦醬蔬菜盤。

第二天

AM 9:00
Roti Taew Nam
③ →P.151

步行2分鐘

10:00
古城區 ④
→P.146

步行5分鐘

10:30
泰華博物館
→P.146

步行2分鐘

11:30
LEMON GRASS HOUSE
⑤ →P.158

步行12分鐘

古城區享受古城漫步

第二天到古城區散步，吃小吃買東西。

EAT

必吃早點
泰式煎餅 ③

早上就開始營業的小吃Roti Taew Nam是古城區必吃，搭配咖哩是當地吃法，建議早點去。

咖哩雞是一絕。

煎餅是老闆現點現煎。

他朗路（Thalang Road），主要街道。

SIGHTSEEING

在建築物五顏六色的街上漫步 ④

古城區他朗路和攀牙路一帶的建築物色彩繽紛，有咖啡店、小店及博物館。

冰淇淋可外帶。

SHOPPING

天然系
美妝保養品 ⑤

材料充滿南國風情的天然系美妝保養品，適合送禮自用，包裝也非常可愛。

按摩油和肥皂。

泰國著名旅遊4大景點，曼谷、清邁、普吉島、蘇美島，
都來了就把2座城市玩個徹底！
行程可以參考下面的內容來安排。

EAT
**挑戰
著名美食
福建麵** ⑥

如果午餐在普吉島，不妨挑戰B級美食福建麵。淋上醬油滷汁的中式風味乾麵，讓人一吃上癮。

冬蔭海鮮麵
也很推！

SIGHTSEEING
**到芭東海灘
悠閒一下** ⑦

芭東海灘是普吉島最熱鬧的人氣海灘，水上娛樂活動豐富，從古城區來回可以搭計程車或用Grab叫車。

超大的
圓弧沙灘。

EAT
**稍作逗留
嚐嚐當地
海鮮餐廳** ⑨

在位置得天獨厚的海上餐廳享用晚餐。搭長尾船到餐廳的過程也很好玩！

蝦、蟹等新鮮海鮮滿足你的口腹。

BEAUTY
療癒Spa ⑧

結束海灘行程不妨預約附近的Spa或泰式按摩。下午通常人潮較多，建議事先預約。

第 2 天 續

🕛 **PM 12:30**
Mee Ton Poe ⑥
→P.150

🚗 車程約30分鐘

14:00
芭東海灘 ⑦
→P.140

🚗 車程約5分鐘

16:00
De Flora SPA ⑧
→P.163

🚗 車程約30分鐘

19:00
Kruvit Raft ⑨
→P.152

第 3 天

🕗 **AM 8:00**
飯店出發

🚗 車程約15分鐘

8:15
拉薩達碼頭
報到

🚶 步行1分鐘

8:30
拉薩達碼頭
出發 ⑩

🚢 搭船約2小時

10:30
小皮皮島、
瑪雅灣觀光

🚢 搭船約10分鐘

11:00
珊瑚灣 ⑪
套裝行程詳見→P.142

跟團到皮皮島
小旅行♪

搭豪華渡輪可當日往返皮皮島，是相當受歡迎的行程。早上司機可直接到飯店接送，大約傍晚就能返回普吉島。記得事先跟旅行社預約。

POINT 套裝行程大約1天

從普吉島出發的行程大都從早開始，可以先確定套裝行程的時間再安排其他行程，尤其是旺季務必提早預約！→P.168

**搭中型渡輪
出發** ⑩

到港口搭乘渡輪，也有rooftop的艙位可選擇，沿途景色優美，享受約2小時的海上悠閒時光。

**搭小船到
通賽灣浮潛** ⑪

到大皮皮島的通賽灣後，會換搭浮潛用的小船。有很多熱帶魚和美麗珊瑚礁，海底美景近在眼前。

旅行團相關注意事項及建議攜帶的物品請參考P.19。部分物品可在當地購買。

第三天 續

PM 12:00
通賽灣 ⑫
步行1分鐘

13:00
行人徒步區 ⑬
步行5分鐘

14:30
通賽灣出發
搭船約2小時

17:00
普吉島

抵達熱帶島嶼！

抵達皮皮島！在飯店午餐吧 ⑫

抵達皮皮群島最主要的大皮皮島後，馬上吃午餐。當然不能錯過在老牌飯店用餐囉！

邊吃午餐邊放鬆休息。

到島的中心區散步。

到行人徒步區散步 ⑬

飯店附近有很多咖啡店和禮品店，可以先悠閒逛逛再前往海灘。

回普吉島

逛完皮皮島回港口集合搭船。回程可以坐在室外區享受沿途風景。

船裡面也有商店。

第四天

AM 9:00
Ma Doo Bua Cafe ⑭ →P.154
車程約50分鐘

11:00
普吉大佛 ⑮ →P.144
車程約30分鐘

PM 12:00
亞努伊海灘 ⑯ →P.141
車程約1小時

15:00
布吉國際機場
飛行約1小時25分鐘

16:30
蘇凡納布國際機場（曼谷）
車程約 30分鐘

19:00
喬德夜市 ⑰ →P.78

POINT 包車最方便

要逛完不算小的普吉島，建議包車會比較方便。一般會透過旅行社代訂，或直接和當地司機交涉。費用一天5000～8000B。

普吉島的絕色美景

一圈逛完島上景點，行李箱放車上直接到機場。

EAT

蓮花池畔的網美咖啡店 ⑭

咖啡店面向蓮花池，是網路上熱搜景點。可在蓮花池畔拍照，飲料也十分可愛。

上面有蓮花裝飾的飲料。

照片提供：泰國政府觀光局

SIGHTSEEING

去看大佛 ⑮

山丘上高達45公尺的巨大佛像，白色大理石製的佛像映照藍天，從山丘鳥瞰海邊的景色更是一絕。

俯瞰也超美！

SIGHTSEEING

普吉島南部的絕美海灘 ⑯

普吉島東南一帶有不少美麗的海灘，其中也有像亞努伊海灘這種類似小型出海口的祕境。非常適合浮潛。

SHOPPING

到曼谷後前進夜市 ⑰

搭乘傍晚的班機回曼谷。雖是國內班機但也不可大意，記得提早到機場。回到曼谷再去夜市吃晚餐。

著名小吃火山排骨。

周遊曼谷的寺廟&商店

說到曼谷不能不提參拜寺院，如果想多看一點就早點起床吧。

SIGHTSEEING

參拜臥佛寺的臥佛像 ⑱

曼谷著名的古寺，其中巨大的臥佛是必訪。附近也有不少泰式傳統按摩店。

寺內供奉有玉佛。

SIGHTSEEING

參觀玉佛寺 ⑲

玉佛寺可以與大皇宮一起參觀。清晨時分人比較少。

冬蔭湯是必吃

EAT

午餐在河畔吃泰國料理 ⑳

昭披耶河沿岸的餐廳從室內到戶外的陽台區座位都看得到高聳的鄭王廟。泰北料理幾乎無雷好吃。

流行小物。

傳統餐具應有盡有。

SHOPPING

暹羅天地購物 ㉑

位在昭披耶河畔的巨大購物中心。裡面商店眾多，大到幾乎讓人迷路。

EAT

到河景咖啡店稍事休息 ㉒

想要休息千萬不要錯過昭披耶河河畔的咖啡店，可以欣賞河岸風光，還有好吃的傳統甜點芒果糯米飯。

可以脫鞋的座位區很舒服。

泰國著名彩繪班加隆瓷器。

刺繡小包款式很多。

SHOPPING

到蘇坤蔚路做最後的採買 ㉓

到聚集了購物中心和小店的蘇坤蔚路做最後採買，泰國的傳統小物是人氣必買！

BEAUTY

步行可至的Spa ㉔

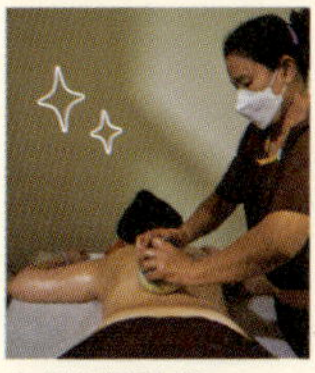

全身按摩很舒服。

就在同個區域，泰式按摩、油壓都有，做個按摩放鬆一下再神清氣爽地前往機場。

POINT 提早到機場

建議至少在登機前2小時抵達機場，如果要辦理退稅建議3小時前，也要預留塞車的時間。
→P.197

第五天

AM 9:00
臥佛寺 ⑱
→P.32

步行15分鐘

10:00
玉佛寺&大王宮
⑲ →P.26

車程約10分鐘

PM 12:00
在河畔餐廳吃午餐 ⑳
→P.50

車程約15分鐘

13:30
暹羅天地購物 ㉑
→P.68

車程約15分鐘

15:30
Baan Rim Naam ㉒
→P.40

車程約20分鐘

17:00
Armong Shop ㉓
→P.70,71

步行5分鐘

18:00
at ease MASSAGE Sukhumvit 33/1店 ㉔
→P.64

第六天

AM 1:00
蘇凡納布國際機場

搭紅眼班機回台灣

搭乘紅眼班機就能玩到最後一刻。有不少直飛台灣的班機。

曼谷的塞車問題很嚴重，如果是小範圍的移動建議可以多加利用Grab摩托車和地鐵。 9

用區域選擇行程！

經典&最佳方案

如果想要針對單一區域深度旅遊，安排5天3夜的時間比較合適。
也可以搭配其他區域。

AREA 1 搭紅眼班機週末玩好玩滿

曼谷 5天3夜

逛寺院、買東西、吃美食，
享受曼谷的魅力。
也很推薦當天往返大城的一日遊！

第一天

16:00
抵達曼谷

↓

19:00
吃泰國料理晚餐
→P.50

如果上午從台灣出發，傍晚左右就會到曼谷。挑一家風景優美的餐廳，馬上來一頓泰式晚餐。

第二天

10:00
到水門寺
稍作停留
→P.28

從曼谷市中心搭車約1小時30分鐘車程可到的著名寺院！

↓

12:30
到古城區午餐
→P.80

回到曼谷古城區挑戰B級美食當地小吃。午餐選泰式麵食就對了。

↓

14:00
參拜寺廟
→P.32

舊城區有很多佛教寺廟。可至昭披耶河畔的碼頭搭渡輪到鄭王廟。

↓

16:00
到暹羅天地
購物
→P.68

鎖定泰國當地設計師的品牌到暹羅新天地逛逛吧！

↓

18:00
昭披耶河
搭渡輪觀光
→P.39

晚上搭渡輪看夜景，從暹羅天地就可以搭乘，記得先上網預約。

第三天

位在曼谷郊區的大城一天就能往返，充滿大城王朝時代留下的遺跡，享受古都風情。

10:00
泰國大城一日遊
→P.94

↓

10：30
參觀世界遺產
的寺院 →P.96

↓

12:00
午餐吃船麵 →P.96

午餐挑戰大城當地的傳統美食船麵。

↓

13:00
下午到舊城區
散步

名列世界遺產的大城有很多值得一看的景點。首推解鎖五大寺院的行程，傍晚再搭電車回曼谷。

第四天

10:00
洽圖洽
週末市集→P.76

週末限定的超大市集，戰利品是滿滿的伴手禮！

↓

13:00
中國城
散步吃午餐 →P.82

漫步在充滿老街氣息的中國城，參觀中國寺廟。最期待去吃那些大排長龍的在地小吃店。

↓

16:00
逛蘇坤蔚路
買東西和按摩
→P.64,84

到小店林立的曼谷鬧區買個東西犒賞自己。

第五天

1:00左右
搭紅眼班機回國

AREA 2 古都漫步
清邁 4天3夜

第一天

9:00左右 抵達清邁

↓

12:00 午餐吃特色小吃 →P.114
清邁著名的特色小吃，清邁市有不少有名的咖哩麵店。

↓

13:00 古城散步
到城牆環繞的古城散步，古城東側的塔佩門是必去景點。

↓

18:00 晚上逛夜市 →P.112
傍晚夜市會聚集各種攤商，晚上就到夜市邊吃邊逛。

第二天

11：30 清邁大象叢林保護區 →P.110
到郊外走走親近大象與大自然。

↓

18:00 挑戰泰北傳統當地美食→P.116
到地方料理餐廳就能一次吃到各種當地傳統美食。

第三天

10:00 到帕拉德寺的素帖寺參拜 →P.108
到山上的佛教寺院參拜。

↓

13:00 到寧曼商圈的尼曼路一號商場（One Nimman）購物→P.122、123
應有盡有的購物天堂，也有大型購物中心。

第四天

9:00 買傳統雜貨 →P.124
不要錯過可以買到各種少數民族雜貨的人氣店家。

↓

12:30左右 搭機回國

AREA 3 享受大自然！
蘇美島 4天3夜

第一天

14:30左右 抵達蘇美島

↓

16:00 波普海灘散步 →P.174
波普海灘四周有許多咖啡館和商店。

↓

18:00 到海景餐廳吃晚餐 →P.182
這家海景餐廳可以在海灘上享用晚餐，還可以欣賞日落美景。

第二天

10:00 叢林探險體驗 →P.178
參加叢林探險一日遊來個大自然巡禮。

↓

18:00 到人氣餐廳吃晚餐 →P.183
叢林探險後到餐廳吃晚餐，推薦海鮮是必吃！

第三天

10:00 查汶大街和海灘周邊散步 →P.175
海灘附近有大型購物中心等商店林立，非常熱鬧。

↓

13:00 海景第一排美景咖啡店→P.184
蘇美島上有不少可以低頭就看得到海的咖啡店。

↓

16:00 享受在大自然的懷抱Spa按摩 →P.188
享受在開放空間被熱帶植物包圍的療癒。

↓

18:00 回飯店享用晚餐 →P.183
晚餐回飯店用餐，悠閒享受度假飯店的空間和美食。

第四天

12:15左右 搭機回國

還有這些！建議行程

從首都逛到古都
曼谷 & 清邁 5天4夜

享受完曼谷大都會的熱鬧後，移動到歷史悠久的清邁。
逛街、購物、美食都別錯過！

第一天	傍晚／抵達曼谷
第二天	整天／曼谷觀光或到大城一日遊
第三天	上午／到曼谷購物 下午／搭飛機到清邁
第四天	整天／清邁觀光
第五天	下午／回國

悠遊海島度假村
普吉島 & 蘇美島 6天4夜

想去海邊或大自然，到泰國著名的海島度假村就對了！
因為沒有直飛的班機，所以去回程都需要轉機。

第一天	晚上／抵達普吉島
第二天	整天／參加皮皮島的套裝行程
第三天	上午～下午／普吉島觀光 晚上／搭飛機前往蘇美島
第四天	整天／蘇美島觀光
第五天	晚上／回國

目前從台灣到曼谷和清邁都有直飛班機。往返各大都市間搭飛機會是最快的選擇。

BEST PLAN 03

帶著這些就對了！準備旅途中的小幫手

第一次出國，難免會傷腦筋究竟該帶哪些東西才好。
必需品，到當地可以取得的物品，出發前先準備好吧！

6天5夜份的行李箱

首先準備一週份的行李箱。如果預計會買不少伴手禮，建議行李箱的尺寸空間要保留一點彈性為上策。記得行李吊牌一定要寫上姓名的羅馬拼音。

USEFUL ITEMS

行李箱的必備物品清單如下，行動電源不可托運，但充電器是OK的。

100ml以上的液體
請記得托運！

美容保養品

為避免液體滲漏，記得多套一層夾鏈袋。

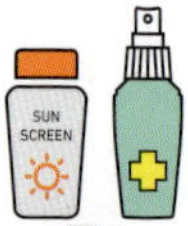

防曬及防蚊用品

泰國旅遊必備！但記得液體類禁止隨身登機。

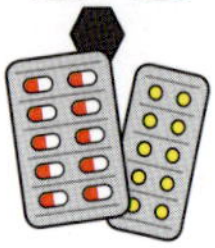

藥品

感冒藥、止痛藥、暈車暈船藥、營養補充品等。

充電器和轉接頭

手機、相機的充電器。雖然不見得都需要轉接頭，但保險起見還是帶著好。

除菌濕紙巾&口罩

別忘了擦手用的除菌濕紙巾。口罩非必備。

FASHION

即便是四季如夏的泰國，北邊的清邁冬天早晚還是有些涼意，需要穿著長袖衣物。曼谷或清邁雖然不靠海，但飯店多半有游泳池，所以帶件泳衣能玩得更盡興。鞋子基本上涼鞋和球鞋都是OK的。

以夏裝為主

當地的服裝基本上以夏裝為主。但購物中心、餐廳、公車上大多有空調，所以建議帶件披肩或薄長袖，參訪寺院時不能裸露肌膚，這時也能派上用場。

曼谷

乾 季 …11～2月／氣溫26～28℃
夏 季 …3～5月／氣溫29～30℃
雨 季 …6～10月／氣溫28～29℃

曼谷氣溫和降雨天數

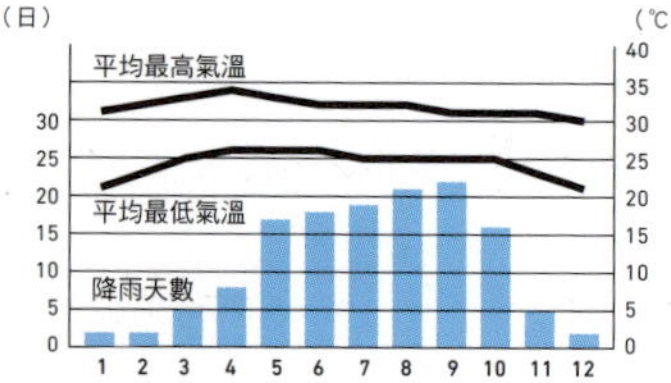

室內最好帶件薄外套

清邁

乾 季 …11～2月／氣溫21～24℃
夏 季 …3～5月／氣溫27～29℃
雨 季 …6～10月／氣溫26～28℃

因地區而異

普吉島

乾 季 …10～4月／氣溫27～28℃
雨 季 …5～9月／氣溫27～28℃

蘇美島

乾 季 …3～10月／氣溫27～29℃
雨 季 …11～2月／氣溫26～27℃

※平均溫度和降雨資料來自Weatherbase網站

實用的App

這幾個方便的App可事先下載到手機裡。

叫車
▶Grab
可叫汽車或機車，比計程車還方便。→詳見P.199

翻譯
▶Google智慧鏡頭
啟動應用程式後，將手機鏡頭對準文字，就能即時翻譯。

預約
▶Klook
可以預約餐廳、Spa和行程，還有超值優惠券喔！

當地使用的小包包

在街上行動時，斜背背包會比較安心。為避免被扒手盯上，請記得選擇開口可確實關上的款式，以免遭竊。即使逛街購物時也不要放下或離開視線，一定要隨時帶在身邊。

MONEY

建議準備多一些現金以備不時之需。但因為信用卡已相當普及，金額較大的消費基本上都能刷卡。

錢包
準備一個專屬當地使用的小錢包。即使在海邊弄髒也沒關係的那種。

現金
盡量減少隨身攜帶的現金，其餘現金可寄放在飯店的保險箱等處。

信用卡
在餐廳或商店都能使用，也可在 ATM 提領現金。建議也可記下發卡公司的聯絡方式和卡號，以備卡片遺失的不時之需。

6天5夜的平均預算　約5.5～7萬台幣

※玩兩個城市

◎行前費用

機票(來回)…5000～8000台幣
飯店(5天)…2萬台幣

◎當地費用

🍴…7000台幣
🛒…5000台幣
📷…7000台幣
✦…3000台幣

「大部分」飯店有／沒有的東西

毛巾
雖然飯店都有提供，但有可能會參加其他活動行程，自備一條毛巾會更好。

吹風機
如果是平價旅館，可能房內不附，但向飯店詢問或許可以借用。

家居服
如果是比較簡單的飯店有可能不提供。怕冷的人請記得帶長袖和長褲。

拖鞋
有些地方提供的可能是非拋棄式的拖鞋，在意的人建議自備。

牙刷組
基於環保有些飯店不會主動提供。但若有需要可向櫃檯索取。

洗沐用品
高級飯店的備品很齊全，但若是較平價的飯店，建議自備會比較安心。

Wi-fi
大多數都設備完善，但有時也會有網路不穩定的情況。

MUST ITEM

以下是絕對不能忘記的重要物品：面紙、太陽眼鏡、雨具、環保袋等，這些在當地也都買得到。

護照
記得確認效期。

機票
電子機票記得要印出紙本會比較保險。

路由器或SIM卡
路由器可事先預約機場取貨，也可以在台灣就準備海外使用的SIM卡。

衛生紙或濕紙巾
廁所有可能沒有提供衛生紙，濕紙巾在路邊攤非常實用。

雨具
雨季時折傘和雨衣可派上用場。

太陽眼鏡
陽光很強請務必準備。

購物袋
拿來裝逛街買的東西相當實用。

旅遊書

相機

※上述飯店備品若是四星級以上的飯店基本上都會提供。三星級以下的飯店，除Wi-Fi和毛巾外，其他有可能不會提供。

THAI LAND

THAILAND NEWSPAPER

不僅是大型觀光設施，還有許多國際品牌的高級飯店和購物中心也陸續登陸泰國，備受矚目的高級美食也絕對不能錯過！

SIGHTSEEING 普吉島的話題 大型商場開幕了！

聲光歌舞遊行是必看！

普吉島 夢幻嘉年華樂園
Carnival Magic

占地16公頃，重現泰國傳統祭典與市集的主題樂園。用餐和購物應有盡有。

999 Moo 3 Kamala Kathu ☎076-385-555 (營)週一、三、六17:30～23:30 (休)週二、四、五、日 (費)門票+自助吧晚餐 2500B，門票 2100B (交)古城區搭車約1小時 刷卡OK 英文OK

普吉島 ▶MAP P.21 A-4

全世界最大的海灘度假區 普吉島的嶄新玩法

大型主題樂園眾多的普吉島，還有新的景點登場。盡情體驗泰國才有的夜生活，享受整天可以泡在泳池的新玩法吧！

泰國最大的水上樂園

普吉島 普吉島安達曼水上樂園
Andamanda Phuket

以泰國神話為主題分成5大區，園區共有12個極限滑水道和人工造浪池，親子區也相當完善。

333/3 Moo 1, Tambon Kathu ☎076-646-777 (營)10:00～19:00 (休)全年無休 (費)一日券 1500B，門票 2100B (交)古城區搭車約15分鐘 刷卡OK 英文OK

普吉島 ▶MAP P.21 B-4

EAT 備受矚目的美食之都 泰國的星級餐廳

泰國最高級的食堂!？

曼谷 痣姐熱炒
Jay Fai

雖然是當地食堂，依舊榮獲米其林一星的殊榮。一早就有到現場抽號碼牌的客人。

327 Mahachai Rd. ☎02-223-9384 (營)9:00～19：30 (休)週日～二 (交)MRT三峰站步行10分鐘 英文OK

曼谷 ▶MAP P.5 D-2

蟹肉歐姆蛋 1400B，海鮮料理是招牌。

米其林星級連發 泰國餐飲界值得關注

儼然是世界公認美食之都的曼谷，《2024米其林美食指南》泰國版獲得2星就有7家店，1星則有27家。

擺盤也很漂亮！

普吉島唯一摘星餐廳

普吉島 PRU

頂級奢華酒特里薩拉的指標餐廳。普吉島首創實踐「農場到餐桌」的餐廳，供應革命性的創意料理。

普吉島 >>>P.153

STAY

備受世界矚目的曼谷新飯店！

超高人氣國際精品住宿品牌 對亞洲度假風情的嶄新詮釋

從奢華到低調，有多樣的住宿風格選擇。近幾年有不少國際潮流旅宿品牌陸續插旗曼谷。相較於歐美地區的收費，同品牌在泰國可以用更划算的價格享受。

2022年7月 OPEN

位在超高地標曼谷王權瑪哈納功大廈

曼谷 曼谷瑪哈納功標準飯店

The Standard, Bangkok Mahanakhon

位於標高317公尺的高樓層，紐約起家的五星級潮流設計旅店，絕美餐廳也別錯過！

曼谷 >>>P.88

2022年4月 OPEN

超強性價比美型飯店

曼谷 Away Bangkok Riverside Kene

位於昭披耶河旁的優雅河岸旅店，絕美的室內空間彷佛置身博物館。

曼谷 >>>P.93

風格前衛的設計旅店

曼谷 Kimpton Maa-Lai Bangkok

擁有眾多粉絲的美系精品旅店品牌插旗泰國，集結眾多話題餐廳是亮點。

曼谷 >>>P.89

SHOPPING

曼谷新登推出的購物新地標！

位於郊區的人氣夜市

曼谷 喬德夜市：神奇之地

JODD FAIRS : DanNeramit

曼谷最具人氣的夜市在拍鳳裕庭路也開幕了！除了美食攤販眾多，城堡和熱氣球更是吸睛亮點！

1408/30 Phahonyothini Rd. ☎089-938-3759
營 16:00～24:00 休 全年無休 交 BST拉拋路口站(Ha Yaek Lat Phrao BTS Station)步行6分鐘

曼谷 ▶MAP P.3F-1

2023年4月 OPEN

複合夜市的大型購物中心盛大開幕

在曼谷購物最大的樂趣，莫過於逛夜市買物美價廉的可愛雜貨和流行服飾。不要錯過開在中心區的購物中心。

2023年12月OPENOPEN

照片提供：泰國政府觀光局

蘇逸坤的最新景點

曼谷 Emsphere

新開幕的大型購物中心，位在BTS澎蓬站附近，集結人氣商店和餐廳達300家以上。

628 Sukhumvit Rd. ☎02-269-1000
營 10:00～24:00 休 全年無休 交 BST澎蓬站步行5分鐘

曼谷 ▶MAP P.10 C-2

這時候該怎麼辦？ 泰國事件簿BEST9

在國外語言或文化不同，難免會遇到意想不到的狀況。這裡整理了各種在泰國常見的狀況題，只要提前準備，就能享受悠閒的出國時光。

文化篇 CASE 1 泰文

事件檔案 看不懂泰文

在地客常去的食堂或路邊攤，多半只有泰文菜單，但泰國文字對外國人來說又很難，實在看不懂寫什麼？該怎麼點餐？好困擾。

雖然觀光客常去的餐廳或小店多少都會英文，但不懂當地語言還是有些不方便。

解決！ 說英文或多或少都能溝通 & 請活用翻譯App

即便是在地的店家，多少都還是能用英文應對，所以初步可以先詢問。真看不懂字的話，可用google翻譯的相機掃描功能翻譯，非常方便。

派得上用場的泰文

請給我這個
〔ao man ni〕
เอาอันนี้

多少錢？
〔tao rai〕
เท่าไร

不要辣
〔ao my pet〕
เอาไม่เผ็ด

好吃
〔aroi〕
อร่อย

事件檔案 寺廟應該怎麼拜…

來到泰國，一定會到佛寺一遊。參拜的當地人絡繹不絕，每個人看起來都很虔誠。供佛的鮮花和線香，各式各樣的供品究竟該怎麼供奉？香油錢怎麼添？全都不懂！

文化篇 CASE 2 寺廟

佛教徒約占9成的泰國，幾乎所到之處都是寺廟。所以還是先預習一些關於參拜的方法及禮儀吧。

解決！ 遊客也可以參拜 模仿泰國人拜就好

敬拜方式請參考→P.30

遊客也可以參拜。雖說每座寺廟不盡相同，但基本上都會購買線香和鮮花供佛（金額隨喜），供奉時雙手合十。其他的就參考當地人參拜的方法吧。

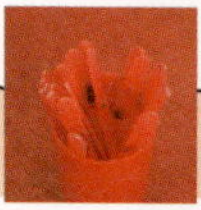

注意事項

❶ 服裝
不可穿著露出肩膀或膝蓋的服裝，最好帶著外套或上衣。

❷ 不要碰觸僧侶
女性碰觸僧侶是禁忌。

❸ 對佛像保持尊敬
不可對佛像不敬，或站得比佛像高。

可以在寺院做的事

誦經祈福
規模較大的寺院會有僧侶誦經祈福，布施香油錢後在僧侶前低頭即可進行。

抽籤
搖晃籤筒，掉出寫有號碼的籤支則得該號碼籤詩。

THAILAND CASE FILES

文化篇

CASE 3

物價

規畫旅費的分配，先想好省錢地方和花錢的地方就能來趟聰明旅行。先讓我們對當地的物價有個概念吧。

事件檔案

是貴？還是便宜？當地物價好難懂！

泰國當地的物價印象中比台灣便宜，但近幾年快速發展的泰國物價似乎也跟著起飛。路邊賣的小物或咖啡店的飲料便宜嗎？還是貴呢？如果不了解當地物價，也就不知道划不划算了！

解決！

有些和台灣差不多 但地區不同也會有些差異

當地食堂或路邊攤的食物合理的價格1份大約50～100B，觀光客常去的咖啡館、餐廳或飯店跟台灣差不多。雖然曼谷整體的物價都偏高，但計程車和電車都很便宜。

主要的物價

曼谷計程車起跳價35B，蘇美島的計程車則是500B(約20分鐘的距離)。咖啡館的咖啡大概50～100B，路邊攤的褲子大概是100～150B。

文化篇

CASE 4

食物

泰國料理在台灣也很受歡迎。但到了當地吃起來好像還是有點不一樣？特別是去當地的路邊攤，沒吃過的食物還真不少。

事件檔案

路邊攤的食物安全嗎？

便宜又好吃的路邊攤是到泰國觀光的樂趣之一，好多東西都想吃吃看！下定決心一吃，「比想像中還辣一倍」「肚子好像有點怪怪的…？」總是會有一些出乎意料的狀況。不知道有沒有什麼建議避開的料理？或有沒點餐判斷的依據？

解決！

要留意生食或辛辣的食物

點餐時請盡量挑選熟食，特別是像加了鹽漬小螯蝦的涼拌青木瓜有可能會有寄生蟲。吃辣的食物也要小心不要過量。

不敢吃辣的話…

不敢吃辣的人還是有可能會因為辛香料而鬧肚子。點餐時可以說「ao my pet」（不要加辣），也可以說英文。

文化篇

CASE 5

訂位

人氣名店在旺季時位子會特別難訂，特別是網路名店有時人會很多！

事件檔案

預約餐廳或旅行團很難？

水療按摩或餐廳的預約基本上英文OK，但因為看不到對方的反應所以打電話的難度比較高。預約旅行團雖然可以透過當地的旅行社代訂，但不知道是不是能訂到如自己預期的行程還是有些不安。怎麼進行會比較順利呢？

解決！

透過飯店、網路，或App預訂

建議可以請飯店人員幫忙打電話會比較順利。或是也有不少店家可以在官網或透過WhatsApp預訂。或是用電子票券平台Klook的App訂購也很方便。

戶外活動的行程先在台灣預約

戶外活動的套裝行程有可能會額滿，所以建議事先預訂。當地也有能用英文溝通的旅行社。(→ 別冊P.30)

Klook的App所提供的預訂服務包括戶外活動、飯店、Spa按摩等。也可以線上刷卡預付。

城市篇

CASE 6

塞車

和台灣的交通規則與行車習慣有點不同，所以如果還是用台灣的感覺行動，很可能會陷入意想不到的狀況。特別是關於塞車要特別留意。

事件檔案

深陷車陣
快要來不急啦！

因為要趕搭紅眼班機回國，從飯店搭計程車卻遇到下班尖峰高速公路大塞車！無論過了多久都沒有前進的感覺，乾脆用走得比較快？。雖然離開市中心塞車的狀況就好很多，但真的是太危險了！

夜晚滿是摩托車的曼谷。

解決！

在曼谷搭電車或Grab摩托計程車也很方便

詳見交通方式→P.200

曼谷市區的塞車問題非常嚴重，尤其是傍晚下班的尖峰時間更是不容小覷，若是離車站不遠，搭電車會是最好的選擇。若無法搭電車，請多加利用在車陣中穿梭自如的摩托計程車。但因摩托計程車的車資常會遇到討價還價，所以建議透過叫車的App Grab會比較安全，也會比路邊攔摩托計程車便宜。

事件檔案

攔不到計程車……

在曼谷舉手攔車但計程車卻都不停！不像在台灣計程車會顯示「空車」，所以也看不太出來究竟能不能搭…而且，好不容易攔到一台，說了目的地竟然還被拒絕說「不去那裡」！

城市篇

CASE 7

計程車

泰國計程車的服務品質不是很好。被拒載或語言不通的狀況是家常便飯！

解決！

使用叫車App就能解決所有問題

關於Grab→P.199

泰國的計程車和台灣的多少有些不同，有時會被用「到那邊的話有點…」或「我現在要回家…」等理由拒絕，有時候講英文也不能通。如果透過Grab的App叫車，不僅是不會遇到被拒絕的窘況，因為司機會事先知道目的地也不需要特別說明，是相當方便的選擇。

離島篇

CASE 8

季節

泰國氣候大致分為雨季和乾季。即便是同個時期天氣也會因地而異。依照天氣來規畫行程是有必要的。

事件檔案

因為雨勢過大什麼都不能做！

雨季去蘇美島結果遇到傾盆大雨！早上以為是大晴天，想不到瞬間風雲變色下起大雨，只要稍微待在戶外就會像洗過澡一樣完全動彈不得。明明我就是要去享受碧海藍天的美景！

解決！

遇上雨季要有連日大雨的覺悟請先確認室內活動的行程

旅途中雨季或乾季的情報非常重要。雨季的天氣多變，雨也是忽停忽下。隨身攜帶折傘或輕便雨衣會比較方便。但海灘或戶外活動的行程可能就比較困難，先準備一些購物中心或博物館這類室內行程為上策。

各地區的季節

曼谷	
乾季 11～2月	夏季 3～5月
雨季 6～10月	
清邁	
乾季 11～2月	夏季 3～5月
雨季 5～10月	
普吉島	
乾季 10～4月	雨季 5～9月
蘇美島	
乾季 3～10月	雨季 11～2月

可以安排下雨天去購物中心

事件檔案

結果還暈船，真的是太慘了…

試著跟團參加戶外活動，「想不到竟然是小船所以就暈船了」「搭小型巴士結果冷氣太冷整個凍僵…」「玩得太瘋結果在很多石頭的地方受了傷」等等，各種意料之外的事件層出不窮！

離島篇

CASE 9

跟團篇

到國外跟團參加戶外活動是什麼感覺？有點沒法想像，請記得確認隨身攜帶物品。

解決！

事先確認攜帶物品做好萬全的準備

參加需要乘船的離島行程成或要走山路的叢林體驗，容易不舒服的人請記得攜帶暈車暈船藥。針對室內空調的溫差和防曬則建議準備一件薄外套或披肩。參加浮潛的行程因為有珊瑚礁和石頭比較多，準備一雙礁鞋比較保險！

建議清單

- 暈車／船藥
- 毛巾
- 備用衣（如果要下水）
- 垃圾袋
- 海灘鞋
- 礁鞋
- 披肩外套

若是參加海邊或溪邊的行程，建議攜帶可以存放手機和相機的防水包。

❶ 蘇坤蔚路周邊（P.84）的交通一樣壅塞。高架橋上有BTS和MRT（電車）。 ❷❸ 臥佛寺（P.32）和玉佛寺（P.26）位於舊城區。 ❹ 鄭王廟可搭船前往（P.33）。❺ 沿著昭披耶河有Icon Siam（P.68）。在沙潘塔克辛站附近的中央碼頭有接駁船。

Bangkok

SIGHTSEEING
P.24 曼谷王權瑪哈納功大廈
P.26 玉佛寺&曼谷大皇宮
P.28 最強開運景點
P.32 超美！泰國寺廟
P.34 市區開運景點
P.36 安帕瓦水上市場
P.38 夜貓族4大夜晚景點

EAT
P.40 泰國咖啡廳流行最前線
P.42 經典！泰式料理
P.46 當地餐廳
P.48 下午茶&芒果
P.50 河畔餐廳
P.52 名店晚餐
P.54 宅邸餐廳
P.56 泰式火鍋料理
P.58 美食廣場&攤販街
P.60 甜點&飲料

BEAUTY
P.62 豪華Spa
P.64 按摩&美甲
P.66 天然美妝品

SHOPPING
P.68 暹羅天地購物中心
P.70 泰國傳統織品雜貨&器皿
P.72 時尚商店
P.74 藥妝店
P.76 洽圖洽市集
P.78 夜市

TOWN
P.80 古城區
P.82 唐人街
P.84 蘇坤蔚路周邊
P.86 暹羅周邊

STAY
P.88 潮流飯店
P.90 頂級飯店
P.92 時尚飯店

SHORT TRIP
P.94 大城（阿瑜陀耶）
P.100 芭達雅
P.104 格蘭島

Bangkok
曼谷

集都會繁華與歷史魅力於一身的首都

1782年，拉瑪一世遷都曼谷，曼谷就成為泰國政經文化發展中心。雖然在市中心高樓大廈林立，但信眾虔誠香火鼎盛的佛教寺院依舊很多，這樣新舊文化兼容並蓄的風貌就成為曼谷的特色。市中心有不少觀光和購物的景點，但郊外也有不少著名的寺廟及市場。

人口
約549萬人

面積
1569㎢

曼谷市區的基本交通

方便又便宜的BTS、MRT

電車路線四通八達，目前也還在建構中。最常搭乘的是BTS的蘇坤蔚線、是隆線、MRT藍線。

>>>詳見P.200

搭計程車要注意塞車與跳表

蘇坤蔚站和暹羅站這些在市中心的車站，因為車流量大，傍晚下班的車陣擁擠，塞車問題特別嚴重。可以多加利用電車和Grab叫車。

>>>詳見P.200

古城區

>>>P.80

Old Town

古色古香的舊城

以王宮為中心發展的地區在歷史上曾經稱為拉塔納科辛島。境內佛教寺院眾多，有佛具店林立的街道及歷史超過百年以上的市場。

那空沙王路

臥佛寺
>>>P.32

唐人街

>>>P.82

Chinatown

充滿市井魅力的中華街

因中國移民而發展的地區，銀樓、中藥、乾貨等商店林立。當夜晚耀華力路的霓虹燈亮起，夜市的熱鬧更是別具風情。

龍蓮寺
>>>P.82

牛面王>>>P.82

電車	◎	計程車	○	摩托計程車	△
Grab	◎	嘟嘟車	△		

最推薦
Grab摩托車！

不需討價還價，Grab是可用信用卡付費的App。如果選摩托車的話就可以不用擔心身陷車陣危機。

>>>詳見P.200

蘇坤蔚路周邊

>>>P.84

The Emporium百貨
>>>P.85

Sukhumvit

購物天堂

蘇坤蔚路上有很多大型購物中心，飯店、餐廳多聚集於此。酒吧和按摩店也不少，即便到了晚上依舊熱鬧不減。這一區的服飾小店也相當值得一逛。

Armong Shop>>>P.70

暹羅周邊

>>>P.86

Siam

泰國流行聖地！

大型購物中心、高級精品服飾與泰國設計師品牌雲集，深受當地年輕人喜愛。開運景點四面佛尤其著名。

四面佛寺
>>>P.34

是隆周邊

Silom

美食最多商業區

地標曼谷大京都大廈高聳雲端，周邊公司行號林立，是商業重鎮。其中也不乏高級餐廳隱身在此，是充滿成熟都會風情的區域。

曼谷大京都大廈
>>>P.24

昭披耶河周邊

Chao Phraya

河岸風光明媚

昭披耶河流域蜿蜒於曼谷市區，沿著河岸可以欣賞購物中心、飯店、寺院等景點。戶外座位可以欣賞河岸風光的餐廳也很受歡迎！

EVERYDAY MOO KRATA CAFE AND BAR >>>P.56

SIGHTSEEING SPECIAL

SIGHTSEEING最新情報！

到曼谷王權瑪哈納功大廈拍張絕景美照

王權瑪哈納功大廈（King Power Mahanakhon）是曼谷最高建築之一。
參觀天空步道和餐廳等熱門景點。

大廈的外觀也非常獨特！

曼谷王權瑪哈納功大廈

King Power Mahanakhon

觀景台標高314公尺，以大京都大廈的玻璃天空步道最廣為人知，餐廳、酒吧、飯店與購物中心等更是雲集。

🏠114 Narathiwas Rd. ☎02-677-8721 ㊮ 10:00～24:00（天空步道～19:00，空中酒吧～24:00）㊡ 全年無休 ㊎ 門票880B ㊯ BTS沖暖詩站步行5分鐘

刷卡OK 英語OK

是隆站周邊 ▶MAP P.8 B-2

78F

MUST

曼谷王權玻璃天空步道 挑戰空中美照

位於最高樓層78樓的觀景台，可以從世界最大的玻璃地板「Glass Tray」俯瞰整個曼谷街道，挑戰心臟強度的刺激體驗。

也很推薦絕美夜景！

How To

預習如何到觀景台

1. 1樓購票

1樓大廳可購買到觀景台的門票。官網也可購票。

2. 搭電梯到74樓

完成隨身行李檢查後前往電梯。不可攜帶飲料。

3. 室內觀景台逛一圈

抵達74樓的室內觀景台，享受360度全景體驗。

4. 搭透明電梯到78樓！

搭透明的玻璃電梯前往最高樓層的戶外觀景台。

MUST

全泰最高！？戶外的高空酒吧！

位於最高樓層空間開放感十足的「天空海灘」，除了購買觀景台的門票可以入場外，16點之後需要加收1080B的費用，座位依先到順序安排。

提供輕食餐點和原創雞尾酒。

78F

雞尾酒
340B

76F

MUST

在玻璃餐廳中品嘗超好吃墨西哥料理

位在76層樓高的時尚墨西哥菜餐廳Ojo，裝潢以粉色調為主，首推可坐擁絕佳景色戶外座位。

>>>P53

創新的墨西哥菜，午餐時段也有供應套餐。

1-18F

MUST

網路爆紅打卡飯店！

曼谷瑪哈納功The Standard飯店1～18樓的普普風設計話題十足，室內或室外露臺都可以欣賞到絕佳的城市景觀。

>>>P.88

也有這樣的SPOT

1F

自控式VR高空體驗

「Mahanakhon Skywalk」讓人透過VR體驗翱翔天空的感覺。

1-4F

可以買到很多原創商品

有不少美容或生活雜貨官方直營店。

SIGHTSEEING 01

曼谷首屈一指的觀光景點就是這裡！
參觀玉佛寺&大皇宮

在泰國眾多宮殿中最具權威的王宮，貴為王朝護國寺的玉佛寺，
更是曼谷首屈一指的觀光景點。讓我們來看看在裡面可以看到什麼吧！

這裡供奉翡翠玉佛

2 正殿

玉佛寺最值得一看的地方。裡面供奉著身穿黃金上衣、以翡翠製成的玉佛像。殿內禁止拍照。

先買票

1 售票處

王宮和玉佛寺在同一個區域，所以門票共用。可能會需要出示護照，請記得攜帶。

高聳的金色佛塔

3 佛舍利塔

斯里蘭卡式的佛塔在玉佛寺境內相當顯眼。裡面供奉佛陀的遺骨，內部不開放參觀。

境內也有柬埔寨的遺跡？

4 吳哥窟的模型

據說拉瑪四世造訪當時是附庸國的柬埔寨，身受吳哥窟的美麗所感動而建造出來的模型。

堪稱國內最金碧輝煌的寺院

玉佛寺&大皇宮

Wat Phra Kaew & Grand Palace

1782年開創曼谷王朝的拉瑪一世所建立。作為護國寺的玉佛寺，占地約20萬㎡。現在仍用於王室的重要慶典活動。

- Na Phra Lan Rd.
- ㊝ 8:30～15:30　㊡ 全年無休
- ㊢ 入場費500B
- ㊫ MRT沙南猜站步行15分鐘
- 刷卡OK
- 古城區 ▶MAP P.4 B-2

建議參觀路線 需時：2小時

1. 購票處
2. 正殿
3. 佛舍利塔
4. 吳哥窟模型
5. 碧隆天神殿
6. 雙金塔
7. 迴廊
8. 節基殿（皇宮）
9. 兜率殿

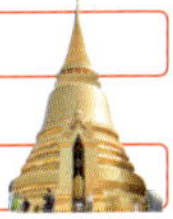

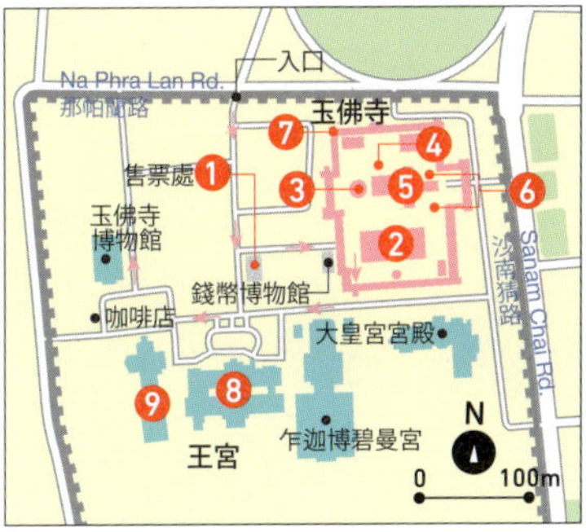

十字型白色宮殿

9 兜率殿

雖是泰式傳統寺院建築，但平面呈現十字型讓人印象深刻。是拉瑪一世為自己所建造的寢宮。

迎接國賓的優雅宮殿

8 節基殿

融合泰式建築與維多利亞式風格的宮殿，1877年由拉瑪五世所建造。目前作為接待國賓用的迎賓館。

據說是皇宮境內最古老

6 雙金塔

高約16公尺的兩座佛塔。在塔的下方由古印度史詩《羅摩衍那》出現的猴神和夜叉共同鎮守。

多達178張美麗壁畫

7 迴廊

寺院外的迴廊畫有泰國版《羅摩衍那》，故事的內容請依順時針方向參觀。

融合多元美學

5 碧隆天神殿（王室專用禮堂）

泰國傳統建築物上還有一座高棉式的高塔。一般內部不對外開放，一年會有七天國定假日會特別開放參觀。

參觀博物館

建築本身也值得一看

玉佛寺博物館

The Temple of Emerald Buddha Museum

園區西側的博物館，展有關於修復玉佛寺的相關史料，其中包含槍砲、武器等。建築本身宛如一座神殿。

請勿穿著背心或短裙等會露出肩膀或膝蓋的服裝，入口處會有服裝檢查。

SIGHTSEEING 02

就算遠一點也要去！
最強開運景點

不只是曼谷寺院奢華的極致！
光看就覺得氣場能量滿點的開運寺廟，就算刻意跑一趟也值回票價。

最強 1

彷佛置身極樂淨土！去看絕美的翡翠琉璃佛塔

必逛

翡翠琉璃塔

翡翠綠的琉璃塔和壁畫，壯觀的景象幾乎令人瞠目結舌。位在佛塔的最頂端。

從曼谷開車 約30分鐘 需時：1小時

堪稱曼谷最美寺院

水門寺

Wat Paknam

阿瑜陀耶(大城)王朝時代所建造歷史悠久的王室寺院，正式名稱為巴南寺。近年來有越來越多外國遊客前來朝聖，若想冥想打坐，建議人潮較少的早上時段比較合適。

300 Ratchamongkhon Prasat Alley
營 8:00～18:00 休 全年無休
費 免費入場
交 MRT空曼站步行12分鐘
曼谷西部 ▶MAP P.3 D-2

正殿參拜

正殿供奉的是推動泰國「入法身法門」靜坐、冥想法的前住持隆普唆．湛塔薩羅。

附設博物館

佛塔的3樓設有博物館，內有佛像或佛教相關的重要資料、法器等館藏，為數不少值得一看！

最強 2

向粉紅象神許願 願望實現快3倍!?

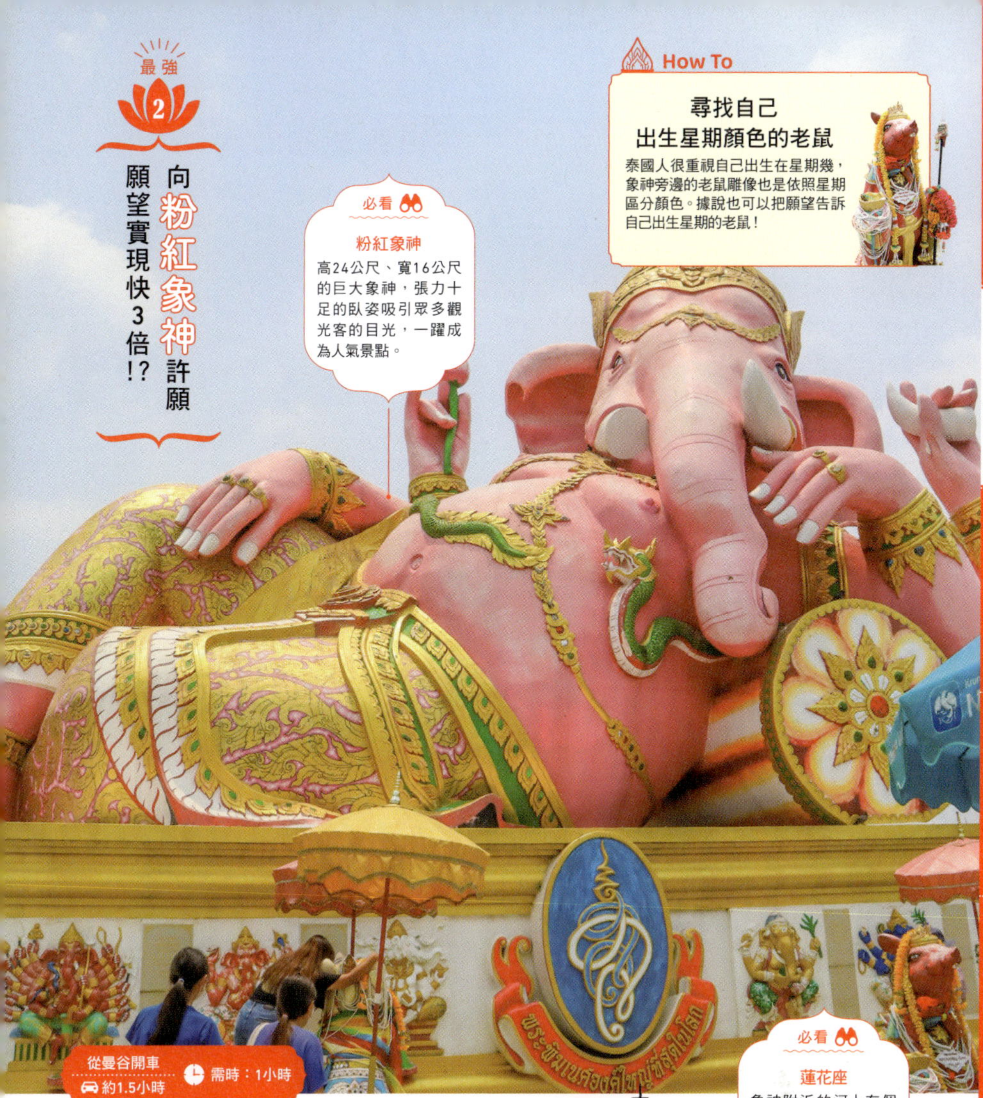

How To

尋找自己出生星期顏色的老鼠

泰國人很重視自己出生在星期幾，象神旁邊的老鼠雕像也是依照星期區分顏色。據說也可以把願望告訴自己出生星期的老鼠！

必看

粉紅象神

高24公尺、寬16公尺的巨大象神，張力十足的臥姿吸引眾多觀光客的目光，一躍成為人氣景點。

從曼谷開車 約1.5小時　需時：1小時

供奉象頭神雕像的寺廟

粉紅象神廟

Wat Saman Rattanaram

巨大的粉紅象神坐鎮，位於曼谷郊區的寺廟。象神四周共有14座老鼠雕像，據說可以代替許願者轉達願望給象神。

Moo 2, Tambom Bang Kaeo, Amphoe Muang Chachoengsao
營 8:00～17:00　休 全年無休
費 免費入場　交 從曼谷搭車約1小時30分鐘

曼谷郊外 ▶ MAP P.3 F-2

向老鼠許願

跟老鼠說明願望時，記得仔細對著一側的耳朵小聲訴說自己的願望。

供品能增加效力嗎！？

參拜象神的主桌附近，可以購買到蠟燭或線香等貢品。可在參拜處插上蠟燭祈願。

必看

蓮花座

象神附近的河上有個蓮花座，看起來像河面上的小島，需要過橋才能上去。

向神明祈願

參拜泰國寺廟

泰國是佛教國家，參觀寺廟是必走行程！

泰國國民有9成以上是佛教徒，街上所到之處都可以看到寺廟。其中曼谷的寺廟更高達400座以上，是宗教信仰的中心。在華麗的寺院內男女老幼誠心祈禱的景象，讓人印象深刻。

寺廟也開放非佛教徒的觀光客參觀，如今儼然成為最受觀光客喜愛的人氣景點。想必有不少人想探訪美麗的寺院，卻對參拜的方法不得其門而入。

難得來這一趟，就讓我們一起預習一些參拜的方法吧。靜下心來向神明虔誠祈禱，或許真的能獲得一些好運喔！

參拜也要做功課！

step-1

預習參拜的方法

參拜的方法雖然因寺廟而異，但大多是按照以下的流程。其他的請參考當地人參拜的方式即可！

1 整理服裝儀容

會露出膝蓋的短裙，或露肩的背心等過於暴露的服裝基本上都NG。帶著上衣最保險，而入口處也常有可以租借紗麗的地方。

↓

2 購買參拜的供品

鮮花、線香、蠟燭、金箔這4種是供品的基本配備，一組大約20B，也有些是以香油錢的方式購買，金額則是隨喜即可。

↓

3 對佛神三行禮

點蠟燭，再點香，接著取線香和鮮花雙手合十向神佛行三次禮。如果是在需要坐在地上的寺廟請以跪坐姿勢參拜。

↓

4 線香鮮花供佛

插香祭拜，鮮花則放在托盤或供盤上。再次對佛像雙手合十祈禱。祈禱時可比照在日本神社時訴說祈願之事即可。

↓

5 佛像貼金 & 請僧侶祝禱

把金箔貼在佛像上，據說貼在跟自己身體比較弱的位置會帶來好運。部分寺廟則提供祝禱的服務，布施香油錢後在僧侶面前坐下低頭，僧侶就會誦經祝禱。

貼滿金箔

step-2

祭拜禮拜佛

泰國的信仰中，根據每個人的出生日期，會對應不同的禮拜佛作為出生者的守護佛。據說祭拜屬於自己出生星期的守護佛能夠開運，每天的禮拜佛都不一樣，只有星期三有兩種，共有8種佛像。

禮拜一

右手掌高舉胸前，抵抗烈日與飢餓的立佛像。

禮拜二

佛祖涅盤圓寂法相，是修成正果的臥姿釋迦牟尼佛像。

禮拜三

日 雙手托缽於腰際的立佛像。

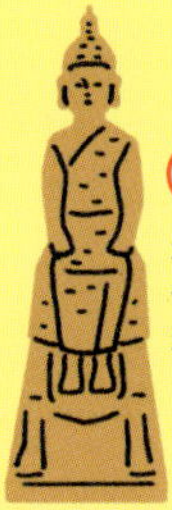

夜 坐在石頭上雙手置於膝上的坐佛像。

禮拜四

雙手交疊盤坐冥想的坐佛像。

禮拜五

雙手在胸前交疊，內觀思索如何傳授佛法給信眾的立佛像。

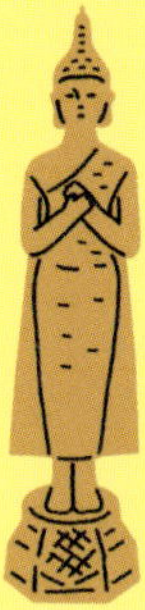

禮拜六

背後有七頭蛇神（那伽）守護的坐佛像。

禮拜天

雙手交疊垂放，象徵著佛陀在菩提樹下悟道冥想的立佛像。

step-3

也請留意一週七天不同的代表色

一週七天每天有不同的守護神，所以相對應的顏色、數字、動物也不一樣。在規模比較大的寺院會供奉一週七天不同的神像，並供奉相對應顏色的供品。如果想提高開運的效果，不妨事先確認自己出生的日期。

星期一	黃
星期二	粉
星期三	綠（晚上是黑）
星期四	橘
星期五	藍
星期六	紫
星期日	紅

確認自己生日是星期幾喔！

曼谷郊外的粉紅象神廟(→P.29)有代表不同星期的七色神像。

對應生日星期顏色的蠟燭。

曼谷郊外的粉紅象神廟(→P.29)有七種顏色的鼠神會幫忙傳遞願望。

其他相關禮儀，還有女性不要觸摸僧侶，不可腳對神像，以及記得脫帽和勿戴太陽眼鏡等。

SIGHTSEEING 03

金光閃閃的大佛和五彩繽紛的磁磚藝術

陶醉在2大絕美寺廟

曼谷市區據說有多達400座以上的佛教寺院。
在古城區的名寺臥佛寺，與河畔的鄭王寺都是必逛景點！

金光閃閃的涅槃釋迦牟尼佛！

臥佛寺

入口處有巨大的銅鑼！

又名菩提寺

臥佛寺

Wat Pho

需時：45分鐘

大城王朝時就有的寺院，於泰國現代王朝「節基王朝」首任國王拉瑪一世在位時重建，開放民眾於境內進行泰式傳統按摩。

- 2 Sanamchai Rd.
- 8:00～18:30
- 休 全年無休　費 門票300B
- 交 MRT沙南猜站步行5分鐘

古城區 ►MAP P.4 B-3

參拜方法

1 先向臥佛行禮

如果想拍整尊臥佛建議可由腳底拍攝。佛陀臉部表情十分祥和。

2 參觀四座佛塔

四座佛塔分別代表著拉瑪一世至四世，據說裡面存放著泰王的遺物。

3 西側佛堂

裡面供奉的佛像是以那伽(蛇神)守護釋迦佛陀不受雨淋的造型來呈現。

4 大雄寶殿

貼上金箔的銅製佛像坐鎮於此，據說台座下安置了拉瑪一世的遺物。

臥佛

全長46m、高15m的黃金臥佛像，由拉瑪三世建造。

從腳底拜見金光閃閃的涅槃釋迦佛祖！

Check 腳底

腳底畫有象徵佛教世界觀的108幅繪畫。

磁磚藝術之美

鄭王廟

推薦的拍攝景點是許多網友

五彩繽紛

鄭王廟

Wat Arun

需時：45分鐘

鄭王廟緊鄰著昭披耶河，建立於19世紀初期，貼滿馬賽克瓷磚的佛塔是必逛景點！

34 Arunamarin Rd.

營 8:00～18:00　休 全年無休　費 門票100B　交 塔田碼頭搭渡輪3分鐘，下船後步行1分鐘

古城區周邊 ▶MAP P.4 A-3

美麗的線條與五彩繽紛的磁磚

大佛塔

位於寺院中央的大佛塔高約75m，周圍的四座小佛塔也貼滿磁磚。

高達75m!

參拜方法

1 首先參拜大佛塔

大佛塔開放登塔的地方約到一半左右，記得穿雙好走的鞋子。

2 經過迴廊

通過山門就是通往大雄寶殿的迴廊，廊側擺有120尊金色佛像。

3 參拜大雄寶殿

大雄寶殿內供奉佛陀本尊，牆上畫著佛陀的一生。

Check

裝飾的磁磚

大佛塔和周邊的小佛塔外牆都貼滿五彩繽紛的磁磚，非常壯觀。

How To

從昭披耶河對岸遙望！

曼谷悅榕莊飯店經營的晚餐行程，除了可以享受美食佳餚與鄭王廟入夜後的點燈風情，昭披耶河的風光也能盡收眼底。

番紅花號遊輪

Saffron Cruise

→P.39

鄭王廟也曾在三島由紀夫的小說《曉寺》中出現，以此聞名。　33

SIGHTSEEING 04

可以順道走走逛逛

市區開運景點BEST5

開運景點並不限於寺廟！例如聚集來自世界各國朝拜者的伊拉旺神壇，在曼谷市區很容易可以遇到類似的開運補給站。

印度教篇

竟然位在大都市裡！

暹羅站周邊

購物中心林立的暹羅站附近，有兩處強力開運景點！

昂貴的供品！

國內外聲名遠播

四面佛廟(伊拉旺神壇)

Phra Phrom

四面佛寺源自印度教，裡面供奉創造宇宙的真神「四面佛」據說有4張臉孔，向神明祈願時，當地會以舞蹈或放音樂的方式祈願。

494 Ratchadamri Rd.
營 6:00～22:00
休 全年無休　費 自由參觀　交 BTS奇隆站步行2分鐘
暹羅周邊
▶MAP P.7 D-2

參拜方法

1 購買供品

販賣處可購買鮮花、線香、蠟燭。一整套50B。

2 神壇供奉

順時針面向四面佛的每一個面參拜。

3 還願答謝

願望達成要還願答謝，一般會供奉鮮花或舞蹈。

連交友軟體也有廣告！

向戀愛之神祈禱

三面愛神廟&象神廟

Trimurti Shrine & Ganesha Shrine

以求姻緣聞名的開運景點，據說在愛神降臨的週四晚上9點30分祈禱特別有效，相當受到年輕族群喜愛。旁邊就有求取功名與事業運的象神。

4 Ratchadamri Rd. 中央世界購物中心　費 自由參觀　交 BTS奇隆站步行3分鐘
暹羅周邊 ▶MAP P.7 D-2

掌管戀愛運的三面愛神像

掌管功名與事業運的象神

開運景點3
巨大的開運地標
「大鞦韆」
看起來像鳥居
卻是鞦韆
大雄寶殿
有美麗的佛像

佛教篇

訪客絡繹不絕的絕美寺院

古城區

王宮所在的古城區，擁有悠久歷史的寺院為數不少，其中更不乏造型獨特的寺廟。

泰國最大的佛像

蘇泰寺

Wat Suthat

曼谷最美的佛像

拉瑪一世所建築的寺院，供奉高8m的青銅佛像，譽為全曼谷最美的佛像。還會用寺院正前方的大鞦韆舉行宗教儀式。

146 Bamrungmuang Rd.　營 8:30～20:00
休 全年無休　費 門票100B　交 MRT三峰站步行10分鐘
古城區 ▶MAP P.4 C-2

精緻的裝飾讓人印象深刻

拉查波比托寺

Wat Ratchabophit

佛塔四周
有圓形的迴廊

照片提供：泰國政府觀光局

1869年建立的王氏宗廟，用五色的馬賽克瓷磚裝飾的佛塔是絕對不能錯過的景點。大雄寶殿也看得到一些受歐洲影響的哥德風裝飾。

2 Fueang Nakhon Rd.　營 6:00～18:00　休 全年無休　費 自由參觀　交 MRT三峰站步行10分鐘
古城區 ▶MAP P.4 C-2

還有嵌入
珍珠的裝飾！
開運景點4
馬賽克磁磚的佛寺
讓人嘆為觀止

照片提供：泰國政府觀光局

開運景點5
37座黃金尖塔
是必看
排列整齊的
金字塔型尖塔

照片提供：泰國政府觀光局

從遠處看也很美

王孫寺

Wat Ratchanatdaram

金碧輝煌的佛教寺院，是受到斯里蘭卡影響的暹羅風建築。據說37座金色尖塔，代表著佛教徒邁向開悟的37種修行方法「三十七道品」。

2 Maha Chai Rd.
營 8:00～17:00　休 全年無休　費 自由參觀
交 MRT三峰站步行13分鐘
古城區 ▶MAP P.5 D-2

爬上王孫寺的67階樓梯可登上塔頂，一覽周圍街道風光。

SIGHTSEEING 05

活力驚人熱鬧滿分

安帕瓦水上市場的小旅行

到泰國觀光最不能錯過的就是逛水上市場。古樸的街道融合了滿滿的活力，連當地人都讚不絕口的安帕瓦水上市場絕對值得一逛！

❶河畔餐館的座位，可將雙腳懸在河面上。❷沿岸的攤販密密麻麻。❸也有水上的飲食攤販，購買後可以在河邊的台階上享用。

泰國旅遊必訪景點
活力滿分的水上市場

好吃 อร่อย

Must Do 1

必吃料理！邊逛邊吃路邊攤

以渡橋為中心延伸的路邊攤有很多著名小吃，好好享受邊走邊吃的樂趣！

40B

安帕瓦名產「歪頭魚」。

50B

❶安帕瓦靠海，所以海產豐富，蒸貽貝。❷炸魚漿。❸歪頭的小魚（金帶花鯖），紅燒或魚乾都很受歡迎。

Must Do 2

掃購價格親民的小物！

有很多賣零錢包或磁鐵的雜貨店，價格較市中心相對合理，值得一買。

40B

價格合理 ราคาถูก

各20B

❶泰式風格配色鮮豔的方形零錢包。❷迷你零錢包也很適合當成小禮物送人。

水果 ผลไม้

When Is

越接近傍晚越有活力

下午3點開始營業，傍晚會達到人潮的尖峰，穿梭在攤販間的人潮絡繹不絕，觀賞螢火蟲的遊船從傍晚6點後開始。

曼谷附近最熱鬧的觀光景點

安帕瓦水上市場

Amphawa Floating Market

市中心搭車 約1.5小時

水上市場以全長500m的安帕瓦運河為中心，每週只有週五～週日三天營業。從曼谷出發搭計程車會比較方便，單趟車資約1000B。

Amphawa ㊋15:00～21:00 ㊡週一～四 ㊮蘇坤蔚路附近搭計程車約1小時30分鐘

曼谷郊區 ▶MAP P.3 E-3

還有這樣的水上市場！

現代化的水上市場

紅蓮花水上市場

Red Lotus Floatiing Market

照片提供：泰國政府觀光局

2017年開幕，全年花期，滿滿紅蓮的花池迅速竄紅成為這幾年網紅打卡的景點。有搭小船池畔散步的套裝行程，也有附空拍攝影的照片。

Bang Len, Nakhon Pathom ㊋8:00～17:00 ㊡全年無休 ㊮蘇坤蔚路附近搭計程車約1小時30分鐘

曼谷郊區 ▶MAP P.3 D-1

搭船享受水上風光

大林江水上市場

Taling Chan Floating Market

照片提供：泰國政府觀光局

沿昭披耶河西岸的運河，週末限定的水上市場，主要以販售當地生產的蔬菜水果等食材為主，也很推薦搭船遊運河的觀光行程！

333 Chak Phra Rd, Khlong Chak Phra, Taling Chan ㊋7:30～18:00 ㊡週一～五 ㊮MRT邦坤農站附近搭計程車約8分鐘

曼谷郊區 ▶MAP P.3 D-2

泰國美食全系列

青木瓜沙拉和芒果糯米飯等迷你造型磁鐵。

Must Do 3

搭小船 賞螢火蟲

流經安帕瓦的美功河是著名的螢火蟲棲息地，搭小船去賞螢，河流沿岸有不少乘船的購票處。

夜景 วิวกลางคืน

60分鐘 50B

距離安帕瓦車程約15分鐘的美功車站，也有位在鐵道道兩側營業使用的鐵道市集。

SIGHTSEEING 06

享受曼谷的夜晚

夜貓族4大夜晚景點！

霓虹燈光閃閃的曼谷之夜，一直到午夜時分都還是充滿活力，到深夜都不斷電，盡情享受各個多采多姿的夜間景點吧！

搭乘嘟嘟車吃遍當地美食！

SPOT 1 深夜美食團

友善的導遊♪

一晚吃遍10道人氣美食，搭嘟嘟車在市區狂飆，從必比登推薦餐廳到小吃攤販全都不放過。

GO！嘟嘟車

TOUR TIME

曼谷必吃嘟嘟車深夜美食團

Bangkok Best Eats Midnight Food Tour By Tuk Tuk

TOUR DATA

時間	19:00～23:00
需時	約4小時
收費	2350B
語言	英語（導遊）
預約方式	電話或網路預約(需預約)
電話	☎095-943-9222
URL	http//www.bangkokfoodtours.com/

*餐點內容及數量可能視情況調整

1 伊善料理餐廳。2 路邊攤的芒果糯米飯，份量不多剛剛好。3 串燒店，現烤的豬肉串好吃！也可續點。4 在MRT車站和其他團員會合，隨行有導遊陪同以英語進行導覽。5 與來自世界各國的團員一起共桌享用晚餐。6 沉醉在王宮附近的夜景中。7 必比登推薦名店，有滿滿蔬菜的炒冬粉。

冬粉＆蔬菜好健康。

SPOT 2 屋頂酒吧

世界屈指可數的景觀美得令人屏息！

從主樓往下看，景觀優美的迷你酒吧也很推薦。

叢林概念！

1 Yuzu Colada 480B等水果系香草系的雞尾酒。2 酒吧裡的大樹吧台。

每晚都大排長龍

Tichuca

Tichuca

大樹造型的吧台、木樁或岩石造型的座位都極富特色。相較其他酒吧服裝較為寬鬆且價格親民，也有官網提供預約。

Sukhumvit 40 Alley, T-One Buliding 8, 46F
☎065-878-5562 營 17:00～24:00 休 全年無休 交 BTS東羅站步行5分鐘

蘇坤蔚路周邊 ▶MAP P.11 E-3

SPOT 3 昭披耶河的遊輪晚餐

晚上7點出航，日落景色也很美。

可以盡情享受昭披耶河沿岸風光的夜間郵輪，雖然置身船上，但幾乎就像在飯店餐廳用餐般的奢華享受，夜晚河岸景觀更是難忘！

TOUR NAME

番紅花號遊輪
Saffron Cruise

TOUR DATA

時間 19:00～22:00
(登船時間18:00)
需時 約3小時 費用 2850b
集合地點 暹羅天地2號碼頭
MAP P.14 A-2
服裝 半正式休閒服
預約方式 網路或電話(需事先預約)
電話 ☎02-679-1200
（曼谷悅榕莊）
URL www.banyantree.com/thailand/bangkok/dining/saffron-cruise

遊輪內從船艙延伸至天花板的玻璃落地窗，晚餐美食與美景同時享用。

泰式料理套餐，前菜到甜點共四道菜，飯店主廚精心製作。

昭披耶河的美景
也不要錯過！

照片提供：泰國政府觀光局

SPOT 4 河濱碼頭夜市

照片提供：泰國政府觀光局

規模約東京巨蛋2.5倍！

河濱碼頭夜市
Asiatique The Riverfront

昭披耶河畔的巨大商場，共分4區，禮品店、服飾店、餐廳應有盡有。

🏠2194 Charoen Krung Road ☎02-108-4488
營 11:00～24:00 休 全年無休 交 沙潘塔克辛・希爾頓碼頭步行5分鐘
昭披耶河周邊 ▶MAP P.3 E-3

可以一直
買到深夜
的地方！

這裡也很推薦！

照片提供：泰國政府觀光局

值回票價的演出

克里普索人妖秀
Calypso Cabaret Bangkok

河濱碼頭夜市裡老字號的人妖秀場，盡情享受一小時歌舞笑聲不斷的表演！

🏠2194 CharoenKrung Rd.Asiatique The Riverfront Warehouse 3 ☎02-688-1415
營 19:30～、21:00～(兩時段) 休 全年無休 費 1200B(歌舞秀) 2000B(歌舞秀+泰式舞蹈晚餐)、800B(泰式舞蹈晚餐)、400B(泰式舞蹈) 交 沙潘塔克辛・希爾頓碼頭步行5分鐘
昭披耶河周邊 ▶MAP P.3 E-3

TICHUCA及許多屋頂酒吧都需要確認遊客護照，別忘記隨身攜帶！

EAT SPECIAL

泰國咖啡廳流行最前線！

探訪曼谷的懷舊咖啡廳

個性咖啡店林立的一區，懷舊風、中華風格的咖啡館都融入在古樸的街道中，
讓我們來看看有哪些受歡迎的人氣咖啡館吧！

Spot-1 河岸咖啡

昭披耶河的美景
讓人忘卻時間

Trend Point
店裡隨處可見骨董家具，復古的裝潢更看得出品味。

涼風徐徐♪

推薦菜單
椰子冰淇淋
150B
芒果 &
糯米飯
200B

緊鄰河岸的咖啡店

Baan Rim Naam

開在昭披耶河畔的開放式咖啡店。坐墊區可以脫下鞋子好好放鬆，餐點和酒單也頗豐富，週末晚上還有現場音樂演奏。

🏠 378 Soi Wanit 2 ☎ 099-142-5592 營 12:00～22:00 休 週一～三
交 MRT華藍蓬站步行10分鐘 刷卡OK 英語OK
昭披耶河周邊
▶MAP P.14 A-1

1 內有甜點、飲料、輕食，飲料價位100B。2 改建擁有200年以上歷史的倉庫而成。

Spot-2
藝術咖啡館

Trend Point
店內彷彿藝廊，也有販售老闆設計的玻璃杯及小物！

被獨一無二的空間包圍！
超高品味的茶館

在美麗的空間享用獨家風味茶款

Citizen Tea Canteen of Nowhere

供應獨家配方茶葉的茶館，店內裝潢也是一大亮點，設計師老闆Saran Yenpanya將泰國流行文化融入現代設計，店裡也放有他的作品。

764 Soi Wanit 2 ☎095-119-6592
㊎ 10:00～18:00 ㊡ 週三 ㊋ MRT華藍蓬站步行10分鐘 刷卡OK 英語OK
昭披耶河周邊 ▶MAP P.14 A-1

推薦菜單
招牌茶
250B

1 店裡牆上的掛畫是一大亮點。 2 以獨家配方調和世界各國茶葉的招牌茶250B。

復古又可愛的
中華風設計

Trend Point
必訪級咖啡館，店內裝潢超級上鏡，點心也非常道地！

Spot-3
復古風

1 拱形的入口相當吸睛，也有戶外座位。 2 清爽好吃的芒果布丁。也有宇治抹茶和珍珠奶茶口味，種類豐富。

中華風格的布丁超級好吃

八號甜蜜
Ba Hao Tian Mi

位在底蘊十足的唐人街，耀華力路上的咖啡甜點店。店內供應9種布丁和香濃的港式奶茶，最受歡迎的布丁入口即化，清爽不甜膩。

8 soi Phadung Dao, Yaowarat Rd. ☎097-995-4543 ㊎ 10:00～22:00 ㊡ 全年無休
㊋ MRT龍蓮寺站步行3分鐘 英語OK
唐人街 ▶MAP P.12 C-2

推薦菜單
芒果布丁
128B

EAT

01

不可不吃的著名美食

經典！泰式料理排行榜

海南雞飯和冬蔭功湯，泰式咖哩和泰式炒河粉……
來泰國非吃不可的經典料理。為大家一一介紹人氣名店和美味菜色！

追求王道之味，看到粉紅色的制服就對了！

鮮嫩多汁的雞肉

Menu

海南雞飯 50B

Hainanese Chicken Rice

燉煮2小時的雞肉非常多汁，雞肉也可單點。

這也好吃

70B

和香料一起燉煮的紅燒豬。

請認明粉紅色制服！

經典的味道
必比登推薦名店

Go-Ang Kaomunkai Pratunam

在曼谷眾多海南雞飯店中依舊坐擁相當人氣的專賣店。雖然從一開門就開始排隊，但因為店內翻桌很快所以候位時間意外地短，小菜也很豐富。

960/ 962 Phetchaburi Rd.
☎ 02-252-6325
營 6:00～13:30、15:00～21:30　休 全年無休
交 BTS奇隆站步行10分鐘 英語OK
暹羅周邊
▶MAP P.7 D-1

可內用也可外帶！

醬油×唐辛子等口味的醬汁3種。

可以自由搭配客製化的進化版海南雞飯

ข้าวมันไก่

Entry No. 1

和泰式海南雞飯比一比

泰式海南雞飯

泰式海南雞飯是把水煮雞肉放在使用雞高湯炊煮的飯上，也推薦給怕辣的朋友。

MENU

雞肉飯 159B

Chicken Rice

以低溫調理製成的雞肉鮮嫩多汁，加點荷包蛋一顆15B。

水煮雞與酥脆炸雞雙拼雙重享受！

附餐的例湯是雞高湯。

路邊的大眾食堂，排隊人潮絡繹不絕。

種類繁多的泰式海南雞飯

Kuang Heng Pratunam Chicken Rice

請認明綠色看板，當地人暱稱為「綠色海南雞飯」的名店。就開在紅大哥水門雞飯總店附近，可以兩家都吃吃看比較一下！

930 Phetchaburi Rd.　☎ 02-251-8768　營 6:00～24:00　休 全年無休
交 BTS奇隆站步行10分鐘 英語OK　暹羅周邊　▶MAP P.7 D-1

MENU

海南雞飯
(水煮雞&炸雞) 50B

Boiled and
Fried Chicken with Rice

多汁的水煮雞與酥脆的炸雞雙拼。特製沾醬更是一絕。

海南雞飯界的
新潮流

外觀像咖啡店般時髦的專賣店。

Hoong

上桌時淋上濃稠雞湯的吃法讓海南雞飯增添幾分新意。特別是店裡可以選擇白米、糙米、印度香米，雞肉也可以選擇不同的部位。

Soi Sathon 8　☎ 065-590-4162
營 9:30～20:30 (LO 19:30)
休 全年無休　交 BTS鐘那席站步行5分鐘
英語OK
是隆站周邊 ▶MAP P.8 C-3

How To

必吃當地經典美食！

去什麼都有的美食廣場
美食廣場的選項豐富，又能以實惠價格品嘗各種料理。→P.58

注意米其林推薦
當地的街頭美食，其實隱藏不少米其林必比登推薦的星級美食。→P.46

活用當地調味料
試試加點魚露等標配的調味料，體驗味道變化的樂趣。

試試路邊攤
如果好奇當地口味就不要錯過路邊攤。有不少店家早上就開始營業。→P.59

主打海鮮料理的攤販

Mam Tom Yum Kung

有大蝦還有滿滿一整碗的海鮮

店名就冠上冬蔭功海鮮湯的專賣店，門口放有很多新鮮的海鮮，爐台上傳出陣陣香味更是讓人食指大動。老闆烹調時矯健又豪邁的身手光看就很享受。

🏠 Soi Kraisi
☎ 089-815-5531
㊢ 8:00～20:00
㊡ 週一
㊯ MRT三峰站搭車約10分鐘 英語OK
古城區
▶MAP P.4 C-1

考山路周邊大排長龍的攤販。

特色是超濃郁的湯頭！

MENU
冬蔭功湯 150B
Tom Yum Kung
料好實在湯頭濃郁的冬蔭功海鮮湯，推薦淋在飯上享用。

Entry No. 2
每家店的特色都不同
冬蔭功海鮮湯

融合了各種香草和香料的風味，酸甜辣三味俱足，名列世界三大名湯之一。

使用泰國蝦與淡菜等豪華配料♪

名人主廚祕傳配方的冬蔭功海鮮拉麵

MENU
泰國蝦海鮮湯 100B
Freshwater Prawn
使用泰國蝦膏熬煮，湯頭的濃郁不在話下。

開店後人潮馬上絡繹不絕的名店。

豪華版的冬蔭功！

這個也別錯過

50B
使用泰國蝦和蝦卵的冬蔭功風味炒麵。

名人主廚親自迎接

Pe Aor

店主Aor是在電視料理節目一躍成名的主廚，最受歡迎的冬蔭功海鮮拉麵和店內許多料理都加了泰國蝦入菜。店裡掛著許多泰國明星光顧的照片。

🏠 68, 51 Phetchaburi Rd.
☎ 02-612-9013 ㊢ 10:00～21:00
㊡ 週一 ㊯ BTS拉差裡威站步行7分鐘
英語OK
暹羅周邊 ▶MAP P.3 E-2

加了蝦子的是經典版冬蔭功湯，蝦換成雞的叫冬蔭蓋（Tom Yum Gai），加了魚的則叫作冬蔭普拉（Tom Yum Pla）。

御用之味卻是親民之價

Krua Apsorn

從泰國前任國王時的皇太后便開始擔任御廚的名主廚兼店主，把身受貴族喜愛的祕方以親民的價格提供，在曼谷擁有多家分店。

503/505 Samsen Rd.
☎ 02-668-8788 營 10:00～19:30
休 週日 交 BTS帕雅泰站步行10分鐘
刷卡OK 英語OK
古城區周邊
▶MAP P.3 D-2

MENU
魚丸
綠咖哩
Green Curry with Clown Featherback Fish Balls
135B
接受度很高的白身魚魚丸，和風味柔和的咖哩是最佳拍檔。

內有少見的魚丸！

風味溫和讓人
想要一吃再吃

店裡氣氛平易近人，有不少家庭用餐。

這個也別錯過

120B
日本稱為黃花九輪櫻的花苞熱炒。

Entry No. 3 種類豐富 泰式咖哩

泰式咖哩的種類眾多，每個家庭都有自己的味道，是泰國不可或缺的日常料理，每家店都有自己的風味。

What is

最具代表性的咖哩

咖哩的泰文是「geng」，綠咖哩、香料咖哩等都頗具代表性。也非常推薦道地的Spice Market（P.53）。

整隻螃蟹IN！

整隻螃蟹！
超奢侈咖哩炒蟹

以海鮮聞名

建興酒家 素理翁店

Somboon Seafood Surawaong

1969年創業的老字號，據說店裡有9成以上的客人都會點咖哩炒蟹。以海鮮料理為主，種類豐富，每道菜都廣受好評。

169/7-12 Surawong Rd.
☎ 02-233-3104 營 11:00～22:00(LO 21:30) 休 全年無休 交 BTS鐘那席站步行5分鐘
刷卡OK 英語OK
是隆周邊 ▶MAP P.8 B-2

MENU
咖哩炒蟹(S)
Fried Curry Crab
550B
使用泰國國產蟹，也有去殼的版本。

在曼谷有8家分店，相當知名。

這些也別錯過

380B
大蝦蒸冬粉。上圖是S份量。

600B
上面有大量青蔥的醬蒸海鱸魚。

Entry No. 4 ผัดไทย

米粉版的泰式炒麵

炒河粉

材料用羅旺仔醬或魚露、砂糖調味，有點酸酸甜甜，再和米粉一起拌炒。可以想像成是米粉版的泰式炒麵。

加入豆芽菜和韭菜一起吃

醬汁濃郁就是好吃

MENU

螃蟹炒河粉

Padthai Poo

320B

使用整隻藍花蟹，再依個人喜好添加調味料。

用鬆軟的蛋皮包裹住的鮮味炒河粉

蛋皮裡面是炒河粉！

時價

這個也別錯過

每日柳橙汁

這個也別錯過

160B

用慈姑和椰子做成的義式冰沙。

像咖啡店般時髦的店面相當寬敞。

必比登推薦店家

Baan Phadthai

Baan Phadthai

精心調配，混合10種以上香料製成的獨家醬汁就是美味的關鍵，獲得米其林必比登推薦的泰式河粉專賣店，骨董風的裝潢也很好看。

Charoen Krung Rd. 44 . ☎ 063-370-0220
營 11:00～22:00 休 全年無休 交 BTS沙潘塔克辛站步行5分鐘 刷卡OK 英語OK
昭披耶河周邊 ▶MAP P.14 B-3

MENU

蛋包河粉

Superb Padthai

150B

店裡的招牌是蛋包河粉，有薄薄的蛋皮還有蝦子。

種類多樣的炒河粉專賣店

鬼門炒河粉

Thipsamai

1939年創業至今的泰式河粉老店，特色是使用蝦膏，風味濃郁，除了一般河粉還有使用高級食材的版本，種類多樣，其中蛋包河粉最為著名。

寬敞的店面。牆上掛滿各大媒體的報導。

313-315 Mahachai Rd.
☎ 02-226-6666 營 9:00～24:00
休 週二 交 MRT三峰站步行10分鐘
英語OK 古城區 ▶MAP P.5 D-2

Entry No. 5

泰國國民美食就是這味

打拋飯

用打拋葉（又名勝羅勒）與雞或豬的絞肉加入魚露一起拌炒後，豪邁地蓋在飯上的國民美食。

辣度有5級可供選擇的打拋飯

鴨蛋做的荷包蛋

MENU

打拋飯（豬肉）

Stir Fried Basil (Pork) ＋Extra Egg

129B+20B

濃濃打拋葉香。圖中放了2顆荷包蛋。

聚集不少嗜辣者的打拋飯專賣店

Phed Mark

泰國知名美食部落客經營的打拋飯專賣店，提供雞豬牛等共8種肉類可選擇，並提供5種辣度供客人依個人喜好調整。

300 Sukhumvit Rd.
☎ 083-893-8989
營 10:00～19:00
休 全年無休
交 BTS伊卡邁站步行3分鐘
英語OK
蘇坤蔚路周邊 ▶MAP P.11 F-3

店面不大，客滿時需要在外候位。

一般炒河粉不會使用辣椒，所以很適合怕辣的朋友嘗試。香料咖哩也是相對溫和的料理。

EAT 02

當地人掛保證&獲得國際美食評鑑認證！

地方小吃接龍

曼谷的街道隨處可見食堂的蹤影，其中不乏米其林的星級美食，
或連續多年榮獲必比登的店家。千萬別錯過口味高級卻收費合理的地方小吃！

โจ๊ก 粥 Joke

當地人稱粥為Jok，是泰國人日常的靈魂美食之一，特色是會燉煮到米粒化開，質地濃稠。

MENU
Ⓐ 王子戲院豬肉粥 75B
Congee with Pork, Offal, Preserve egg, Egg
湯頭全靠肉丸的高湯本身的甜味勝負，沒有多加調味，口味清淡。

MENU
Ⓑ 釀豆腐 70B
Yentafo
寬米麵（類似粄條）加入魚丸等配料的釀豆腐。

เย็นตาโฟ 釀豆腐 Yentafo

加入豆腐用紅麴發酵的「紅腐乳」，口味微酸的麵料理。麵體以米粉製成的寬米麵，再加入魚丸等各種配料。

หอยทอด 泰式蚵仔煎 Hoi-Tod

米粉、麵粉與蛋液加在一起做成的稀麵糊，再和貝類等食材在鐵板上煎得酥酥脆脆，是經典街頭美食。

MENU
Ⓒ 泰式蚵仔煎 130B
Oysters Crispy Fried Pancake
加了滿滿的小蚵仔，軟嫩的口感讓人停不下來。

這個也別錯過

＋ 鐵板炒河粉也是人氣必點，有雞、蝦、魚三種口味。

Ⓐ 從早就絡繹不絕的老店

王子戲院豬肉粥
Joke Prince

米其林必比登推薦，經營超過70年的老店。

🏠 1391 Charoen Krung Road.
☎ 081-916-4390
營 6:00～13:00、15:00～24:00
休 全年無休 交 BTS沙潘塔克辛站步行5分鐘
昭披耶河周邊 ▶MAP P.14 B-3

Ⓑ 位在古城區的釀豆腐專賣店

胖哥釀豆腐
Naiuan Yentafo

標榜所有材料連紅腐乳都是純手工製作的店家，非常用心的店家。

🏠 41 Trok Nawa
☎ 02-622-0701
營 9:00～20:00 休 全年無休
交 MRT三峰站步行12分鐘
古城區 ▶MAP P.4 C-2

Ⓒ 現煎的蚵仔煎是人間美味

Hoi-Tod Chaw-Lae Thonglor

每份都是現點現煎的泰式蚵仔煎專賣店。

🏠 25 Sukhumvit 55 Rd. ☎ 085-128-3996
營 8:00～20:00 休 全年無休
交 BTS東羅站步行2分鐘 英語OK
蘇坤蔚路周邊 ▶MAP P.11 E-3

ติ่มซำ

港式飲茶

Dim Sum

Dim Sum是點心的粵語發音，在路邊攤或當地小吃店都能以實惠的價格吃到，想吃點小東西的時候吃它就對了。

MENU

D 鮮蝦燒賣 50B

Steamed Shrimp Dumpling

加入滿滿鮮蝦的鮮蝦燒賣是必點。

這個也別錯過

加了鹹蛋的奶黃包20B，不妨也試試甜點。

MENU

D 上海小籠包 50B

Shanghai Xiao Long Bao

最受歡迎肉汁滿滿的小籠包，不管幾個好像都吃得下。

ก๋วยจั๊บ

粿條

Guay Jub

米粉做的寬米麵捲起來的版本，一班會搭配加了高勞(豬下水)的豬肉高湯。

配料炸油條10B

MENU

E 米粉湯＋蛋＋油條 80B

Rolled Rice Noodle Soup + Egg + Patongo

特色在充滿胡椒香的湯頭，份量不大。

MENU

F 湯麵 80B

Bamee Naam

風味清爽的湯麵，加點魚露更好吃。

บะหมี่

麵

Bamee

Bamee是麵粉做的麵，因為帶湯所以也稱為泰式拉麵，湯麵叫做「Bamee Nam」，乾麵叫做「Bamee Haeng」。

D 美味的點心實惠的價格

Tuang Dim Sum

老闆曾在香格里拉飯店擔任中菜料理長。

Soi 89, Charoen Krung Rd. ☎ 089-603-0908 營 8:00～15:00 休 週一 交 BTS沙潘塔克辛站搭車約5分鐘 英語OK

昭披耶河周邊 ▶MAP P.3 E-3

E 大排長龍的必比登名店

Guay Jub Ouan Pochna

耀華力路上總是大排長龍的名店，晚上時段尤其熱鬧。

408 Yaowarat Rd. ☎ 061-782-4223 營 11:00～24:00 休 週一 交 MRT龍蓮寺站步行4分鐘 英語OK

唐人街 ▶MAP P.12 B-2

F 和海鮮最對味的湯麵讓人停不下來

Kuaytiaw Luuk Chin Plaa Je Ple

當地人的愛店，菜單只有泰文，最推薦清爽的湯頭。

162/166 Thanon Santiphap Rd. ☎ 098-691-5162 營 9:00～13:00 休 週日 交 MRT龍蓮寺站步行3分鐘

唐人街 ▶MAP P.12 C-1

在泰國一整天會吃很多次水果和點心，所以麵的份量都會比較小巧一些。 47

EAT 03

擺盤和口味都沒話說！

南國下午茶&芒果

豪華的下午茶加上南洋水果。
曼谷的甜點咖啡店從來都不嫌少，
在涼爽的店裡享受片刻的甜蜜時光。

曼谷的下午茶從味道到主題都是頂尖水準♥

Afternoon Tea Menu

嘉佩樂
高級下午茶
Capella Signature High Tea
3200B（2人份）

依季節替換的糕點、司康、馬卡龍和鹹點拼盤。

享受高級飯店的下午茶

曼谷嘉佩樂飯店
Capella Bangkok

設在飯店1樓的茶水酒廊，也提供調和泰國北部和中國有機茶的茶葉，值得一試。

🏠 300/2 Charoen Krung Rd. ☎ 02-098-3816 ㊎ 下午茶供應時段12:00～18:00(Tea Lounge) ㊡ 全年無休 ⓧ BTS沙潘塔克辛站步行10分鐘 刷卡OK 英語OK

昭披耶河周邊 ▶MAP P.3 E-2

在翻新後的老宅中享受傳統泰式點心

Afternoon Tea Menu

下午茶套餐
Afternoon Tea Set
999B

有大家熟悉，各種象徵吉祥的傳統點心。

開放拍照的古色古香咖啡店

The Gingerbread House

老宅落成於1913年，翻新後成為現在的咖啡館。店內提供傳統服裝的租借服務，可在店裡拍照留念，1小時199B。

🏠 47 Dinso Rd. ☎ 097-229-7021 ㊎ 11:00～20:00(週六、日9:00～20:00) ㊡ 全年無休 ⓧ MRT三峰站步行10分鐘 英語OK

古城區 ▶MAP P.4 C-2

1 金色的點心架相當泰式風格。 2 泰式奶茶刨冰加鮮奶油和仙草凍。 3 紅茶可選冷熱。 4 古色古香的店內環境。也可以只點飲料。

享受各式各樣吃不完的芒果甜點！

When Is

芒果的產季是何時呢？

泰國一整年都吃得到芒果，但其實夏季4-5月才是產季。據說隨著氣溫越高，芒果的甜度也會增加。

店裡有3層樓，1樓點餐&付款。

Mango Menu
Make Me Mango
Make Me Mango
245B
芒果&糯米，再加上芒果布丁和芒果冰，各種招牌點心的綜合拼盤。

Mango Menu
鹽味芒果塔
Mango Salted Tart
275B
芒果塔的內餡，放了帶鹹味的糯米飯。

芒果點心齊聚一堂

Make Me Mango 塔田店

Make Me Mango Tha Tian

從經典的新鮮芒果&糯米飯，到芒果塔、芒果刨冰、聖代等，種類多達30種以上，還有果昔，種類非常豐富。

67 Maha Rat Rd. ☎02-622-0899
營 10:30～20:00 休 全年無休 交 MRT沙難猜站步行8分鐘 刷卡OK 英語OK
古城區 ▶MAP P.4 B-3

來自自營農場的高品質 芒果源自老闆對品質的堅持

請認明門口巨大的芒果招牌。

Mango Menu
芒果糯米飯
Mango Stickyrice
150B

據說是全曼谷最好吃，一天可賣出1000份以上。

Mango Menu
芒果糯米飯冰淇淋
Mango & Stickyrice Ice-Cream
199B

濃郁的芒果與自家製的冰淇淋，有兩種大小可選。

自家栽培的芒果堪稱一絕

Mae Varee

Mae Varee

店裡的優質芒果來自老闆旗下自營農場，本店只提供外帶，也有分店可以內用。

1 Thong Lo Rd. ☎02-392-4804
營 6:00～22:00 休 全年無休
交 BTS東羅站步行1分鐘 英語OK
蘇坤蔚路周邊 ▶MAP P.11 E-3

糯米×芒果的「Kao、niao、ma」是泰國當地的傳統點心。 49

EAT 04

就在昭披耶河畔

前往河岸餐廳

前往昭披耶河沿岸的餐廳，就能享受到只有曼谷才有的美景。
除了河岸風光之外，也能飽覽寺院和王宮的景色。

想欣賞對岸的鄭王廟 請鎖定戶外座位區

Best Location

戶外座位區
從2樓戶外座位區看出去的風景非常棒，建議早點去比較容易有座位。

每道菜都好吃！

Supanniga Eating Room塔田店

Supanniga Eating Room Tha Tien

以現代風格演繹泰國東部達叻和伊善地區的家庭料理，在東羅也有分店。

店裡的座位就能看到昭披耶河。

392/25-26 Maharaj Rd. ☎092-253-9251
營 11:00～22:00 (週六、日10:00～)
休 全年無休 交 MRT沙南猜站步行6分鐘
刷卡OK 英語OK
古城區 ▶MAP P.4 B-3

人氣menu

冬蔭功湯（鮮奶油）
Tom Yum Goong Cream
290B
裡面有大明蝦，特色是加了牛奶風味的溫和湯頭。

魚露炒高麗菜
Ka Lum Tod Nam Pla
180B
使用高級魚露拌炒的高麗菜，味道雖然簡單，卻是店裡的招牌。

蝦醬香米拌飯
Khao Klook Ka Pi
220B
用蝦醬拌炒的茉莉香米飯。拌著豬肉一起吃。

伊善牛排
Isan Steak Beef
390B
浸過醬汁的牛排，和旁邊的糯米丸一起吃。

Best Location
露台座位
氣氛浪漫的露台座位，晚餐時段也很受歡迎。

五星級飯店的泰國菜餐廳 口味和景色都100分

飯店裡的泰國菜

Phra Nakhon

位在曼谷嘉佩樂飯店，供應多種經典泰國家常菜，除了套餐也可以單點。

🏠300/2 Charoen Krung Rd. 嘉佩樂飯店B1F ☎02-098-3817
㊎6:30～23:00（～11:00為早餐時段） ㊡全年無休
㊋BTS沙潘塔克辛站步行10分鐘 刷卡OK 英語OK
昭披耶河周邊 ▶MAP P.3 E-2

陽光灑進餐廳座位區，營造出溫室般的氛圍。

推薦course

泰式合菜

Sam Rub
5000B（2人份）

品嘗主廚自豪的11道菜，套餐內容皆優質食材製作。

在河畔的經典飯店 享受開闊的戶外晚餐時光

Best Location
露台座位
非常推薦在露台觀賞日落，還可欣賞古典歌舞表演。

乾季11～2月期間限定

Riverside Terrace

悠遠流長的昭披耶河和飽覽美景的露台座位，有燒烤、燻肉和鮮美的海鮮。

🏠48 Oriental Avenue東方文華飯店內
☎02-659-9000 ㊎18:30～22:30
※淡季暫停營業 ㊡週日～三
㊋BTS沙潘塔克辛站乘車約5分鐘
昭披耶河周邊 ▶MAP P.14 B-2

雅致古典的飯店！

位在東方文華飯店內。

如果要坐在露台區，推薦選擇天氣比較涼爽的傍晚，晚餐時段非常搶手，請務必事先預約。

EAT 05

在曼谷享用充滿回憶的晚餐

名副其實的星級名店晚餐

米其林星級名店

亞洲首屈一指
各種絕美泰國料理

COURSE
4道菜的套餐
3900B
使用泰國蝦的招牌菜及其他料理共4種，也有6道菜的套餐。

融合泰國與中式菜色的
新型態現代料理

COURSE
Tasting course
5500B
招牌餐點是使用熟成14天的鴨肉餐。

1 店址是翻新後的老宅。 2 曾在紐約3星餐廳歷練歸國的店主兼主廚Ton。

連續5年榮獲星級肯定

Le Du

2023年榮獲亞洲50大餐廳榜首的現代泰國餐廳。以法式料理的手法呈現，重新演繹泰國傳統菜色。

399/3 Silom soi 7 ☎092-919-9969
營 18:00～23:00 休 週日 交 BTS鐘那席站步行2分鐘
刷卡OK 英語OK
是隆周邊 ▶MAP P.8 B-2

套餐內容
隨季節調整

草蝦和海葡萄的冷菜（套餐菜色其中一道）。

大膽重新詮釋泰國宮廷料理泡飯khao chae（套餐菜色其中一道）。

1 店內一景，餐廳原址曾是中藥房。 2 頂樓是酒吧Opium Bar。

革命性的泰國×中式菜色

Potong

店主是第四代華裔移民，融合泰國與中式料理的精神創造出嶄新菜色。2021年開業後隔年立刻榮獲米其林一星的肯定。

422 Vanich 1 Rd. ☎082-979-3950
營 17:00～22:00 休 週二、三 交 MRT龍蓮寺站步行7分鐘
刷卡OK 英語OK
唐人街 ▶MAP P.12 B-2

前菜
就有螃蟹！

用泰國兩大代表蟹氣勢登場。

鴨肉主餐搭配一起炊煮的鴨肉飯。

曼谷是亞洲頗具代表性的美食之都，想來個奢華之夜，絕對不能錯過榮獲米其林肯定的星級料理，盡情享受極致的晚餐時光吧！

How To

如何預約？

高級餐廳多半可以在官網上預約，但要留意當天取消需負擔全額的規定。

服裝規定呢？

高級餐廳需要著正裝入場，若是半正式休閒服，請避免穿拖鞋或夾腳拖。

飯店餐廳

在空中餐廳享受清爽的墨西哥料理

A LA CARTE

布拉塔起司沙拉
430B(A)
泰國美食圈必訪的一流飯店餐廳。

鮭魚卵酪梨醬
540B(B)
鮭魚卵加上新鮮香草的酪梨醬。

香氣四溢的咖哩層次豐富讓讓人一吃著迷

A LA CARTE

綠咖哩
400B
使用肉桂及綠豆蔻等香料做的綠咖哩。

1 店裡以舒適柔和的粉色及金色為主色調。2 在店裡可鳥瞰曼谷街景。

搭配塔塔醬！

海藻下方是加了鮪魚的塔塔醬，850B。

在泰國品嘗墨西哥料理

Ojo Bangkok

位於瑪哈納功大樓的76樓，由墨西哥最頂尖的一流主廚打造的餐廳。享受墨西哥美食的同時，也能享受全玻璃帷幕無死角的美景。

114 Naradhiwas Rd.瑪哈納功大樓76F ☎02-058-8888 1:30～14:30，17:30～23:30 全年無休 BTS鐘那席站步行5分鐘 刷卡OK 英語OK

是隆周邊 ▶MAP P.8 B-2

附設的酒吧也提供墨西哥主題的調酒。

1 位在安納塔拉暹羅飯店內。2 裝潢視覺以泰國的香料市場為概念。

以香料為主題的泰國菜

香料市場

Spice Market

充分運用香料入菜的泰式家常菜，也可單點，每半年會更新菜單一次。

155 Ratchadamri Rd. 安納塔拉暹羅飯店1F ☎02-431-9496 12:00～14:30 18:00～22:30 週日午餐時段 BTS拉差當梅站步行3分鐘 刷卡OK 英語OK

暹羅周邊 ▶MAP P.7 D-3

前菜從這裡面選！

涼拌青木瓜和烤雞，400B。

甜點是芒果糯米飯，350B。

Ojo Bangkok以球體為主題的裝潢十分吸睛。好拍的地方很多，其中洗手間也值得多看幾眼！

EAT 06

優質的空間與料理

品嘗昔日宅邸的餐廳！

幽靜的氣氛讓人忘卻城市喧囂，可以專心享用眼前的美食，
就是這間宅邸餐廳的魅力。在歷史悠久的殖民地風格獨棟建築，品嘗極致美味！

在有庭院的豪華宅邸享受泰國宮廷料理

Recommend!

風味濃郁的香料鴨腿咖哩，650B。

Resturant Data

預約 可(官網預約)

預算 每人約800B～

服裝 半正式休閒裝

請盡情享受復古的空間！

主廚 Pumu

重現貴族喜歡的味道

Benjarong

寬敞的庭院還有游泳池，昔日的豪華宅邸整修後成為現在的餐廳。把過去王公貴族喜愛的傳統料理加以改良，以現代風格呈現。

116, 2 Sala Daeng Rd. ☎02-200-9009
㊫11:00～14:30 17:30～22:00 ㊡全年無休
㊯MRT是隆站步行5分鐘 刷卡OK 英語OK
是隆周邊 ▶MAP P.9 D-2

在曼谷享用泰北料理

North

來自南奔的老闆把北方著名菜色以嶄新手法呈現，午餐時段為單點，晚餐時段只供應套餐。

8 Sukhumvit 33 Rd. ☎061-426-2642
營 11:30～14:30、18:00～23:00 休 全年無休
交 BTS澎蓬站步行5分鐘
蘇坤蔚路周邊 ▶MAP P.10 C-2

Recommend!

清邁著名料理「咖哩麵」改以義大利麵的方式呈現，588B。

Recommend!

甜點是梅子冰沙(下)，108B等。

在殖民地風格的獨棟建築享用泰北風味

Restaurant Data

預約 可(官網預約)
預算
午餐 每人約700B～
晚餐 每人約3288B～
服裝
午餐 輕便服裝
晚餐 半正式休閒裝

屋齡達100年以上的宅邸重新裝潢而成。

在優雅的空間享用南泰午餐料理

Restaurant Data

預約 可(電話預約)
預算 每人約700B～
服裝 輕便服裝

有包廂或戶外露台座位，每個地方拍起來都很美。

提供普吉島的名菜

Prai Raya

老闆Prai是普吉島人，在殖民地風格的建築提供南泰料理，店裡也吃得到普吉島的特色菜。

59 Soi Sukhumvit 8 Rd. ☎091-878-9959
營 11:00～22:30 休 全年無休 交 BTS那那站步行6分鐘 英語OK
蘇坤蔚路周邊 ▶MAP P.10 A-1

Recommend!

加入米粉和麵條的黃咖哩，400B。

Recommend!

普吉島風味的紅燒肉，風味濃厚甘醇。

把細細的米粉和麵條加在含有椰奶的咖哩中，「咖哩椰奶蟹米粉」是普吉島當地著名的吃法。

EAT 07

熱騰騰&好吃又健康
享用令人垂涎欲滴的泰式火鍋！

肉的油脂融入湯頭！
火鍋與烤肉的一鍋兩吃

+ SIDE MENU
海鮮泡麵沙拉
Spicy Seafood Salad with Thai Instant Noodles
179B
煮過的泡麵麵條拌入海鮮，風味清爽微辣的泰式沙拉。

หมูกระทะ 泰式火鍋
Mookata
中央鐵板上烤肉，周圍凹槽裡涮肉，火烤兩吃的雙拼料理。

就是這樣！
醃過的豬肉或海鮮
蔬菜、冬粉和蛋的拼盤

煎牛油是重點！

MENU
海鮮&豬肉
Thai Style Pork & Seafood BBQ Medium with Vagetable Set
499B
加入豬肉、蔬菜、海鮮等的泰式火鍋，生雞蛋打散後再倒入鍋內。

編輯部推薦
在河畔吃泰式火鍋
Everyday Mookrata Cafe & Bar Riverside
店裡的裝潢像咖啡店一樣，在社群網路上頗受歡迎的泰式火鍋店從中午就開始營業。除了泰式火鍋外配菜也很豐富，戶外座位區的風景更是沒話說！

🏠 23 Charoen Krung Soi 24 River City Bangkok 1F ☎ 093-969-3320 ⏰ 13:00～23:00(咖啡廳10:00～) 全年無休
🚇 MRT華藍蓬站步行15分鐘
英語OK
昭披耶河周邊
▶MAP P.14 B-2

Step-1 鍋子預熱準備
裝有湯的鍋子先預熱，鐵板塗上牛油。

Step-2 開始烤肉
鍋子熱了之後開始烤肉，肉類的油脂會流進火鍋湯頭裡。

Step-3 食材加入火鍋
蔬菜、冬粉一起加入湯裡燉煮。

即便是炎熱的泰國火鍋也是日常菜色。集烤肉和火鍋優點於一身的泰式火鍋，香草味濃郁的東北小陶鍋，既然來到泰國，千萬別錯過在台灣很少見的火鍋料理。

What Is

什麼是伊善料理？

泰國東北部伊善地區鄉土料理的總稱。涼拌青木瓜沙拉或泰式烤雞其實都屬於著名的伊善料理。

鹽酥蝦

炸得酥酥脆脆的溪蝦，再用鹽巴調味，適合下酒或當小菜。

烤豬里肌

豬里肌用特製醬料醃漬後燒烤，帶有油花肉質非常柔軟。

จิ้มจุ่ม 泰式小火鍋

Jim Mum

肉、蔬菜與數種香草一同燉煮的火鍋料理。

就是這樣！

蔬菜、冬粉和雞蛋盤。

肉類以雞、豬、牛為主。

伊善風味的小陶鍋裡面有滿滿的新鮮香草精華

專用的陶鍋！

SIDE MENU

伊善香腸

Sangkhalok Esan 230B

使用豬肉和糯米製成的發酵香腸，微微酸味讓人欲罷不能。

MENU

泰式涮豬肉套餐

Northeastern Thai Hot Pot with Pork 230B

基本以蔬菜和肉類為大宗，其他海鮮鍋也很受歡迎。

編輯部推薦

種類繁多的伊善料理

Baan Esan Muang Yos

提供東北小陶鍋及各種伊善料理，價格合理。位於蘇坤蔚區，晚上10點之後客人特別多，建議事先預約。

19/1 Sukhumvit 31 Rd.
089-012-5750 營 16:00～隔天01:00 休 全年無休
交 BTS澎蓬站步行12分鐘
刷卡OK 英語OK
蘇坤蔚路周邊
▶MAP P.10 C-1

Step-1

等湯滾

陶鍋上桌後稍等一會等湯滾。

Step-2

生蛋拌入肉盤

等湯滾的空檔，把隨餐附的生蛋拌入肉盤。

Step-3

加入肉類和蔬菜

放入蔬菜、冬粉和肉，上蓋待煮滾就可享用。

在曼谷的街道可以看到不少路邊攤的小陶鍋，客人吃得汗流浹背。建議氣溫舒服點的傍晚可以試試。

EAT
08
想多嘗試幾種泰式料理……
到美食廣場&小吃街玩食物接龍

品牌豐富&價格合理 美食廣場

一整天都很熱鬧！

車站出口直達，最適合簡單吃！便宜又好吃的美食集大成

逛街途中稍事休息的最佳首選。

價格合理又交通方便
Pier 21
位在阿索克站連通道出口的購物中心「Terminal 21」6樓設有美食廣場。泰式料理當然不用說，甜點也是應有盡有。

🏠 88 Soi Sukhumvit 19 Rd.Terminal 21 6F 營 10:00～22:00 休 全年無休
交 BTS阿索克站出入口直達 英語OK
蘇坤蔚路周邊 ▶MAP P.10 B-1

這裡也有！
Pier 21 (Terminal 21 拉瑪3)
Pier 21 TERMINAL21 RAMA 3

稍微離開市中心一點新開幕的購物中心。

🏠 356 Rama III Rd,Terminal 21 Rama 3, 5F 營 10:00～22:00 休 全年無休
交 BTS阿索克站搭車約10分鐘
英語OK
曼谷南部 ▶MAP P.3 D-3

美食廣場攻略
1. 取得預付卡
在入口處附近的櫃檯以現金換購預付卡。

準備OK！

2. 點餐
向店員點餐，取餐時再過卡付費。

3. 取餐入座
客席座位充足，所以不需要事先找好座位。

推薦美食 排行榜

No. 1

打拋飯
Rice + Stir Fried Basil with Pork
35B
必吃打拋飯加荷包蛋！

No. 2

泰式蚵仔煎
Crispy Fried Oysters
60B
薄蛋煎上放了滿滿的小蚵仔。

No. 3

泰式鹹蛋玉米沙拉
Thai Corn Salad with Salted Egg
35B
入口處附近的青木瓜沙拉店有賣。

No. 4

滷豬腳飯加蛋
Rice with Stewed Pork Leg + Egg
42B
豬腳用八角滷過，附滷蛋和酸菜。

No. 5

果昔
Smoothie
各25B
超便宜的新鮮果昔。

如果想用便宜的價格吃到泰國菜，
到購物中心的美食廣場或小吃街就對了。
種類之豐富讓人眼花撩亂！

How To

攤販常用泰文大集合！

倫坡尼公園的小吃攤當地人比較常逛，所以有些攤販只會泰語，讓我們學幾個在小吃攤用得上的基本泰語吧！

「請給我這個」	เอาอันนี้	(ao man ni)
「多少錢？」	เท่าไร	(taorai)
「不要辣」	เอาไม่เผ็ด	(ao my pet)
「好吃」	อร่อย	(aroi)
「一般大小」	ธรรมดา	(tamada)

公園裡的市集 從早上就開始吃小吃

綠意盎然的公園裡，攤販密密麻麻。

早上就開門！

充分感受當地的氣息 小吃街

在寧靜的公園吃早餐

倫坡尼公園
Lumphini Park

據說有30種以上的野鳥棲息於此的倫坡尼公園綠意盎然，是當地人調劑身心的去處。早上5點到10點就有店家開始營業，也有些攤商9點就收攤了。

Rama IV Rd., Ratchadamri Rd.
自由入內　MRT是隆站步行1分鐘
是隆周邊 ▶MAP P.9 E-2

推薦美食 排行榜

no.1

釀豆腐
Yentafo
45B
風味清爽帶湯的寬米麵。

no.2

可頌
croissant
50B～
好吃的可頌麵包店。

no.3

煎餅&荷包蛋
Roti & Fried egg
60B
鐵板煎的煎餅和荷包蛋套餐。

no.4

高勞(豬下水湯)
Gao Lao
60B
配料豐富的豬腸湯，當地人的最愛。

no.5

也有飲料攤

泰式奶茶
Thai Tea
20B
冰涼香甜的泰式奶茶，香草風味。

小吃攻略

1. 找到人氣攤位
可以在一旁觀察比較多當地人吃的攤位。

2. 點餐&付錢
可以指圖片點餐，記得準備面額較小的紙鈔。

新鮮出爐！

3. 入座
小吃攤附近有座位區，可以把餐點端過去吃。

小吃攤填飽肚子後不妨到倫坡尼公園走走，找找池塘裡的巨大澤巨蜥！　59

EAT 09

賣相與滋味都甜蜜蜜♡

解鎖熱帶甜品&飲料

難以抗拒入口即化的香甜
滿滿芒果系列大全

芒果
Mango

泰國最具代表性的熱帶水果，做成聖代或果昔。

A Treasure No.5
139B

滿滿的鮮切芒果和芒果果昔。

酸味與甜味的合奏

裡面加了鮮切芒果的芒果果昔。

A Forever Mango with Yogurt
119B

傳統甜品
Traditional Sweets

加了椰奶和荸薺的甜點是當地人的必備甜品。

B Salim Tim Prao
50B

椰奶加上
色彩繽紛的水果

荸薺裹上樹薯粉做成的紅寶石是主角。

Sago Cantaloupe
40B

哈密瓜&小顆粒的粉圓。
B

Nipa Palm & Krill
165B
C

加了水椰果實和糖漿，微甜清爽。

刨冰裡加了煉乳！

在炎熱的泰國最想吃的
當然還是清涼的刨冰

草莓醬是用的是泰北產的草莓。

C Strawberry Buff-Yogurt
250B

刨冰
Shaved Ice

清涼的刨冰上搭配泰國當地的水果或泰式風味糖漿。

連鎖芒果專賣店

A Yenly Yours ICONSIAM

多在購物中心展店的連鎖芒果甜點品牌，主打使用大量芒果的刨冰、芒果布丁和芒果果昔。

🏠 299 Charoen Nakhon Soi 5 Icon Siam 4F ☎ 094-736-2163 營 10:00～22:00 休 全年無休 交 BTS沙龍那空站步行1分鐘或中央碼頭(MAP P.14 B-3)搭乘接駁船 刷卡OK 英語OK

昭披耶河周邊 ▶MAP P.14 A-2

想吃傳統甜點來這裡就對了

B Cheng Sim Ei 丁索路店
Cheng Sim Ei Dinso Road

裡面包了荸薺的紅寶石加上椰奶，提供各種傳統甜品，種類多樣，配料的選擇也很豐富。

🏠 212, 1 Dinso Rd. ☎ 094-078-8929 營 9:00～23:00 休 全年無休 交 MRT三峰站步行10分鐘 英語OK

古城區 ▶MAP P.4 C-2

有機甜品

C Sai Sai

老闆致力於推廣無農藥栽培的作物，刨冰口味會依據季節調整，店裡也販賣一些自家製的糕點。

🏠 242, 244 Maha Chai Rd. ☎ 062-919-8555 營 12:00～22:00 休 全年無休 交 MRT三峰站步行10分鐘 刷卡OK 英語OK

古城區 ▶MAP P.5 D-2

料理雖然很辣，但泰國甜點卻都很甜，尤其是在正熱的時候來點清涼的甜點消暑，有不少咖啡店都營業到很晚。

When Is

泰國甜點店營業到很晚

曼谷有很多咖啡廳營業到很晚，即使到了深夜也擠滿想吃甜點的人。

香蕉

Banana

對泰國人再熟悉不過的香蕉，一整年都能以便宜的價格買到。

109B

D 炸香蕉配鮮奶油
Fried Banana whip cream

冰淇淋配上炸得酥脆的香蕉。

用甜甜的香蕉甜點來療癒旅途疲憊的身體

50B

D 香蕉牛奶奶昔
Banana Milk Shake

直接感受香蕉香甜的濃郁奶昔。

鮮紅的紅茶是泰國的經典飲品

加了珍珠的奶茶

55B

E 泰式紅茶拿鐵
Thai Tea Latte

泰式奶茶加綠色的珍珠。

45B

E 霜淇淋
Soft Ice Cream

泰式奶茶口味，Terminal 21店和廊曼機場限定供應。

泰式奶茶

Thai Tea

泰式冰奶茶是使用調和了香草香料的紅茶再加入牛奶及煉乳。

蝶豆花茶

Butterfly pea

一種外觀呈現藍色的豆科花，富含青花素有養顏美容效果。

可愛&喝了變漂亮！超優秀的南國飲料

加了牛奶會變淡藍色

120B

F 蝶豆花拿鐵(熱)
Butterfly Pea Latte(Hot)

熱飲可以要求拉花！

140B

F 蝶豆花拿鐵(冰)
Butterfly Pea Latte(Cold)

蝶豆花茶加牛奶。

香蕉發揮到淋漓盡致

D Kluay Kluay

使用契作農園的香蕉甜點專賣店。位在暹羅廣場的LIDO CONNECT 2樓。炸香蕉和奶昔最受歡迎。

Rama I Rd.,Siam Square Soi 2 LIDO CONNECT 2F ☎062-879-2953
㊝10:30～20:00 ㊡全年無休
㊡BTS暹羅站步行2分鐘

暹羅周邊 ▶MAP P.6 B-2

種類豐富的泰式奶茶店

E Cha Tra Mue

受歡迎的老字號泰國奶茶店，提供正宗泰國奶茶，在曼谷市區、車站內和購物中心等地皆有展店。

88 Sukhumvit 19 Rd.,Turminal 21 GF ☎無 ㊝10:00～21:00 ㊡全年無休 ㊡BTS阿索克站或MRT蘇坤蔚站步行1分鐘

蘇坤蔚路周邊 ▶MAP P.10 B-1

來杯藍色拿鐵

F Blue Whale

供應不只顏色好看，美容功效也受到關注的蝶豆花飲料，點熱飲還可請咖啡師拉花。

392/37 Maha Rat Rd. ☎096-997-4962
㊝9:00～18:00 ㊡週一
㊡MRT沙難猜站步行6分鐘

刷卡OK 英語OK

古城區 ▶MAP P.4 B-3

泰國販賣的芒果品種高達170種，最經典的是甜度很高的滴度麥（水仙芒果），產季在11～6月。

BEAUTY 01

沉醉在美容大國泰國的技術中！

享受奢華Spa芳療的療癒時光

泰國是世界首屈一指的美容產業大國，以高優質Spa聞名全世界。
無比奢華的空間與精湛的技術，讓身心都獲得療癒！

How To

可輕鬆線上預約！

高級水療館多半可上官網預約，不定期還會刊登折扣相關優惠訊息！

在精緻又奢華的獨棟空間
享受極致奢華的修護療程

獨棟Spa館

簡直就是都市綠洲！

The Oasis Spa Sukhumvit 31

來自清邁的連鎖Spa館，以「綠洲」為概念，在曼谷有2家店，精湛的技術與服務，搭配靜謐的空間無可挑剔，旺季有時一位難求。

64 Soi Sawasdee, Sukhumvit 31 Rd. ☎ 02-262-2122
營 10:00～24:00 休 全年無休
交 BTS阿索克站搭車約5分鐘
刷卡OK 英語OK
蘇坤蔚路周邊

▶MAP P.10 C-1

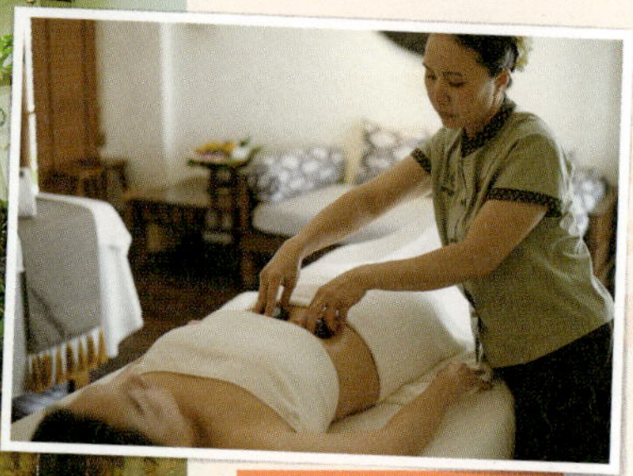

招牌療程 MENU

QUEEN OF OASIS

120分鐘／3900B

以熱石放鬆肌肉調整身體機能，提供結合瑞典式按摩和芳療的按摩。

1. 彷彿度假飯店般寬敞的空間，馬上就被館內綠意療癒。2. 療程中使用的餐點都是泰國當地的有機食品。3. 以綠色為主色調的接待大廳，在這裡受理報到及付款。

奢華Spa館給妳漂亮肌膚和好心情

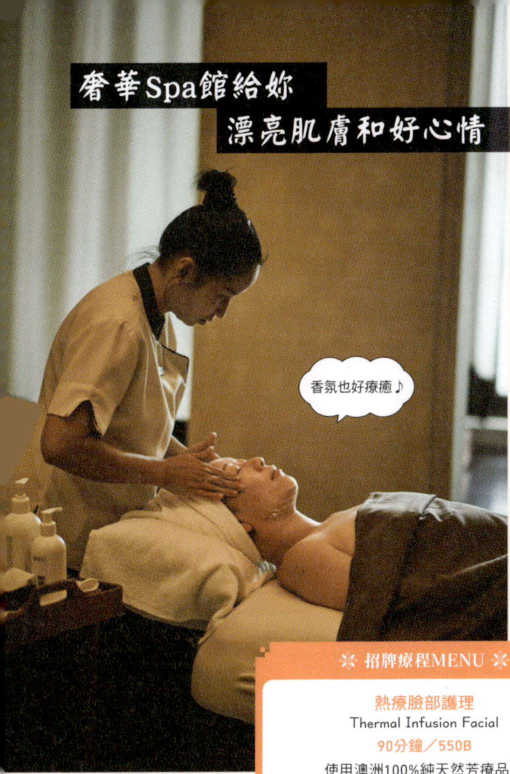

舒緩僵硬的筋骨恢復活力。

招牌療程MENU

熱療臉部護理
Thermal Infusion Facial
90分鐘／550B
使用澳洲100%純天然芳療品牌「Sodashi」。

1. 館內典雅的氣氛。2. 療程結束後會提供花草茶及甜點。3. 連通走廊也非常美麗。

頂級Spa空間的極致享受

Opium Spa

曾獲選為「全球最佳城市芳療」的頂級Spa，自開幕以來獲獎無數。提供多種療程，可依照個人需求選擇。

🏠 3/2 Thanon Khao Siam Hotel內
☎ 02-206-6999 ㊫ 10:00～20:00 ㊡ 全年無休
㊢ MRT詩林通站搭車約5分鐘
刷卡OK 英語OK
曼谷北部 ▶MAP P.3 E-2

飯店Spa

曼谷殖民地風格的Spa館，位於昭披耶河畔。

極致的飯店Spa
氣氛與服務都不同凡響

以木質調為主的空間非常療癒。

招牌療程MENU

THE PENINSULA ROYAL THAI MASSAGE
90分鐘／4000B
使用泰國皇室代代相傳的御用傳統技法。

氣氛優雅的環境

The Peninsula Spa

結合東方與西方療法，也提供融合阿育吠陀哲學的獨家療程。時髦又古典的環境，體驗貴族般的極致享受。

🏠 333 Charoen Nakhon Rd. ☎ 02-020-2888 ㊫ 9:00～23:00 ㊡ 全年無休 ㊢ BTS沙龍那空站步行5分鐘 刷卡OK 英語OK
昭披耶河周邊 ▶MAP P.14 A-3

The Oasis Spa售有天然有機成分的原創保養品。

BEAUTY 02

花小錢享受高品質

價格實惠的泰式按摩＆美甲

泰式按摩店在街頭隨處可見，購物中心或車站也有很多價格實惠的美甲沙龍，輕輕鬆鬆就能把身體的疲勞一掃而空。

1. 腳底按摩200B～。療程30分鐘起。 2. 很受歡迎的足底去角質，做完腳底光滑又亮麗！

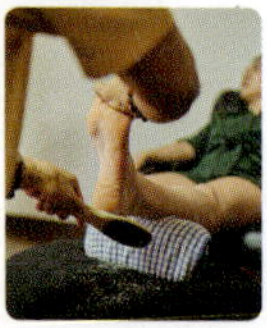

高人氣足底去角質！150B。

寬敞×近車站

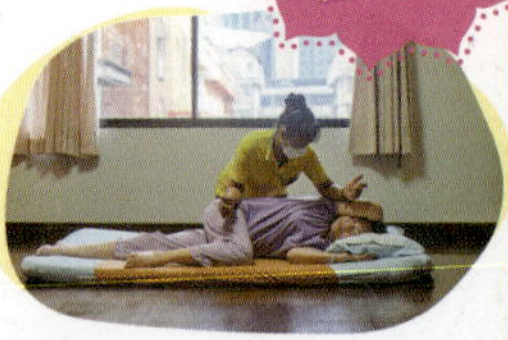

臥佛寺流派的按摩特色多著重在伸展。

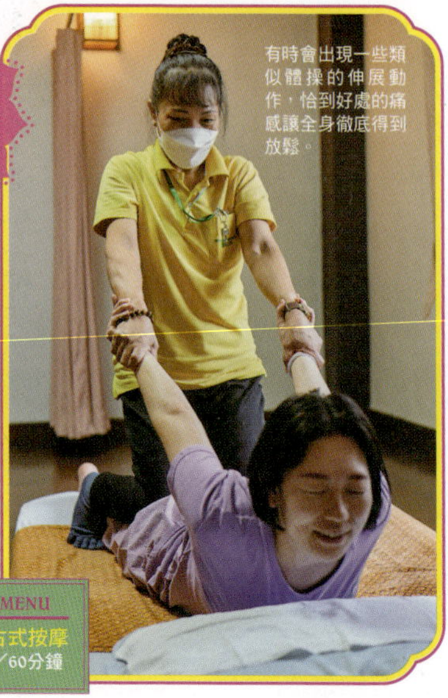

有時會出現一些類似體操的伸展動作，恰到好處的痛感讓全身徹底得到放鬆。

高水準的按摩卻是實惠的價格

Po Thai Massage

店內附設泰國古式按摩的開宗寺廟，臥佛寺所經營的按摩教室，按摩師都完成臥佛寺流派的按摩訓練。

1, 54-55 Sukhumvit 39 Rd.
☎ 02-261-0567　營 9:00～21:00
休 全年無休　交 BTS澎蓬站步行1分鐘
英語OK
蘇坤蔚路周邊 ▶MAP P.10 C-2

推薦MENU
泰國古式按摩
350B／60分鐘

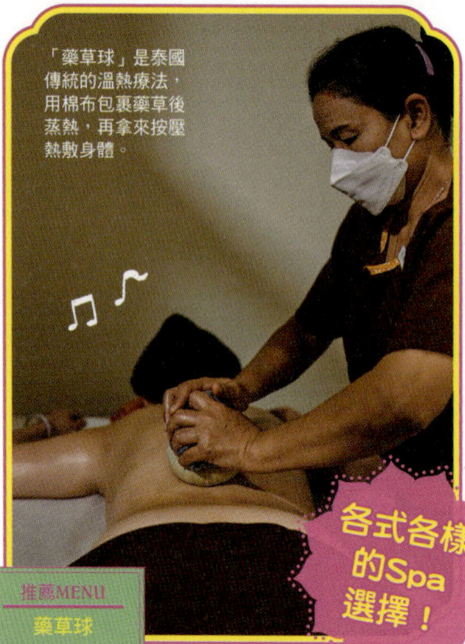

「藥草球」是泰國傳統的溫熱療法，用棉布包裹藥草後蒸熱，再拿來按壓熱敷身體。

各式各樣的Spa選擇！

推薦MENU
藥草球
900B／60分鐘

提供多種選擇的療程

at ease Sukhumvit 33/1

以整潔的環境和精緻的服務廣受好評，店裡主要提供各種泰式傳統療程和泰式按摩，也提供米糠酵素浴。可在官網或透過LINE事先預約。

Soi 33/1 Sukhumvit Rd.　☎ 061-682-2878
營 9:00～23:00　休 全年無休　交 BTS澎蓬站步行3分鐘　刷卡OK　英語OK
蘇坤蔚路周邊 ▶MAP P.10 C-2

也有多種獨家商品！

店內香草球和花草茶使用的原料，都來自自家農園栽培不使用農藥的藥草，可安心使用。

1. 用泰國很受歡迎的水果，火龍果做成的冷凍果乾120B，不含砂糖非常健康。 2. 佛手柑味道的香草皂，香氣清新。180B 3. 薄荷味道的香膏100B，對肩膀或頭痛很有效。 4. 按摩前後的休息室，提供茶飲及果乾。

個人保養

How To

小費行情 約50～100B

泰國有給小費的習慣，收費便宜的按摩或美甲店，小費是店員重要的收入來源之一，服務結束後，也讓我們把感謝的心意和小費一起給出去吧！

Price List

- 光療美甲 Gel Polish ……… 1色 200B ……… 2～3色 250B ……… 4色以上 300B
- 經典法式美甲 Classic French Nail ……… 350B
- 亮粉光療美甲 Glitter Gel Color ……… 350B
- 彩繪美甲 Small Paint ……… 1指50B

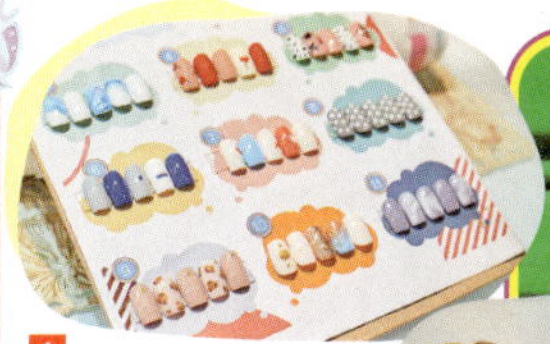

選了3色的亮粉光療，再上一層透明光療增加立體感。

1.種類豐富，可愛風到成熟風應有盡有。2.服務過程親切仔細又快速。

車站裡 & 動作迅速

多在車站內展店的美甲沙龍

Nail it! Tokyo BTS Siam店

Nail it! Tokyo BTS Siam

日本人經營的連鎖美甲品牌，主要在曼谷市中心的車站內展店。招牌及裝潢以粉色和白色調為主，合理的價格廣受好評。

BTS暹羅站Exit1附近 ☎ 063-231-6399
㊪ 10:00～20:00 ㊡ 全年無休
㊂ BTS暹羅站內 刷卡OK 英語OK

暹羅站周邊 ▶MAP P.6 B-2

Nail Price

光療2～3色 Gel Polish 2-3 Color	+	3D彩繪 3D Paint
250B		70B×10指

TOTAL 950B／45分鐘

Nail Price

凝膠美甲（2種顏色） Gel Nail 2 Color 499B／60分鐘

凝膠美甲加亮片的組合非常閃亮好看，藝術美甲每指加100B價格非常實惠。

在城市 & 放鬆身心

1.足部美甲也很受歡迎，美甲還可以順便放鬆腳部，一舉兩得。2.豐富的顏色和凝膠樣品。

Price List

- 凝膠美甲(1色) Gel Polish ……… 299B(13點後399B)
- 足部美甲(1色) Foot Gel 1 Color ……… 599B
- 足部按摩 Foot Spa ……… 1299B(13點後1499B)
- 美睫 Eye Lash ……… 999B(13點後1199B)

花小錢就可以做光療

Nail House Bangkok

淡粉色系的裝潢，單色凝膠美甲約1小時可完成。上午相較晚上的價格比較便宜，也接受預約的現場散客。當地人也很推薦美睫的服務。

353 Soi 17 Sukhumvit 55 Rd.
☎ 097-230-5301
㊪ 8:30～23:00（最後受理21:30） ㊡ 全年無休
㊂ BTS東羅站搭車約3分鐘 刷卡OK 英語OK

蘇坤蔚路周邊 ▶MAP P.11 E-1

大部分的美甲沙龍都可以在官網或社群網站上預約，部分店家的官網也有優惠訊息！

BEAUTY 03

介紹各種超人氣品牌！
超神的泰國天然美妝品

泰國自古以來就有使用藥草療法的習慣，並擅長將藥草、
米等植物應用在美容保養品上，從各大人氣品牌找出適合自己的用品吧！

護膚

皇家醫院主導開發的保養品
晚上來好好養顏一番

500B

A

蓮花、竹子、米的美容精華液

能改善細紋的美容精華液，推薦和夜間凝膠一起使用。

350B

蓮花、竹子、米的夜間精華液

主要使用蓮花、竹子、米三種植物的精華液，可活顏煥膚。

清新的柑橘香味
舒緩你的肌膚和心靈

1050B

D

保濕面膜(4片裝)

使用鳳梨及柚子成分的保濕面膜，在家也能享受芳療般的享受。

425B

E

臉部淨化保濕噴霧

帶茉莉花香，不含酒精，可調理肌膚狀況。

280B

380B

B

臭氧化精油

有維他命補充(左)和除皺(右)等不同功效8種。

室內香氛

1430B

C

室內噴霧(東方香氛)

調和了檸檬草、佛手柑、薄荷，香味清新的複方香氛。

簡約的設計風格
能馬上融入家中

1450B

E

精油蠟燭(曼谷)

以曼谷街頭為發想調製，華麗的香氛帶白睡蓮與茉莉花香調。

光是放著，空間和氣氛
都跟著明亮起來

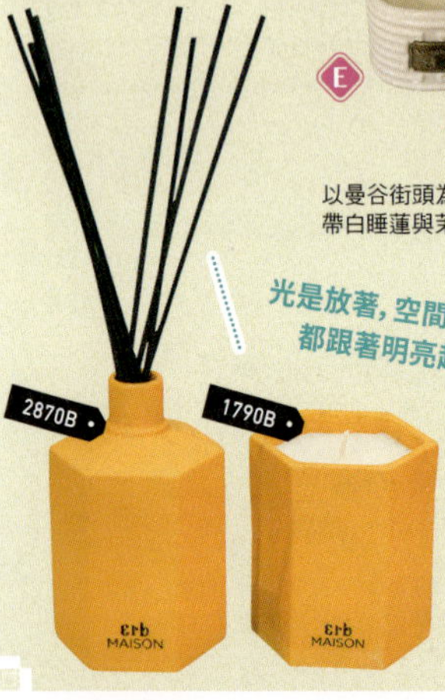

2870B

1790B

C

香氛蠟燭(右)&擴香(左)

調和了芒果葉與白檀的「through the orchard」系列。

特殊保養

45B

70B

A

流再多汗
也不擔心！

水晶體香滾珠瓶(右)&噴霧(左)

含天然明礬的體香保養品。

1500B

D

逆齡眼部精華

玫瑰水的成分來滋潤乾燥的眼周。

E

KA-TI含椰奶的護唇膏

含8種天然保濕成分，讓唇部保持健康彈性。

450B

490B

D

米油精華潤唇膏

加入米油、野芒果，含乳木果油滋潤雙唇。

身體保養

D

護手霜
(木質香氛)

內含有機乳木果油、荷荷芭籽油及米糠成分。

方便隨身攜帶的迷你尺寸！

B

精油棒(右)
&藥膏(左)

使用臭氧化精油具美容成分，私密處也可以使用。

銷售No.1!
茉莉花香

C

護手霜
(Eastern Treat)

調和茉莉花和薄荷的香味，能有效放鬆，添加角蛋白。

身體精油
(Eastern Treat)

使用芝麻油和米油，能快速吸收，清爽不黏膩。

沐浴用品

E

花香皂
3入組

檸檬草和山竹等組成充滿南國風情的香調，很適合當伴手禮。

沉浸在華麗的香氣中
洗澡也是一種享受

C

B

ANCIENT
SALT WELLS

產在泰國東北部楠府，聞名世界的古代鹽，富含礦物質。

GLOW AGAIN
身體磨砂膏&身體膜

使用竹子和杏桃籽的極細顆粒，溫和去除毛孔老廢角質。

在當地也很受歡迎
小巧可愛的沐浴用品

C

天然皂條
(茉莉花香)

富含滋潤成分的固體肥皂，華麗的茉莉花香讓人身心都能充分放鬆。

E

身體保養組

沐浴露與身體乳的組合，90ml小包裝方便旅行攜帶。

泰國皇室成立的有機保養品牌

A Abhaibhubejhr

在泰國皇室成立的昭披耶河阿拜布韋醫院完成商品開發的護膚品牌，專售使用嚴選有機花草製成的保養品及營養品。

S Sathorn Rd. Thai CC Tower GF ☎ 02-210-0321
營 9:30～18:00(週六至17:00) 休 週日
交 BTS沙潘塔克辛站步行8分鐘
刷卡OK 英語OK
昭披耶河周邊 ▶MAP P.14 C-3

來自清邁！臭氧化系話題保養品

B Dew

專售使用有機天然植物精油臭氧化(活性化)後製成的保養品，活化細胞修復功能，相當受到矚目。

20/7 Sukhumvit 39 Rd. Lofty Bamboo內
☎ 02-261-6570 營 9:30～18:30 休 全年無休
交 BTS澎蓬站步行5分鐘
刷卡OK 英語OK
蘇坤蔚路周邊 ▶MAP P.10 C-2

可愛的包裝&天然花草的香氣超人氣

C Erb EmSphire

專售使用藥草及鮮花調香的身體保養品及室內香氛，100%使用泰國國產原料，適合敏感性肌膚，華麗的包裝非常好看。

628 Sukhumvit Rd. M樓
☎ 094-524-2362 營 10:00～22:00 休 全年無休
交 BTS澎蓬站步行5分鐘 刷卡OK 英語OK
蘇坤蔚路周邊 ▶MAP P.7 D-2

從頭髮到身體都得到呵護

D Thann ICONSIAM

適合各種肌膚，商品含植物萃取成分及活性化的天然精油，共有5種基礎香調。

299 Charoen Nakhon Soi 5暹羅天地4樓
☎ 02-288-0105 營 10:00～22:00 休 全年無休
交 BTS沙龍納空站步行1分鐘或中央碼頭(MAP P.14 B-3)搭接駁船 刷卡OK 英語OK
昭披耶河周邊 ▶MAP P.14 A-2

可愛討喜的包裝最適合送禮

E Harnn ICONSIAM

專售使用米糠油或泰國天然藥草製成的身體保養品，肥皂、身體乳等也是五星級飯店的愛用品牌。

299 Charoen Nakhon Soi 5暹羅天地4樓
☎ 02-288-0287 營 10:00～22:00 休 全年無休
交 BTS沙龍納空站步行1分鐘或中央碼頭 (MAP P.14 B-3) 搭接駁船 刷卡OK 英語OK
昭披耶河周邊 ▶MAP P.14 A-2

Harnn或是Thann的商品在國外也很受歡迎，在蘇凡納布機場的免稅店也有販售。

SHOPPING 01

曼谷No.1大型購物中心！

暹羅天地探險去♪

想知道曼谷潮流最前線就不能錯過暹羅天地，11層樓高的建築有700家商店及餐廳，讓我們一起到這個潮流薈萃的大型購物中心探險吧！

空間寬廣就像在大型迷宮中購物！

曼谷潮流最前線

ICONSIAM

位在昭披耶河畔的購物中心，有最具話題的流行服飾品牌，以及全泰國最大的星巴克進駐，潮流與話題薈萃，裡面還有遊樂設施。

🏠 299 Charoen Nakhon Soi 5 ☎ 02-495-7000 ⓑ 10:00～22:00 ㊡ 全年無休
ⓧ BTS沙龍納空站步行1分鐘或中央碼頭(MAP P.14 B-3)搭接駁船 刷卡OK 英語OK

昭披耶河周邊 ▶MAP P.14 A-2

Spec

占地面積	約75萬㎡
店數	約700家

● 主要設施

餐廳樓層×7
美食廣場
店鋪
高島屋
電影院
Spa&按摩
藝廊
住宅

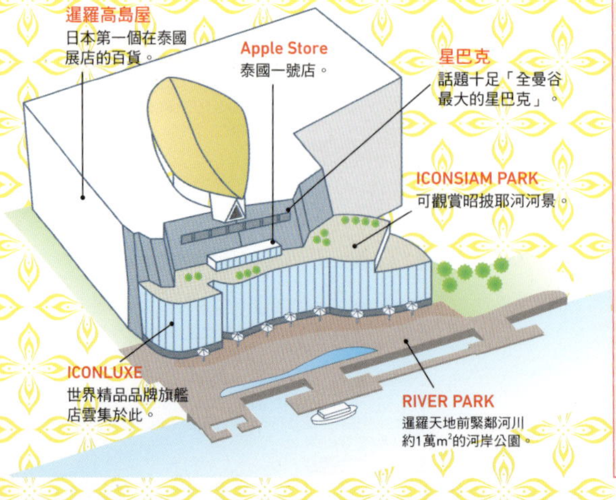

暹羅高島屋
日本第一個在泰國展店的百貨。

Apple Store
泰國一號店。

星巴克
話題十足「全曼谷最大的星巴克」。

ICONSIAM PARK
可觀賞昭披耶河河景。

ICONLUXE
世界精品品牌旗艦店雲集於此。

RIVER PARK
暹羅天地前緊鄰河川約1萬m^2的河岸公園。

4-5樓

尋找可愛的泰國傳統工藝

ICONCRAFT

融合現代設計元素的泰國職人傳統手工藝品，有餐具、雜貨等多樣泰國製優質商品，集中在這2層樓的櫃位。

4250B

手提包
重點在傳統花色，可當肩背包。

1100B

盤子
傳統工藝的五彩燒盤。

各99B

肥皂
色彩豐富的肥皂最適合當伴手禮。

各2850B

肩背包
傳統織品做成手提把的背包。

How To

200%享受暹羅天地的祕訣

1. 也能選擇搭船
除了可搭昭披耶河EXPRESS(P.200)，中央碼頭也有接船船。

2. 暹羅天地公園
Apple Store外的戶外廣場，可以眺望昭披耶河。

3. 累了就去做Spa
香氛品牌THANN的門市有按摩室，此外也有一般的SPA。

4. 多逛逛泰國品牌
G樓層有泰國知名絲綢品牌JIM THOMPSON等進駐，也推薦當伴手禮。

2樓

話題性十足的設計師商品齊聚一堂！

The Selected

各200B

托特包
生活雜貨品牌「COCO SUI」的商品。

眾多年輕設計師品牌集結於此！從服飾到生活雜貨多達100多間店鋪，幾乎都是泰國國內品牌。

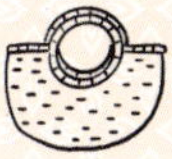

從設計到顏色都很有個性！

G樓

宛如真的街道的美食廣場

SOOKSIAM

集結泰國各地美食和名特產的美食廣場，樓層設計成水上市場的風格，宛如一座小城。

120B

餐廳「薩米拉蚵仔煎」的泰式蚵仔煎。

泰式點心讓人眼花繚亂。

7樓

試試全曼谷最大星巴克的限定飲品

Starbucks Reserve

有2層樓，多達400個座位以上，精緻的設計風格。位在7樓可眺望昭披耶河，限定商品及商品種類豐富。

180B　170B

荔枝伯爵茶
荔枝果汁加上蝶豆花的伯爵茶。

日落(SUN SET)
加了柳橙汁的扶桑花果茶。

暹羅天地的星巴克也提供精釀啤酒等酒精飲料。 69

SHOPPING 02

讓人一見鍾情的小物♡

欣賞泰國傳統織品雜貨&器皿

充滿泰國當地特色的織品小物，
以及高品質的傳統器皿都是必買商品！
從適合當紀念品或自用送人的小物件，應有盡有。

泰國織品小物
大量掃貨！

織品雜貨

從傳統布料到原創商品
種類多樣！

各89B

小錢包
用泰國北部清邁布料做的。 A

390B

拖鞋
腳底類似草蓆的鞋面非常涼爽。 A

290B

布偶
使用藍染布做成的大象。 A

1290B

口金包
刺繡部分使用類似毛線材質，毛茸茸的相當可愛。 A

1290B

肩包
可以俐落收納手機和護照。 A

240B

小錢包
孟族手工刺繡的小錢包。 B

210B

筆袋
同樣是孟族刺繡，每個花色不同。 B

350B

小錢包
布料和刺繡線都非常繽紛的手工刺繡包。 B

泰國北部的織品小物相當豐富

A Armong Shop

店主是泰國少數民族孟族的設計師Armong，店裡也有販售清邁的藍染布。

這些也買得到
☑飾品
☑服飾
☑家飾

🏠 Sukhumvit 31 Rd. RSU Tower 1F
☎ 083-777-2357 ㊕ 10:30〜19:00
㊡ 全年無休 ㊈ BTS澎蓬站步行6分鐘
刷卡OK 英語OK 蘇坤蔚路周邊 ▶MAP P.10 C-2

享受挖寶的樂趣找到自己的寶藏

B KOON asian ZAKKA

從織品雜貨到原創T-shirt及骨董餐具，由泰國人和日本人共同經營。

這些也買得到
☑陶器
☑古董雜貨
☑T恤

🏠 2/29 Sukhumvit 41 Rd. ☎ 094-438-3819 ㊕ 10:00〜18:00 ㊡ 週三
㊈ BTS澎蓬站步行5分鐘
刷卡OK 英語OK 蘇坤蔚路周邊 ▶MAP P.11 D-2

What Is

何謂泰國傳統雜貨？

高山民族流傳下來的紡織品或泰國各地生產的器皿，類型和價位有很多種，右邊表格可供購物參考。

分類	種類	特徵	價位
布料	織品	孟族、克倫族等北部高山民族製作的布料	★★★
	刺繡	孟族、瑤族等北部高山民族製作	★★★
	絲綢	稱為泰國絲綢，主要發展於泰國東北部	★★★
器皿	五彩瓷	泰國皇室御用的高級瓷器	★★★
	青花瓷	約700年前由泰國北部傳入的青瓷器	★★
	宋加洛陶	泰國北部的西薩查納萊在13世紀開始製作的陶器	★★
其他	藤竹器	竹籃竹簍等坊間常見的生活用品	★
	漆器	曾經出口到日本的清邁工藝品	★★★

宛如藝術品的宮中御用器皿

五彩瓷

阿瑜陀耶王朝時代的器皿，細緻的花紋上有金色的描邊。

各500B

小物盒
直徑6cm非常適合當裝飾品。

250B

小碟子
直徑9.5cm的平盤，也可以當成飾品收納盤。

350B

湯匙
把手處的花紋是重點，也有不同顏色款式。

1800B

啤酒杯
高腳啤酒杯，當成賀禮也不錯。

1000B

萬用杯
當茶杯或水杯都可以，適合多種用途。

每個都各具風采的手繪瓷器

青花瓷

白底繪上藍紋的陶瓷器皿，多以鳳梨為主題。

89B

高腳盤
高腳盤，讓普通點心變高級。

75B

馬克杯
可裝進不少飲料的大容量。

199B

茶杯
附杯蓋及杯托的茶杯。

169B

蓋碗
附蓋子及碗托的碗，也可作為茶杯使用。

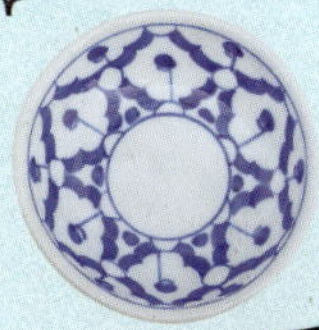

35B

小碟子
和日式料理也很搭，視覺也很清涼。

職人手繪

Thai Isekyu

供應多種餐具花器的五彩瓷專門店，除週六外店內會有職人手繪的展演。

1/16 Sukhumvit 10 Rd. ☎02-252-2510 營9:00～16:00 休週日
交BTS阿索克站／那那站步行5分鐘 刷卡OK 英語OK
蘇坤蔚路周邊 ▶MAP P.10 A-1

種類豐富像批發行

Baan Charm

這家餐具店位在距市中心有點距離的邦瓦，寬闊的店裡擺滿許多價格合理的餐具。

365 Kanlapaphruek Rd. ☎02-455-9255 營9:30～19:00 休全年無休
交MRT・BTS邦瓦站／BTS烏達甘站搭車約10分鐘 英語OK
曼谷西部 ▶MAP P.3 D-2

＼這些也買得到／
☑塑膠器皿
☑餐具

Baan Charm沒有空調要留意中暑。可以免費索取礦泉水。

SHOPPING 03

掛滿很受觀光客歡迎的單品
話題時尚服飾店

近年來曼谷有越來越多品味出眾的流行服飾店，
可以買到在當地或回國都很實穿的人氣單品！

日常&度假

堅持手工製作
質感和設計都很棒！

推薦重點
- 全部手工製作
- 穿起來超舒服
- 使用日本亞麻

4300B

設計和配色都相當清爽的長褲，也適合當家居服。

3300B

可愛的氣球袖短版上衣。

3300B

版型輕巧的上衣，在台灣穿也沒有違和感。

融入日常的實穿單品

Ricochet Boutique Terminal 21店

Ricochet Boutique Terminal21

店裡提供使用日本高級亞麻製作的休閒度假風服飾，商品全部手工製作，穿著舒適，也有不少帶回國也很實穿的單品。

88 Soi Sukhumvit 19 Terminal 21 3F
☎02-051-6267 營8:00～17:00 休全年無休 交BTS阿索克站直達 刷卡OK 英語OK

蘇坤蔚路周邊 ▶MAP P.10 B-1

休閒

6900B

球鞋的靈感來自泰國雨天使用的鞋套。

8500B

設計師推薦的怪獸圖案上衣。

8500B

富設計感的皮革包包率性演出。

走在曼谷流行尖端的服飾店

推薦給休閒派！

推薦重點
- 獨家設計款式眾多
- 中性服飾男女通用
- 積極使用環保素材

高流行敏感度的最愛

Greyhound Original Siam Paragon

Greyhound Original Siam Paragon

1980年成立休閒服飾品牌至今，引領著泰國的潮流，主打結合泰國文化的獨創設計，獨一無二的單品。

991 Rama 1 Rd. 暹羅百麗宮1F
☎063-215-6133 營10:00～21:00 休全年無休
交BTS暹羅站步行1分鐘 刷卡OK 英語OK

暹羅周邊 ▶MAP P.6 B-2

泳裝

設計重點特別著重頸部線條，還有綠色可選。

也有兩件式的泳裝，同花色也有防磨衣。

必買品牌NaRaYa

泰國最具代表性的包包品牌，除了經典款的菱格紋蝴蝶結包，淡色系的小物也很受歡迎。

NaRaYa Sukhumvit 24店
NaRaYa Sukhumvit 24

654-8 Corner of Sukhumvit 24 Sukhumvit Rd. ☎02-204-1145 營09:30～22:30 休全年無休 交BTS澎蓬站步行1分鐘 刷卡OK 英語OK

蘇坤蔚路周邊 ▶MAP P.10 C-2

寬敞的店面，暹羅天地和Central Phuket也有分店。

店外看了忍不住想拍一張！

推薦重點
- 復古設計
- S～XL尺寸齊全
- 店內超可愛的裝潢！

服貼感與設計感都滿分

April Pool Day

以貼近亞洲人的體型、膚色為設計重點的泳裝品牌，在聖路易斯車站附近的工作室&小店可以買到品牌的全品項。

15 Soi Sathorn 9, South Sathorn Rd. ☎098-246-5369 營10:30～18:00 休週六、日 交BTS聖路易斯站步行5分鐘 刷卡OK 英語OK

是隆周邊
▶MAP P.8 B-3

女裝

亮面的布料結合精緻的刺繡，非常時髦。

亞麻一字領上衣，具分量感的設計非常可愛。

配合色彩鮮豔刺繡的手拿包，畫龍點睛的單品。

推薦重點
- 全部商品手工製作且只有一件！
- 多數是泰國風刺繡
- 可免費修改尺寸

濃濃泰國設計元素的單品

Momo Talat Noi

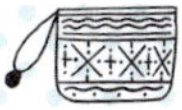

充滿濃濃異國情調的印花或刺繡單品選擇豐富，設計師納洽從事店內裁縫的同時，一邊自學設計，所有商品都在店裡的工作坊完成。

928 Soi Wanit 2
☎083-530-1220 營10:00～21:00
休週一 交MRT華藍蓬站步行10分鐘
刷卡OK 英語OK
昭披耶河周邊 ▶MAP P.14 A-1

若是在購物中心的店家消費，多半可以免稅，結帳時不妨確認一下。

SHOPPING 04

22泰銖起的藥妝小物！

到藥妝店掃購人氣必買商品

小物選擇豐富

吸鼻劑

25B

22B

一吸就能通鼻的人氣商品，復古的包裝很可愛！

也用於面膜

口罩精油

知名吸鼻劑大廠推出的口罩專用薄荷精油，氣味清爽。

39B

身體磨砂鹽

29B

350公克裝的磨砂鹽，帶椰子牛奶香。

75B

涼感衛生棉

添加清涼成分的衛生棉，在炎熱的泰國非常受歡迎！

軟膏

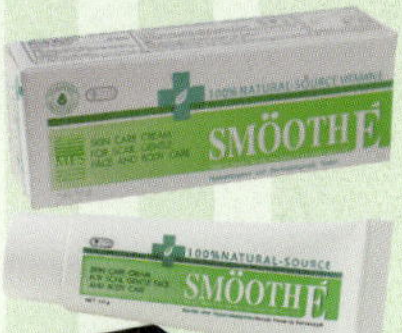

129B

使用蘆薈葉汁和維他命E，是泰國國民軟膏的熱銷商品。

各89B

攜帶方便！

涼爽噴霧

泰國人最熟悉的清涼小物，小巧的尺寸方便隨身攜帶。

淨白沐浴手套

66B

去角質麻質手套，含茉莉香米等成分。

亮白牙膏

115B

在泰國種類豐富的牙膏中CP值最高的一款。

流行包裝♡

植物皂

各36B

顏色和香味都不一樣的可愛肥皂，價格是4入組的售價。

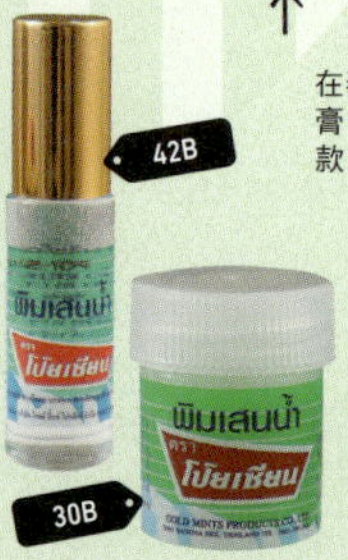

42B

30B

薄荷膏薄荷油

尺寸超級可愛，右邊是軟膏型（高約2cm），左邊是精油型（高約4cm），塗在太陽穴可提振精神！

泰國是美容大國，藥妝店的保養品也很不錯，護膚保養品、沐浴用品，或是伴手禮，都不妨參考這裡為大家選出的產品。

藥妝和藥品一應俱全！

Boots EmQuartier店

Boots EmQuartier

在購物中心經常可以看到，全泰國多有展店的連鎖藥妝品牌。為服務國外的觀光客，蘇坤蔚路周邊的門市有很多會說英文的店員。

可在這裡購買！

695 Sukhumvit Rd. Emquartier 3F
☎ 02-003-6497 ㊎ 10:00～22:00
㊡ 全年無休 ㊋ BTS澎蓬站直達
刷卡OK 英語OK
蘇坤蔚路周邊 ▶MAP P.10 C-2

自用專區

旅行也可使用

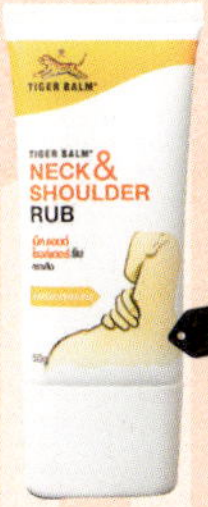

肩頸軟膏

189B

有效舒緩肩頸痠痛，是親膚性佳的乳霜質地。

吸鼻劑

28B

非侵入性的吸鼻器，方便外出時使用。

清涼爽身粉

65B

泰國人相當熟悉的清涼爽身粉，可緩解發炎症狀及具制汗功能。

首創清涼爽身粉

足部貼布(右)溫暖貼布(左)

各200B

使用泰國產草藥的足部貼布，貼在腳底有助排除體內毒素。

Hiruscar´Gel

209B

保濕及抗氧化佳的軟膏，也有淡化疤痕的效果。

牙齒亮白牙膏

234B

具牙齒亮白及預防起床口臭的效果，好用的牙膏。

私密處專用皂

135B

價位合理的私密部位專用皂，刺激性低且具除臭效果。

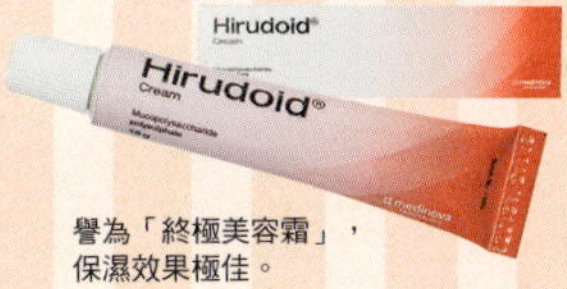

保濕美容霜

108B

譽為「終極美容霜」，保濕效果極佳。

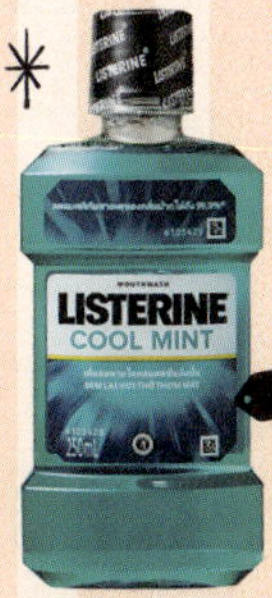

薄荷漱口水

87B

有很多人說泰國的漱口水美白效果比日本還好！

美白乳霜

149B

然禧國際醫院開發的乳霜，可預防黑斑暗沉促進肌膚新陳代謝。

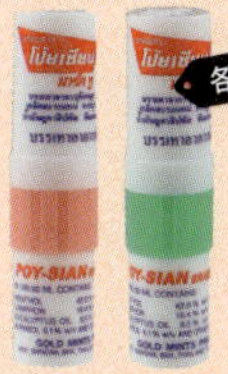

通鼻劑

各24B

種類豐富尺寸迷你的通鼻劑，多備幾瓶也沒問題！

喉嚨噴霧

160B

含洋甘菊萃取物、胡椒薄荷精油等成分的喉嚨噴霧。

療癒的味道

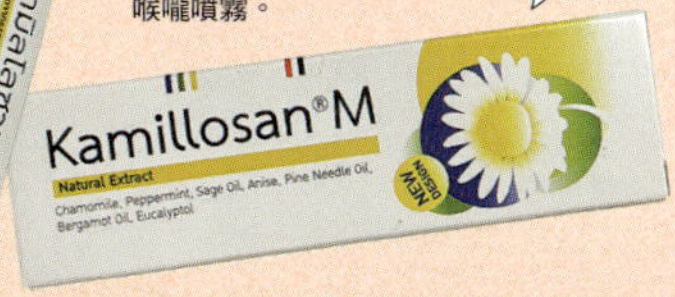

蘇坤蔚路周邊的BLEZ藥妝店也有會說英文的店員常駐，裡面也有不少在日本也很歡迎的商品。

SHOPPING 05

六日限定！宛如巨大藏寶庫

去恰圖恰市集尋寶

曼谷必買的伴手禮、家飾、服飾，連寵物都有！
想得到的都有賣，讓我們到這座巨大的市場來尋寶吧！

週末限定
巨大到會迷路!?
到週末限定的市集大買特買！
眼花撩亂

屋外也有很多攤販，人山人海。

How To

巨大市集的逛法

1. 取得市集地圖

市集設有多處服務台可索取地圖。

2. 確認位置

市集用Section(區)和Soi(巷)劃分攤位編號。

3. 如果想休息…

市場內有很多攤販和食堂，可以小小休息後再繼續購物。

4. 看到喜歡的就要下手！

會有只剩一個完售不補貨的情況，把握良機。

5. 可以殺價

可以殺價，合購殺價有機會更便宜。

6. 要留意扒手和順手牽羊

東西不離身，盡量不要離開視線範圍。

❶ 香蕉、山竹等各種水果的磁鐵。❷ 五彩瓷的店家，杯子的顏色種類豐富。❸ 專賣可愛繡花鞋的店家。❹ 竹簍店，以似有若無的規則分類擺放。❺ 市場內有不少迷宮般的小道。

～市集裡的戰利品～

Section 21

250B～

刺繡鞋面的涼鞋充滿南國風情。

Section 25

60B～

泰國護身符圖案的迷你手提包。

Section 25

300B

泰國北部孟族的刺繡小錢包，花色豐富。

Section 25

525B～

琺瑯便當盒，復古的公雞圖案非常受歡迎。

Section 25

135B～

琺瑯托盤是泰國家庭的必備單品。

Section 15

各390B

也有泰國傳統器皿五彩瓷的專賣店。

Section 11

各80B

可以輕鬆完成咖哩和冬蔭功的泰國料理包。

Section 13

65B(中)

55B(小)

多種南洋水果和泰國料理的微縮模型讓人想要蒐集。

Section 2

280B～

顏色和種類都很多樣的大流蘇耳環。

市場地圖

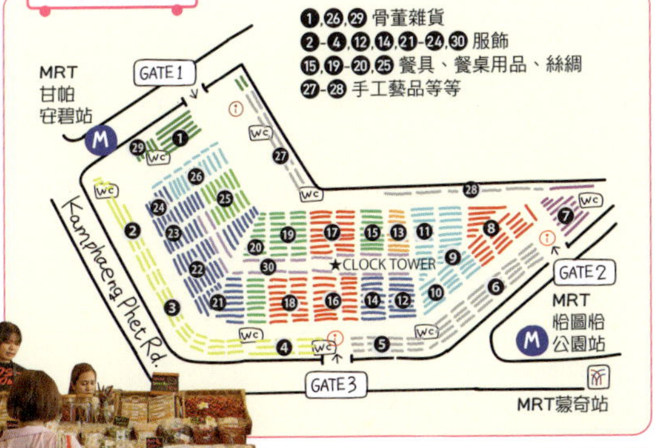

就算待一整天也不會覺得無聊！

週末限定的巨大市集

恰圖恰週末市集

Chatuchak Weekend Market

有泰國必買的伴手禮及創意小物等，非常適合採購伴手禮，場地幅員廣大記得穿著舒適好走的鞋。

🏠 Kamphaeng Phet Rd. ☎ 因店鋪而異
㊡ 09:00～18:00（因店鋪而異） ㊡ 週一～五 ㊋ 自MRT甘帕安碧站／恰圖恰站或BTS蒙奇站步行5分鐘 刷卡OK 英語OK

恰圖恰周邊 ▶MAP P.3 E-1

室內沒有空調所以要記得補充水分。裡面有不少販賣冰品及果汁的小店。 77

SHOPPING 06

曼谷人氣No.1

到夜市盡情買到收攤

曼谷夜晚新地標！

和當地人一起買東西&邊走邊吃

水果和冰淇淋也好吃喔

夜市這樣玩

HOW TO 1

貨比三家再買

類似的商品很多，記得貨比三家。

可能會挖出意想不到的寶物！？

HOW TO 2

嘗試殺價看看

殺價也是夜市的樂趣之一，原價雖然不貴，但殺價後更划算。

159B

有裝飾的海灘拖鞋，在泰國也適合直接上街。

T-shirt等休閒服也很便宜。

HOW TO 3

晚上六點以後

太陽下山前很多店還沒開，建議18點之後再去。

人潮擁擠，尖峰時段要小心扒手。

HOW TO 4

美食也是享受

攤商有7成是賣吃的，地方小吃和冰品種類豐富。

50B

使用天然水果製成的冰淇淋2球+配料。

芒果和糯米的芒果果昔。

150B

名物！

350B

淋上辣醬的豬肉排骨湯。

2021年登場後立刻成為曼谷的人氣夜市新地標，喬德夜市。有很多可愛的小東西，一定能找到很多不錯的禮物！

Where Is

曼谷的人氣夜市，還有這些！

曼谷著名的觀光夜市，不僅當地人喜歡，觀光客也很愛，不妨去下榻飯店附近的夜市走走逛逛。

- 喬德夜市：神奇之地 →P.15
- 拉差達火車夜市 ▶MAP P.3 F-2
- 席娜卡琳鐵道夜市 ▶MAP P.3 F-3
- 河濱碼頭夜市 →P.39

夜市 戰利品

鮮綠色的編織包。350B

小寶石手鍊的種類也很多。250B

925銀飾的迷你耳環3副，100B！各39B

鳳梨花紋的襪子2雙，120B。各69B

和店家聊天也很好玩！

需時：2小時

營業到深夜12點的夜市

喬德夜市

JODD FAIRS

深受當地年輕人喜愛的巨型攤商夜市，2024年夏天之後遷往BTS泰國文化中心站附近。

Rama IX Rd.
㊪ 16:00～24:00 ㊡ 全年無休
㊫ MRT拉瑪九世站步行5分鐘
曼谷東部 ▶MAP P.3 F-2

雖然有遷址和整併的計畫，但動向尚未明朗，請記得確認最新近況。

漫步古色古香的街道！

古城區

Old Town

1782年隨節基王朝（泰國現今王朝）而興起的舊街區，昭披耶河環繞於北西南三方。穿梭小巷間，可以一窺當地人代代生活於此的痕跡，近年來有不少時髦的咖啡店開在這裡，可以感受曼谷新舊融合的魅力風情。

- 蘇凡納布機場
  搭車約1小時
- 蘇坤蔚站
  搭車約30分鐘

有許多佛教寺廟

日：◎ 夜：◎

充滿懷舊風情及歷史底蘊的街道，有不少漂亮的咖啡店。

Old Town **01**

到絕美景觀寺廟 俯瞰曼谷市景

位在山丘上高79m的佛塔，爬上344階的樓梯後，就能到露台俯瞰曼谷街景，景色絕佳！

❶ 可360度街景全覽。
❷ 洞窟內的佛像。

從山丘上眺望曼谷

金山寺 A

Wat Saket

建立於14～18世紀阿瑜陀耶王朝的寺院，在山丘上非常醒目，此處也稱為黃金之丘(Phu Khao Thong)。

344 Thanon Chakkraphatdi Phong　營 7:30～19:00
休 全年無休　費 100B
交 MRT三峰站步行15分鐘
古城區 ▶MAP P.5 D-2

境內綠意盎然。

Old Town **02**

夜貓族景點 去考山路走走

僅300公尺長的街道聚集了餐廳、咖啡、酒吧、按摩店等店家，夜晚霓虹燈亮起，攤販開始營業後整條街就會熱鬧起來！

晚上聚集了年輕人和觀光客。

想來點夜間行程

考山路 B

Khao San Road

李奧納多狄卡皮歐主演的電影《海灘》也曾在此取景，也有營業到深夜3點的夜店和酒吧。

交 MRT三峰站搭車10分鐘
古城區 ▶MAP P.4 C-1

❶ 攤販賣的編織包。
❷ 香蕉巧克力煎餅60B。

粉紅色街屋滿滿的那空沙旺路（MAP P.5 E-1）。

古城區的地標金山寺。

Old Town **03**

午餐吃古城區的著名美食

米其林必比登推薦的餐館、攤販和人氣餐廳等，都藏在充滿舊日情懷的街道中，午餐想吃美食，來古城區就對了。

越式粿汁70B。

Q彈米線一吃就上癮

Khun Dang Guay Jub Yuan C

「Guay Jub Yuan」是用Q彈米線做成的越式粿汁名店，最基本的越式粿汁只要60B。

68-70 Phra Athit Rd. ☎085-246-0111 營 9:30～20:30 休 全年無休 交 MRT三峰站搭車10分鐘 英語OK

古城區 ▶MAP P.4 B-1

海南料理老店

Sutathip D

海南風炒冬粉是必點，150B。

華裔第一代老闆開店至今已有100年以上歷史，可以品嘗道地的海南料理。

338-342 Damrongrak Rd.（Soi Damrongrak Naris Damrat Bridge）☎ 02-282-4313 營 8:00～15:00 休 週二 交 MRT三峰站搭車5分鐘

古城區 ▶MAP P.5 E-2

豬肉海南麵70B，特色是粗麵。

Old Town **04**

怎麼拍都好看的花卉咖啡廳

派克隆市場是泰國最大的花卉市場，附近花店林立，每家店前面都裝飾著五顏六色的鮮花，市場附近也開了不少咖啡店。

人氣花卉咖啡店

Floral Cafe at Napasorn E

Floral Cafe at Napasorn

1樓是花店，2～3樓改裝成花卉咖啡店，鮮花搭配骨董的裝潢氣氛非常浪漫。

67 Chakkraphet Rd. ☎ 099-468-4899 營 9:00～19:00 休 週二 交 MRT三峰站步行5分鐘 刷卡OK 英語OK

古城區 ▶MAP P.4 C-3

乾燥花裝飾的超美客席。

逛逛五彩繽紛的中華街

唐人街

Chinatown

MRT龍蓮寺站出站後，便是熱鬧的唐人街。帶有中國氣息的古樸街道，有高級美食，也有平價的中式餐廳和中式甜點店，時髦的咖啡店也不少。

●蘇凡納布機場
搭車約40分鐘
●蘇坤蔚站
搭車約30分鐘

美食值得期待

日：◎ 夜：◎

可以享受中式美食邊走邊吃的樂趣，寺廟也值得一看。

Chinatown 01

色彩繽紛的中國寺廟

掛滿整面燈籠華麗氣勢非比尋常的寺廟，據說是有求必應的開運景點，參拜香客每天絡繹不絕。

❶ 燈籠後方供奉的是釋迦如來牟尼佛像。
❷ 壁畫也色彩鮮豔。

保佑消災解厄

龍蓮寺 A

Wat Mangkon Kamalawat

落成於1871年，據說是泰國最古老的中國佛教寺廟，院內供奉3尊釋迦牟尼佛及58尊神像。

423 Charoenkrung Rd.
營 8:00～16:00（週六、日～17:00） 休 全年無休
費 免費入場 交 MRT龍蓮寺站步行3分鐘
唐人街 ▶MAP P.12 B-1

牛肉麵+炸油條，270B。

Chinatown 02

午餐吃中式×泰式料理

經典台灣料理牛肉麵改式泰式版本的乾麵，在嵩越路上就吃得到，中泰合璧的美味。

牛肉乾米粉＋炸油條，170B。

大鍋燉煮的老店滋味

牛面王 B

Rongklannuea／牛面王

在屋齡100年的建築物賣牛肉麵，有湯麵、乾麵或單點湯各種選項。

937/939 Song Wat Rd.
☎ 063-830-6335 營 10:00～20:00 休 全年無休 交 MRT龍蓮寺站步行10分鐘 英語OK
唐人街 ▶MAP P.12 A-3

特別同意拍照的2樓開放空間座位。

金行林立的街道。

祥龍環繞的龍蓮寺。

Chinatown 03

到坊間的復古咖啡店坐坐！

觀光客熙來攘往的唐人街也有多達20家以上的時髦咖啡店，每家都各有特色風格，其中也不乏復古又可愛的店家。

❶ 1樓咖啡廳。
❷ 無酒精雞尾酒250B和水果塔200B。

以花卉為主題

Wallflowers Cafe C

裝飾著乾燥花充滿懷舊情懷的咖啡店，裡面也提供食用花做成的甜點。

31-33 Soi Nana Khwaeng Pom Prap
☎ 094-671-4433 營 11:00～18:00（酒吧17:30～24:00） 休 全年無休 交 MRT龍蓮寺站或華藍蓬站步行8分鐘

刷卡OK 英語OK

唐人街 ▶MAP P.13 E-2

➜也推薦這裡！八號甜蜜 — ➜P.41

耀華力路的人氣店

龍頭咖啡 D

Lhong Tou Cafe

旺季總是大排長龍的網美咖啡店，提供道地中國茶，也可單點飲料。

538 Yaowarat Rd. ☎ 064-935-6499 營 8:00～22:00 休 全年無休 交 MRT龍蓮寺站步行5分鐘

刷卡OK 英語OK

唐人街 ▶MAP P.12 C-2

❶ 中式風格的裝潢。❷ 中式早餐套餐129B。

金色屋頂中央的金塔是一大特色。

照片提供：泰國政府觀光局

參拜黃金佛像

金佛寺 E

Wat Trimit

13世紀中葉建造的寺院，高3公尺，裡面供奉一尊總重達5.5噸的純金佛像，又名「黃金佛像寺院」。

Chinatown 04

耀華力路的最後一站 參拜金佛寺

走到耀華力路底映入眼簾，參拜信眾絡繹不絕的就是這座有著黃金屋頂的寺院。絕對不能錯過廟裡供奉的黃金大佛。

Thanon Mittaphap Thai-China, Talat Noi, Samphanthawong
營 8:00～17:00 休 全年無休 料 門票40B 交 MRT華藍蓬站步行10分鐘 唐人街 ▶MAP P.13 D-3

華人有將財產換成黃金保存的習慣，所以唐人街的要道耀華力路上設有多達130家的金行。

盡情購物的鬧區

蘇坤蔚路周邊

Sukhumvit

蘇坤蔚路一帶有很多品味出眾的生活家飾店、餐廳和咖啡店，不少日本人住在這裡，因此也有很多日本人會喜歡的風格小店、百貨公司和高級飯店。讓我們到當地名媛的愛店來大買一番！

●蘇凡納布機場
搭車約40分鐘
●王宮
搭車約20分鐘

購物景點豐富

日：◎ 夜：◎

時髦的店家和咖啡店集中在這一帶，也有很多異國料理餐廳。

Sukhumvit 01

到美食購物中心 EmQuartier探險

從國際精品級泰國品牌一應俱全的高級百貨公司，BST華藍蓬站直達。館內也有很多餐廳，非常適合用餐或稍事休息。

3棟建築物構成的複合設施，晚上也非常熱鬧。

高級版的在地小吃

Thong Smith EmQuartier店 A

用高級食材製作在地小吃船麵，點餐採填單方式。

693 Sukhunvit Rd. EmQuartier 7F
02-003-6226　㊫ 10:00～22:00
㊡ 全年無休
㊯ BTS澎蓬站步行1分鐘
英語OK
蘇坤蔚路周邊 ▶MAP P.10 C-2

牛肉船麵 279B

豬肉船麵 179B

只看不買也是一種享受。

交通便利，車站直達的Emporium。

Sukhumvit **02**

想到美食廣場去Emporium就對了

曼谷指標性高級購物中心，聚集眾多人氣名店的美食廣場廣受好評。

人氣商店雲集

Gourmet Eats Ⓑ

眾多必比登推薦常勝軍名店雲集的大型美食廣場，不用跑到本店也可以輕鬆享用美食。

「Naiuan」的釀豆腐麵，100B。

「Ong Tong」的咖哩雞麵，109B。

🏠 622 Sukhumvit Rd. Emporium 4F ☎ 02-269-1162 營 10:00〜22:00 休 全年無休 交 BTS澎蓬站直達 英語OK

蘇坤蔚路周邊 ▶MAP P.10 C-2

➜這裡也很推薦！Pier21 →P.58

Sukhumvit **03**

繞到家飾雜貨和美妝的人氣商店逛逛

店內擺滿手工及各種品味出眾的商品，這家位在蘇坤蔚路巷弄中的選物店，很推薦大家去走走逛逛。

有各種充滿異國風情的商品

Lofty Bamboo Ⓒ

日本夫婦經營的家飾雜貨店，有各種原創的雜貨、服飾和飾品，非常適合送禮。

🏠 2F 20/7 Sukhumvit 39 Rd. ☎ 02-261-6570 營 9:30〜18:30 休 全年無休 交 BTS澎蓬站步行5分鐘 刷卡OK 英語OK

蘇坤蔚路周邊 ▶MAP P.10 C-2

➜這裡也很推薦！Armon Shop →P.70

印有泰文的托特包，330B。

Sukhumvit **04**

稍事休息的咖啡廳就選有南國情調的！

水果籃冰茶，160B。

最近在曼谷提供歐美風早午餐的咖啡店非常受歡迎，其中也有氣氛直逼南洋度假飯店水準的人氣店家！

綠意環繞的人氣咖啡店

Kay's Ⓓ

目前有3家分店，其中的2號店無論是料理或氣氛都頗有水準，尤其是法式吐司更是深受好評，僅接受非現金的支付方式。

🏠 49/99 Sukhumvit 49 Rd. ☎ 095-859-4496 營 7:30〜22:00 休 全年無休 交 BTS澎蓬站步行15分鐘 刷卡OK 英語OK

蘇坤蔚路周邊 ▶MAP P.11 D-2

悠閒寬敞的沙發座位。

EmQuartier是Emporium的2號店，兩家分別位在鐵路的兩側，都是BTS澎蓬站出站直達。

大型購物中心聖地！

暹羅周邊

Siam

大型購物中心、精品店、高級飯店及美食餐廳雲集，暹羅堪稱曼谷最熱鬧的地區，更是曼谷潮流地標，總是聚集許多當地年輕人和觀光客。

●蘇凡納布機場
搭車約50分鐘
●蘇坤蔚站
搭電車約20分鐘

購物最過癮

日：◎ 夜：○

高級精品和大型超市、飯店、餐廳等應有盡有。

Siam **01**

泡在可以玩一整天的暹羅百麗宮！

國內外精品、生活雜貨、各國料理餐廳等共容納350店的大型設施，地下樓層還有水族館。

店裡也很好拍

Thongyoy Cafe

由服裝設計師所操刀的咖啡店，泰國傳統點心在店裡用非常時髦的方式呈現。

暹羅百麗宮 GF　☎064-110-6561

放在香蕉葉盤子上的椰子布丁100B，頗受歡迎。

商家和餐廳選擇豐富

暹羅百麗宮 Ⓐ

Siam Paragon

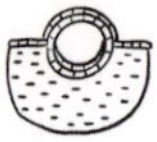

991 Rama I Rd.　☎02-690-1000　營10:00～22:00
休全年無休　交BTS暹羅站步行1分鐘
刷卡OK　英語OK　暹羅周邊 ▶MAP P.6 B-2

照片提供：泰國政府觀光局

BTS暹羅站出站直達非常方便，可逛也可休息納涼。

Siam **02**

前往附設開運景點的大型購物中心！

聚集500家以上商家的大型購物中心，裡面不僅有百貨公司、電影院和飯店，就連供奉三相神的神祠都有。

車站連通空橋直達

中央世界購物中心 Ⓑ

Central World

占地83萬m^2，堪稱曼谷最大購物中心，戶外常擺滿攤販，氣氛非常熱鬧。

裡面還有掌管學業的象神(→P.34)。

999/9 Rama I Rd.　☎02-640-7000
營10:00～22:00　休全年無休　交BTS奇隆站直達
暹羅周邊 ▶MAP P.6 C-2

Siam **03**

稍事休息就到果汁吧！

在暹羅百麗宮對面的暹羅廣場，是個聚集很多小店的區域，是購物途中休息的好去處。

店裡色彩繽紛相當可愛。

主題是香蕉！

Kluay Kluay Ⓒ

Kluay Kluay

位在暹羅廣場LIDO CONNECT的2樓。主要販售用甜度極高的泰國香蕉做成的飲料和甜點，提供外帶，也可在店內享用。

暹羅周邊 ▶MAP P.6 B-2

→P.61

暹羅百麗宮的店家多到一整天也逛不膩。

曼谷君悅飯店前的四面佛。

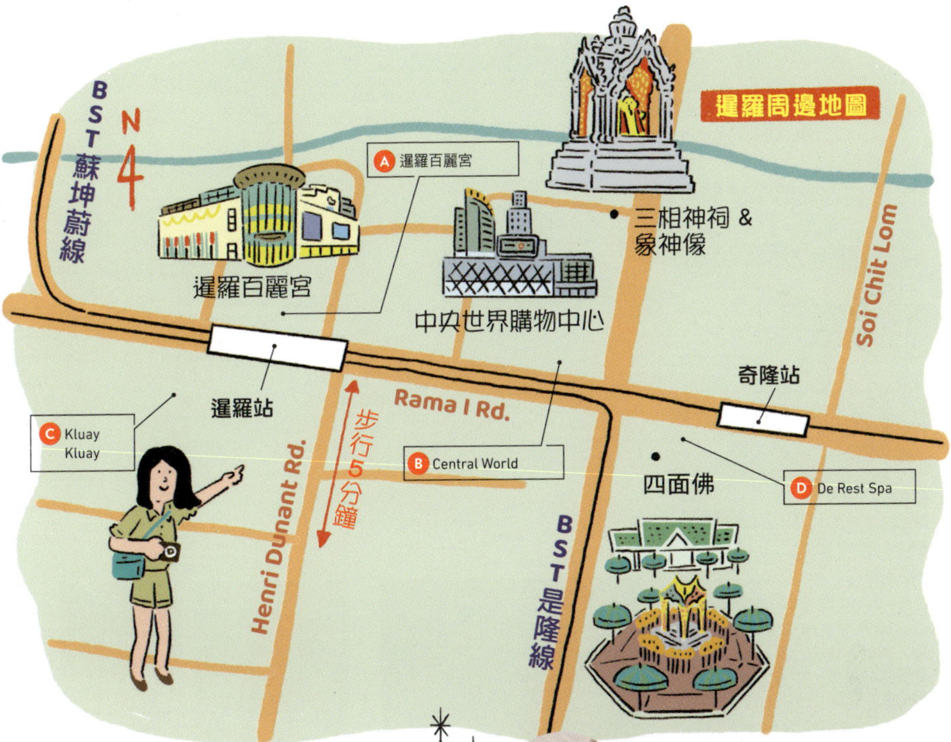

能消除水腫的足部按摩60分鐘690B。

享受曼谷的夜景。

Sukhumvit **04**

去出站直達的休閒Spa放鬆一下

所到之處幾乎都有按摩店，以合理的價格享受到位的服務。非常適合晚上來放鬆一整天的疲勞。

可以看夜景的Spa

De Rest Spa D

提供從泰國古式到瑞典式種類豐富的按摩服務，服務在包廂進行，也可選擇雙人包廂。

518/3 Phloen Chit, Maneeya Center North 3F ☎02-652-0636 營11:00～23:00 休全年無休 交BTS奇隆站直達

暹羅周邊 ▶MAP P.7 D-2

休閒Spa的按摩師因店而異，預約時或到店前記得搜尋相關評價。

STAY

從目前話題最熱門的飯店到一般旅店

入住不同類型的人氣飯店

曼谷有來自世界各國的觀光客，自然優質的住宿選擇也很多。
為大家介紹幾家不同風格，從景觀到設計都備受歡迎的飯店！

最新01

想住話題最前線的飯店

日新月異的曼谷，走在全球潮流尖端的飯店陸續登場。以下精選其中最受矚目的兩家話題飯店！

2022年7月開幕！
入住時尚飯店激發你的旅行靈感

位在車站附近的摩天大樓內！

★★★★★

最新5星飯店

曼谷瑪哈納功標準飯店

The Standard, Bangkok Mahanakhon

位在曼谷地標摩天大樓的1-18層，裝飾著藝術品的大廳和復古普普風的客房，獨樹一格的設計風格備受矚目。

114 Narathiwas Rd. ☎ 02-085-8888 費 每晚5500B起／房 室 155間 交 BTS鐘那席站步行5分鐘

刷卡OK 英語OK

暹羅周邊 ▶MAP P.8 B-2

What Is

什麼是王權·瑪哈納功？

高達314公尺，有78層樓的曼谷第二高摩天大樓，裡面有飯店、商業設施、餐廳和住宅，78樓還有戶外觀景台。>>>P.24

Trend 1 可從78樓俯瞰曼谷夜景

看夜景就到頂樓，堪稱泰國最高觀景台的瑪哈納功大樓天空步道。

Trend 2 不論怎麼拍都美，處處都是景點的飯店

西班牙設計師操刀，連入口和電梯都值得拍照留念。

Trend 3 充滿綠意的泳池宛若空中綠洲

6樓有綠意盎然的戶外泳池和健身中心，還有酒吧。

Trend 4 具有指標象徵的美食餐廳

值得玩味的7間餐廳，有復古茶沙龍「Tease」等曼谷餐飲潮流指標品牌。

What Is

曼谷飯店二三事

入住五星級飯店，曼谷是價格相對便宜的城市，價格不斐的豪華飯店也陸續增加中。

新品牌飯店陸續登場

大型都市飯店和商務旅店等各具魅力的新銳飯店正緊鑼密鼓地展開籌備。

市中心價位合理的飯店也為數不少！

交通方便適合旅遊的市中心，在車站附近也有不少價位合理高CP值的飯店可選擇。

2020年10月
開幕！
公園一覽無遺
的泳池
宛如置身南洋度假村
的花園無比療癒！

★★★★★

主打熱帶風情的話題飯店

曼谷金普頓玫蘭飯店

Kimpton Maa-Lai Bangkok

位在曼谷市中心的朗軒路上，高40層樓的奢華精品飯店，可一覽倫坡尼公園的風光，頂樓的戶外酒吧更是值得一訪。

78 Soi Ton Son, Lumpini
02-056-9999 費 每晚7010B起／房 室 231間 交 BTS是隆站搭車10分鐘
刷卡OK 英語OK
是隆周邊 ▶MAP P.9 E-1

Trend 1 精緻小巧的客房和絕佳的舒適度

風格現代的客房，點綴泰國傳統的設計元素。

Trend 2 40樓的戶外酒吧滿滿的南國情調

位在頂樓40樓的酒吧「Bar. Yard」，可在藍天下享受充滿南洋情調的用餐時光。

Trend 3 以圖書館為主題的酒廊下午茶超級可愛

30樓的酒廊「LIBRARY」提供以書本為發想的2款下午茶。

Trend 4 可一覽倫坡尼公園的無邊際泳池

大人系的無邊界泳池，一定會被滿滿的綠意療癒。

Trend 5 館內滿滿的藝術品擺設讓人陶醉

館內所到之處都充滿藝術品及泰國設計師手工製作的裝飾。

曼谷飯店非常流行在屋頂設置戶外酒吧，可一邊欣賞夕陽或夜景，一邊舉杯小酌。

最有02

想住夢幻頂級飯店！

想一圓入住高級飯店的夢想，在曼谷需要的費用比在日本稍微合理一些。不妨試試有別於日常的高級住宿體驗。

都會型精品飯店

位居河畔宛如私人別墅飯店 同時享受都會與度假中心住宿的樂趣

昭披耶河就在眼前！

★★★★★

精緻無比的河畔飯店

曼谷嘉佩樂飯店

Capella Bangkok

位在昭披耶河畔的都會精品飯店，主打「像朋友家般讓人放鬆的地方」，從餐點到館內設施都非常切題。

300/2 Charoenkrung Rd.
02-098-3888 ㊫ 每晚22500B起／房 ㊎ 101間 ㊋ BTS沙潘塔克辛站步行10分鐘 刷卡OK 英語OK
昭披耶河周邊 ▶MAP P.3 E-2

推薦① 全館房間都可欣賞河景&附陽台！

陽台有寬敞舒適的沙發床，也有附按摩浴缸和泳池的房型。

推薦② 館內有米其林星級餐廳提供至高無上的美食饗宴

米其林1星的地中海料理「Côte」，體驗曼谷最新型態的法式餐點。

推薦③ 完善的健身設施可以無限使用

有站式溫泉和按摩浴缸的桑拿，不須預約可隨時享用，並貼心提供專用服裝。

推薦④ 由世界級甜點師操刀的下午茶

酒廊的招牌下午茶「Capella Signature High Tea」，2人價3200B，供應和風甜點。

推薦⑤ 館內隨處可見的藝術品宛如置身藝廊

公共空間展示當地藝術家的作品，也有其他呈現泰國歷史文化的作品。

曼谷歷史最悠久的老字號飯店

到優美與品味兼具的名牌飯店 讓旅程更加完美

★★★★★

深受喜愛超過1世紀以上的名牌飯店

曼谷 東方文華飯店

Mandarin Oriental, Bangkok

東方文華飯店在昭披耶河判開幕至今約有150年的歷史，是曼谷精品飯店的代表之一。2019年更翻新館內規模最大的河翼樓，品味與華麗兼具的風格最為人稱道。

48 Oriental Avenue
02-659-9000 費 每晚24650B起／房 室 331間 交 BTS沙潘塔克辛站搭車5分鐘 刷卡OK 英語OK

昭披耶河周邊 ▶MAP P.14 B-2

推薦 1 享受晨間優雅的河岸露台

早餐可以到戶外露台區的「veranda」，欣賞朝陽波光粼粼清爽宜人的時光。

推薦 2 綠意環抱的泳池 體驗南洋度假風情

種滿熱帶植物異國情調滿分的泳池，可在池畔的躺椅上享受悠閒時光。

推薦 3 復古的客房 獨享窗外河景

331間客房都是河景套房，大手筆採用金・湯普森的絲綢裝飾。

推薦 4 古典的酒廊 品味 午茶風光

The Authors' Lounge提供季節和經典2款套餐(每套1650B)。

推薦 5 聆聽舉世聞名的現場爵士樂

1953年開業至今The Bamboo Bar堅持提供現場演奏的爵士樂，吸引世界各國爵士樂迷到此一遊。

The Bamboo Bar除週日以外，每晚9點會有來自世界各地的演奏家和歌手到場表演，需著正式服裝入場。

最新 03

想入住價格合理的生活風格飯店！

曼谷價格合理的飯店也有不少選擇，老屋翻新或附泳池等，列出幾家高性價比的風格飯店。

生活風格飯店
美式汽車旅館的設計風格怎麼拍都好看！
HOTEL JOSH
ARI · BKK

★★★★

價格合理又能長期入住

JOSH HOTEL

自詡為「地區活力中心」在旅館設有咖啡廳和酒吧，在附近也經營居酒屋風格的餐廳和甜甜圈店，特色是彷彿置身美國汽車旅館的復古時尚設計。

19/2 Phaholyothin Rd.
☎ 02-102-4999 ㊫ 每晚1400B起／房 ㊮ 71間 ㊯ BTS阿黎站步行12分鐘
刷卡OK 英語OK
曼谷北部 ▶MAP P.3 E-1

這裡最特別！

經常有雜誌取景的復古設計風

泳池復古的美式設計風格相當上鏡，經常有雜誌到此取景。

1. 客房配色以簡單色系為主，整體氣氛讓人放鬆。 2. 1樓的咖啡廳供應早餐，西式或泰式種類豐富。

殖民式建築飯店
復古電影般的時代場景讓人心動

這裡最特別！

屋齡100年以上的西式建築享受彷彿穿越時空的樂趣

飯店前身為銀行，建於100多年前的殖民式建築，至今仍保有濃濃的復古風情。

毛玻璃包圍的廁所和淋浴間，牆壁和地面是別緻的大理石。

★★★★★

帶著淡淡哀愁的骨董飯店

The Mustang Blu

飯店是建於19世紀的西式建築，經由經營服飾多年的女業主改裝後，以飯店的形式品味登場。巧妙融入建物的歷史痕跡及特色，也設有咖啡廳。

721 Maitri Chit Rd. ☎ 062-293-6191 ㊫ 每晚6500B起／房 ㊮ 10間 ㊯ MRT華藍蓬站步行5分鐘
刷卡OK 英語OK
唐人街 ▶MAP P.13 E-2

擺放在房間的浴缸也很有氣氛，有貓腳浴缸等多種，因房間而異。

大廳混搭的骨董家具，也有獸皮或獸骨的標本。

1樓的酒吧以中式小吃為主，並提供中國茶、調酒。

中國風飯店

融入唐人街的隱密旅店！

這裡最特別！

一層一房 專屬的隱私感

3樓和4樓每層各只有1間套房，3樓可欣賞街景，4樓附陽台。

到唐人街住一晚

Ba Hao Residence

這棟住商混和的建築屋齡有60年，1樓是70年代唐人街的主題酒吧，2樓是公共空間，3、4樓則是客房。

🏠 8 Soi Nana Mitrichit Rd.
☎ 062-464-5468 ㊫ 每晚3500B起／房 ㊮ 2間 ㊯ MRT龍蓮寺站或華藍蓬站步行8分鐘
刷卡OK 英語OK
唐人街 ▶MAP P.13 E-2

2樓公共空間設有冰箱和咖啡機，也提供麵包、水果和穀片。

3樓套房配備加大雙人床，自然光照進大片落地窗非常舒服。

河岸飯店

宛如神殿般的絕美泳池

★★★★

網美話題景點

Away Bangkok Riverside Kene

以白色為主色調的超上相絕美飯店，也是婚紗照的熱門景點，在泳池畔不管怎麼拍都如詩如畫，也是必訪的打卡聖地。

🏠 1 Charoen Nakorn 35 Alley
☎ 02-437-2168 ㊫ 每晚2295B起／房
㊮ 169室 ㊯ BTS克魯松布里站搭車5分鐘
刷卡OK 英語OK
昭披耶河周邊 ▶MAP P.3 D-2

這裡最特別！

在能欣賞昭披耶河景的餐廳享用早餐

昭披耶河旁的餐廳提供自助式西式早餐。

1. 設在昭披耶河畔的庭園咖啡廳，提供餐點和飲料。 2. 乾淨的客房，有池畔房和河景房共7種房型供選擇。 3. 客席眾多的早餐區。

JOSH HOTEL有專用鑰匙才能進入的酒吧，玩味十足，調酒也非常道地，讓人想多去幾次。

當天
來回一日遊
From
曼谷

壯觀的規模讓人震撼！

走訪世界遺產之都大城享受一趟時空之旅♪

距離曼谷單趟約1小時車程，可以當天往返，對泰國人來說也是觀光名勝的大城，必看的當然首推世界屈指可數，名列聯合國世界遺產的古蹟群，散布在市井的古蹟及氣氛神祕的美景都值得一看！

世界遺產

1. 古蹟附近樹蔭較少，請務必自備帽子、太陽眼鏡等遮陽用品，也別忘記補充水分。2. 美麗的寺院是拍照熱門景點。

前往大城的交通

● 火車

從曼谷的阿披瓦中央車站發車，乘車時間約60～70分鐘，班次固定，對號座位，附空調的特快2等車廂票176B起。

● 小巴

轉運站北站(Mo Chit)發車，早上5點到晚上8點每30分鐘一班，乘車時間約90分鐘，費用56B～。

● 計程車

當然也可以跟司機交涉，但用Grab APP或透過飯店叫車相對比較安心，乘車時間約90分鐘，費用1200～1500B。

當地的移動

● 嘟嘟車

在火車站或重點古蹟的附近通常會有幾台在現場排班，一趟價格約80～100B。也可以包車，建議用每小時200～300B的價格和司機議價。

● 腳踏車

火車站附近或舊市區有不少腳踏車出租行，費用約1天50B，沒有時間限制且移動自由是最大優勢，但大城的太陽毒辣，請務必攜帶帽子和太陽眼鏡！也要留意6～10月的雨季可能會遇上雷陣雨。

What Is

大城（阿瑜陀耶）是什麼？

1350年由烏通王建立的古都，1767年因受到緬甸軍隊攻擊而遭到破壞，在這417年間為泰國阿瑜陀耶王朝的行政中心。範圍涵蓋昭披耶河流域所及之處，是當時對歐洲及東南亞的貿易中心，繁盛一時。

Ayutthaya

從曼谷出發只要90分鐘！神祕景色令人陶醉

可以拍到如詩如畫般的景色。

How To

就這樣享受大城吧！

1. 五大必訪遺跡

遺跡無窮但時間有限，為了在最短時間達到最高的觀光效率，請不要忘記鎖定名為「五大遺跡」的寺院。

2. 11～2月是最佳季節

11～2月是乾季，比較舒適涼爽。3～5月氣候炎熱，6～10月則是雨季，需備妥雨具。

3. 建議穿著薄長袖&長褲長裙

在大城以參觀寺院為主，過分暴露的穿著NG，請記得帶著薄長袖或穿著長褲長裙。

4. 可以和大象近距離接觸的設施也不少

騎大象是大城最受歡迎的活動之一。有不少店家提供在舊街道騎乘大象的服務。

5. 建議可以參加有中文導覽的套裝行程

服務包含確保從曼谷出發的交通無阻，各大遺跡的歷史背景及故事都能有深度瞭解。

搭火車往返大城一日遊！

從曼谷搭火車到大城約需1小時，早上出發可逛上一整天，以下幫大家整理一些重點名勝的資料和推薦的時程安排。

當日來回的推薦行程

- **8:30** 從曼谷阿披瓦中央車站出發
- **10:00** 抵達大城
- **10:30** 午餐吃大城著名小吃船麵
- **11:30** ▲五大遺跡#1 拉嘉布拉那寺
- **12:30** ▲五大遺跡#2 瑪哈泰寺
- **13:00** 13:00 到可以欣賞世界遺產的咖啡店小歇
- **14:00** ▲五大遺跡#3 帕席桑碧寺
- **15:00** ▲五大遺跡#4 羅卡雅蘇塔寺
- **16:00** ▲五大遺跡#5 柴瓦塔那蘭寺
- **17:00** 大城站出發
- **18:30** 回到曼谷阿披瓦中央車站

10:00 抵達大城站

沿途車程可以欣賞到泰式古樸的美麗風光，享受美景之際，不知不覺就抵達目的地！

2

1

3

Photo Spot

濃濃懷舊感的候車處

復古的磁磚和座椅，挑高寬敞的候車室懷舊感滿分。

大城車站
Ayutthaya Station

Phra Nakhon Si Ayutthaya District

▶MAP> P.94

1. 怎麼拍都好看的復古車站。2. 車站提供免費Wi-Fi，候車不無聊。3. 車站附近有很多排班的嘟嘟車，在當地移動可以多加利用。

10:30 午餐吃大城著名小吃 船麵

船麵過去是在船上販賣，現在街上有許多船麵店，有名的店家都需要排隊，建議提早到場避開人潮！

Must Eat

船麵

40B就能吃一碗，可選配料和麵體，牛肉(nʉ́a)和河粉(sênlek)是最受歡迎的組合。

1

2

3

1. 份量不多，一下就能吃掉一碗，大概是1/3碗拉麵的量，平均1人都會吃2～3碗。2. 店家的廚房。3. 俐落地在大鍋裡煮麵。

Mae Pranee Boat Noodle

14/6 Tambon Hua Ro ☎ 062-415-4626 營 8:00～16:00
休 週二 交 大城站搭嘟嘟車約10分鐘

▶MAP> P.94

Photo Spot

正面入口處是最佳位置！

寺院不管從哪個角度拍都非常好看，特別是從正面拍起來超有氣氛。

WARNING!

遵守攝影規則

在佛像旁合影留念時，要注意自己的頭不能比佛像的頭還高！

被樹木包圍的佛頭神祕感十足

從盤根錯節中展露佛陀安詳的法相。

五大遺跡 #2

12:30

瑪哈泰寺

13世紀最具代表性的重要佛寺之一，目前已為遺址。經年累月被菩提樹根緊緊包圍的佛相頭部是一大看點。

Wat Phra Mahathat

🏠 Naresuan Rd. Thambon Thawasukri
營 8:00～18:00
營 全年無休 費 門票50B
交 大城站搭嘟嘟車12分鐘

▶MAP> P.94

據說之前塔頂曾是金光閃閃的黃金。

接下一頁

五大遺跡 #1

11:30

拉嘉布拉那寺

建造於1424年，大部分都遭到破壞，但門後屹立不搖的佛塔非常壯觀，裡面號稱泰國最古老的壁畫也是必看，是非常熱門的拍照景點。

Wat Ratchaburana

🏠 Chikun Alley Thambon Thawasukri
營 8:00～18:00 休 全年無休
費 門票50B 交 大城站搭嘟嘟車12分鐘

▶MAP> P.94

1

2

1. 穿過門後就會看到高棉風格建築的佛塔。 2. 把門當作相框拍照。

13:00

到可遠眺世界遺產的人氣咖啡廳稍事休息

大城的時髦咖啡店快速增加中，位在拉嘉布拉那寺對面的咖啡廳可以一邊欣賞世界遺產的佛塔，一邊補充能量。

視野最棒的3樓靠窗座位是最好的位置。

Busaba Cafe & Bake Lab

🏠 9 25 Chikun Alley Thambon Thawasukri
☎ 064-040-3353 營 9:00～18:00 休 全年無休 交 大城站搭嘟嘟車12分鐘 英語OK

▶MAP> P.94

Must Eat

自製的烘焙糕點

店裡供應的戚風蛋糕等烘焙小點都是自製的招牌點心，種類豐富多樣。

3

2

1

1. 特別推薦放了一整枝冰棒的椰子漂浮飲，130B。 2. 綠色的看板非常醒目。 3. 奶油蛋糕各100B。

14:00 帕席桑碧寺

五大遺跡 #3

大城王朝第一代國王建立的王宮遺址，也是王室宗廟的遺跡，3座高約40m的佛塔譽為大城美景之最。

Wat Phra Si Samphet

- Naresuen Rd.
- 營 8:00～18:00
- 休 全年無休
- 費 門票50B
- 交 大城站搭嘟嘟車12分鐘

▶MAP> P.94

續上一頁

1. 占地廣闊，從入口走到佛塔約10分鐘。 2. 連塔頂都保存良好的佛塔非常少見。

Photo Spot

拍攝不同大小的臥佛

在大臥佛前還有小臥佛像，同框拍攝大臥佛的巨大一目瞭然。

15:00 羅卡雅蘇塔寺

位在大城西方，有高5m，長達28m的巨大臥佛橫躺在北側的大草原上，象徵80歲圓寂的佛陀世尊。

Wat Lokkaya Sutha

- 199/29 U Thong Rd.
- 營 24小時
- 休 全年無休
- 費 自由入場
- 交 大城站搭嘟嘟車約15分鐘

▶MAP> P.94

1. 表情安詳彷彿在微笑的臥佛像。 2. 臥佛像後是遭到破壞遺留下來的斷垣遺跡。

16:00 柴瓦塔那蘭寺

位在中央的主塔高聳入雲，為四方型平台組成的吳哥窟樣式寺院，經過多次修復逐漸找回寺院的昔日風采。

Wat Chai Watthanaram

- Tambon Bam Pom
- 營 8:00～18:00
- 休 全年無休
- 費 門票50B
- 交 大城站搭嘟嘟車約15分鐘

▶MAP> P.94

1.3. 附近有不少租借傳統服飾的店家，也有含專業攝影師的方案可選。 2. 以日落美景聞名。

Must Try

租借傳統服裝

遺跡附近有不少租借泰國傳統服飾的店家，不需預約並提供著裝服務。

堪稱五大遺跡中規模最大的。

2天1夜！

更進階！玩遍大城的4種方法

大城雖然可以一日遊，但如果不趕，找間飯店在大城2天1夜也是一種悠閒的玩法。夜晚點燈的世界遺產和夜市，大城的夜晚也很好玩！

1 以欣賞世界遺產的客房及餐廳最受歡迎！到薩拉大城飯店住一晚

如果想住在大城，在泰國各地多有展店的精品旅店薩拉飯店，評價最高的就屬「薩拉大城飯店」。設計主軸來自古蹟的紅瓦牆，相當具有張力！

1

2

3

4

1. 紅磚牆是網美熱門拍照景點。 2. 現代度假村風格的客房。飯店共有10間客房，面向昭披耶河，部分客房可從窗戶欣賞遺址的景色。 3. 附設泳池也很棒。 4. 除了住宿的旅客外，可欣賞古蹟的河畔餐廳也對外開放。

薩拉大城飯店
Sala Ayutthaya

9/2 Moo 4, U-Thong Rd. ☎035-242-588 ㊫豪華河景房8000B～ ㊮26間 ㊯大城站搭乘嘟嘟車10分鐘 英語OK 刷卡OK ▶MAP P.94

2 越夜越美的奇幻氣氛！夜晚的古蹟點燈必看

部分古蹟會在19～21點時點燈，與日間的風采不同，夜裡的景色更加莊嚴震撼。晚間寺院內部不開放參觀，只能從外面欣賞。

● 主要會點燈的寺院

拉嘉布拉那寺	帕席桑碧寺
瑪哈泰寺	柴瓦塔那蘭寺

3 體驗當地的夜市

晚上有點嘴饞就到夜市逛逛，串燒和烤泰國蝦是大城的名產，夜市滿滿都是當地的小吃攤。

1

2

3

Bang Ian Rd.
㊯大城站搭嘟嘟車 10分鐘
▶MAP P.94

1. 瑪哈泰寺步行過去約3分鐘。 2. 每天都有很多當地居民和觀光客前來。 3. 讓人食指大動的烤泰國蝦等當地美食。

4 和古蹟合影留念，還能和大象近距離接觸！

在大城最受歡迎的行程之一就是騎大象。騎在大象背上遊歷古蹟和舊街道別有一番風味，看見不一樣的大城。

1

2

大城大象王國
Ayutthaya Elephant Palace & Royal Kraal

Pha Thon Rd. ☎086-901-3981
㊫9:00～17:00 ㊡全年無休
㊯大城站搭嘟嘟車10分鐘
▶MAP P.94

1. 請認明這個招牌。費用每10分鐘200B。 2. 由於長期下來可能造成大象背脊損傷，近年來也有不少反對騎象的聲浪。

距離曼谷只要2小時！

熱鬧的南國海灘 到芭達雅盡情享受度假風光

芭達雅位在曼谷東南方約160km處，面泰國灣，是泰國著名度假勝地。往返曼谷間的交通方便，搭車只需要2小時，從蘇凡納布機場出發只需1小時30分鐘就能抵達。除了海灘戲水，逛購物中心和吃美食也都能盡興，讓我們出發吧GO！

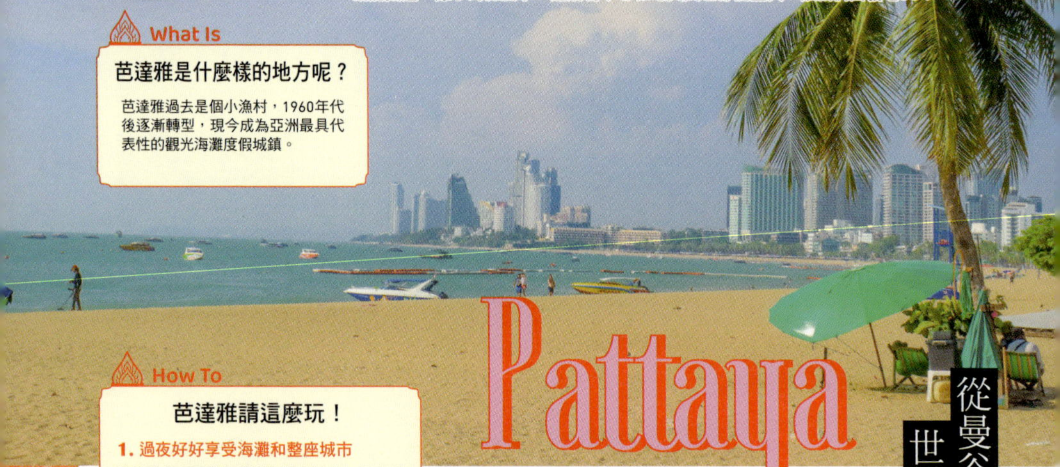

What Is

芭達雅是什麼樣的地方呢？

芭達雅過去是個小漁村，1960年代後逐漸轉型，現今成為亞洲最具代表性的觀光海灘度假城鎮。

Pattaya

從曼谷出發2小時可到
世界首屈一指的度假海灘

How To

芭達雅請這麼玩！

1. 過夜好好享受海灘和整座城市

芭達雅最主要的海灘沿路都有飯店、餐廳和購物中心，晚上更熱鬧，越夜越美麗。

2. 最佳季節是11～3月

芭達雅全年的平均氣溫約28℃，變化不大，乾季在11～3月，天氣晴朗，是旅遊觀光的好時機。

沿著芭達雅海灘的海灘路是主街，一整天都很熱鬧。

到芭達雅的交通

● 計程車

從曼谷市區前往芭達雅約需1小時30分鐘至2小時。車資採議價制，約在1500～2000B。也可以請飯店工作人員協助議價。

● 巴士

從BTS伊卡曼車站附近的曼谷東轉運站（P.11 F-3）出發搭乘約需2小時30分鐘。單程131B，每小時一班。

當地的移動

● 雙條車

固定會在芭達雅海灘或鍾天海灘附近繞行的共乘計程車，可隨意上下車。搭車時舉手攔車，下車時按鈴通知即可。一趟30B。

● 摩托計程車

車資採議價制，一般10分鐘的距離約50B，但要留意路上沒隨招隨停的車。

● Grab

計程車和計程摩托車的叫車App，收費便宜，刷卡OK。

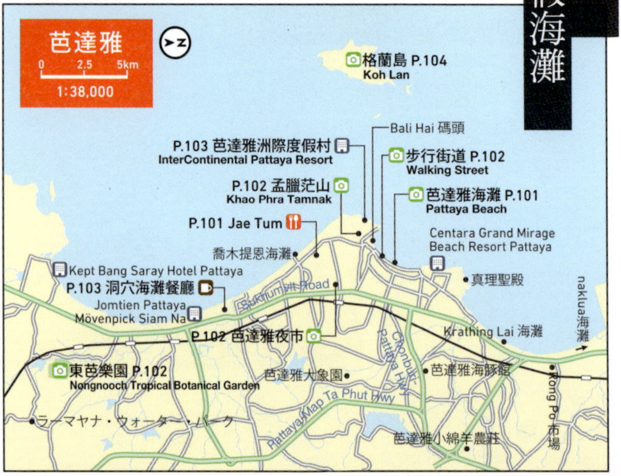

海灘和城市通吃！
2天1夜逛遍所有景點

白天就把重點放在芭達雅海灘和到附近走走逛逛。建議可到海灘附近的餐廳或咖啡廳享受度假海灘才有的優閒氣氛，晚上再到必訪的夜市或霓虹燈街區走走！

推薦2天1夜遊

DAY 1

- **8:00** 曼谷出發
- **10:00** 抵達芭達雅&飯店Check in
- **11:00** 到芭達雅海灘散步
- **13:00** 午餐吃新鮮海鮮
- **15:00** 觀光景點將軍山景觀台
- **20:00** 逛夜市或夜遊芭達雅行人徒步街道

DAY 2

- **10:00** 到主題樂園和大象近距離接觸
- **14:00** 到海灘咖啡店放鬆一下
- **17:00** 從芭達雅出發
- **19:00** 抵達曼谷

DAY 1

11:00 芭達雅海灘附近散步

綿延約4km的海灘，建議可以租海灘椅或海灘傘在岸上悠閒一下，海灘附近的小路散步也是推薦行程。

人稱東洋夏威夷
以海水清澈聞名的海灘

有來自亞洲和歐美各國的觀光客。

Must Do ♫

挑戰水上運動！

因為海水清澈，所以浮潛的人很多，也可挑戰拖曳傘。

芭達雅海灘
Pattaya Beach

- 🏠 Beach Rd.
- 營 自由進入
- 交 八厘海岸碼頭步行15分鐘

▶MAP P.100

可以邊走邊吃

1. 海灘旁邊的攤販有販賣新鮮果汁和啤酒。2. 位在第二大街的攤販村「飛機夜市」。3. 有芒果等種類豐富的水果。

13:00 午餐吃新鮮海鮮

來海邊玩當然少不了要大啖海鮮一番！讓我們到當地最受歡迎，但觀光客比較少的餐廳品嘗用各種方式調理的螃蟹和貝類料理。

海灘散步後的午餐就吃海鮮

烤扇貝280B(圖前)，炸鱸魚420B(圖後)。

Must Eat

蒜味辣炒蝦

滿滿的鮮甜大蝦，和辣椒、蒜頭一起拌炒，令人垂涎的一道菜。

與鬧區有點距離的海灘路沿線店家，價位便宜。

Jea Tum

🏠 44/114 Thep Prasit 17 ☎ 087-144-9929 營 11:00～22:00（週六、日11:00～13:00、19:00～22:00）休 週二 交 八厘海岸碼頭搭車10分鐘

▶MAP P.100

接下一頁

續上一頁

15:00 到著名景點將軍山

爬上小山丘，抵達可以眺望芭達雅海灘著名景點，山上有兩座觀景台，也有佛寺和海景咖啡廳。

芭達雅城市景觀全景

1. 觀景台前的可愛長椅。 2. 小型佛寺Khao Pra Bat，免費入場。 3. 可以俯瞰海灘的咖啡店，新鮮果汁和果昔各50B。

孟臘茫山
Khao Phra Tamnak

Khao Phra Tamnak　自由入場
八厘海岸碼頭搭車5分鐘　▶MAP P.100

20:00 逛夜市或夜遊行人徒步街道

芭達雅的兩大夜間觀光景點，夜市的物價比曼谷便宜，買得更划算。充滿活力的霓虹街道也不要錯過！

Must Buy

色彩豐富的泰國寬褲

服飾區有各種泰國寬褲，價格便宜花色豐富，讓人忍不住想買一件！

芭達雅夜市
Thepprasit Night Market

18 Thepprasit Rd.
17:00～22:30　全年無休
八厘海岸碼頭搭車10分鐘
▶MAP P.100

1.3. 有服飾、鞋子、雜貨、飲食等攤販，依照不同類型劃分。 2. 天花板上掛滿五顏六色的燈籠。

1. 街道上葉有餐廳推出的攤販。 2. 霓虹燈炫目的芭達雅鬧區，每家都充滿熱情與活力。

行人徒步街道
Walking Street

Beach Rd.　依店家不同　全年無休
八厘海岸碼頭步行5分鐘　▶MAP P.100

DAY 2

10:00 到主題樂園和大象近距離接觸

位在芭達雅郊區，有點距離的主題樂園，可以和大象近距離接觸，欣賞表演及餵食香蕉。

Must Watch

非常震撼的大象表演

大象的PK表演賽、飛鏢、籃球等，想不到大象也這麼多才多藝。

1. 可以搭巴士遊園，還有巨大的恐龍雕像。 2. 為表演各種才藝的大象拍手鼓勵。 3. 餵食大象順便合影留念。

東芭樂園
Nongnooch Tropical Botanical Garden

34 Na Chom Thian, Sattahip District　081-919-2153　8:00～18:00
全年無休　門票600B、門票＋遊園巴士700B、門票＋表演800B、門票＋遊園巴士＋表演 1000B　八厘海岸碼頭搭車30分鐘　▶MAP P.100

Must Eat
加了椰子的海鮮咖哩

咖哩有滿滿海鮮450B，加了椰奶和雞蛋，調味溫和微甜。

14:00 到海灘咖啡店放鬆一下

位在芭達雅南側的鍾天海灘，有不少像海灘俱樂部的時髦咖啡店，到咖啡店悠閒一下吧。

1. 加了玉米和鹹蛋的涼拌青木瓜，180B(圖前)，餐點和飲料種類豐富。2. 也有海灘座位。3. 還有懶骨頭和沙發，不小心就會賴在這裡。

洞穴海灘餐廳
Cave Beach Club

Soi Na Jom Tien ☎ 083-825-8283 ㊎ 11:00～24:00 ㊡ 全年無休
㊋ 八厘海岸碼頭搭車20分鐘 刷卡OK 英語OK ▶MAP P.100

在芭達雅的住宿

當然要住濱海的海景度假村飯店！

海景五星級度假飯店，位在可以俯瞰整個泰國灣的海岬上，除了飯店，還有泳池、Spa等設施，讓人想待在這裡慵懶一整天。

Room 1. 舒適的客房，也有附泳池的房型。2. 有陽台的房型可以欣賞美麗的海景。

有2座泳池和私人海灘

Restaurant 3. 在無邊際餐廳欣賞日落，一邊用餐，真是無上享受！4. 豪華的海鮮料理非常美味。

芭達雅洲際度假村
InterContinental Pattaya Resort

437 Phra Tamnak Rd. ☎ 038-259-888
㊎ 每晚4845B起／房 ㊢ 156間
㊋ 八厘海岸碼頭搭車5分鐘 英語OK 刷卡OK
▶MAP P.100

而且 距離芭達雅只要15分鐘！

到被珊瑚礁包圍的島嶼 來趟悠閒離島之旅

就在芭達雅附近 享受與世無爭的離島時光

格蘭島(MAP P.2 B-2)是位在7.5km外海處被珊瑚礁包圍的小島，在芭達雅附近的眾多島嶼中是最受歡迎，也是曼谷附近相當知名的度假小島，共有5座海水浴場，也有當地餐廳及市集可以觀光。

海水清澈，是熱門的浮潛景點。

從芭達雅出發的交通

● 渡輪

從巴厘海岸碼頭出發約45分鐘，船票30B，分別前往納班碼頭和塔汶碼頭，每種航線都是每小時一班船。

● 快艇

從巴厘海岸碼頭出發約15分鐘，150B。船票可在巴厘海岸碼頭向快艇的工作人員以現金方式購買，班次很多，不需預約。

到格蘭島一定要做的5件事

1 ToDo 逛遍島上所有海灘

因為面積不大，可以周遊所有海灘，其中以島上最大的天海灘，和海水清澈聞名的塔汶海灘特別受歡迎。

1. 海灘就有販售泳圈。2. 在淺灘戲水。

在最具代表的人工海灘前拍照留念。

2 ToDo 尋找時髦的咖啡店

島上有很多網美咖啡店，其中以附設人工海灘的「Kamari Café」最適合拍照，怎麼拍都好看！

1. 來杯冷飲充個電。
2. 店豬出來迎接，超親人超可愛。

3 ToDo 到夜市散步

位在納班碼頭附近的廣場，晚上會有香蕉煎餅、串燒、海鮮等攤販，吸引很多當地民眾前來，非常熱鬧。

迷你可麗餅「TOKYO」，10B。

各種好穿的海灘拖鞋。

4 ToDo 搭雙條車全島跑透透

雙條車是在島上移動時可以共乘的交通工具，費用因距離而異，納班碼頭到塔汶海灘大約20B。

座位就在車斗！順路的話不妨共乘。

5 ToDo 大啖新鮮海鮮

用餐還是推薦供應近海捕獲新鮮海產的店家，當地餐廳的價格實惠又合理。

鯖魚炒西芹130B，便宜又好吃。

夜市也有海鮮

可以先選料再指定烹調方式！

清邁

SIGHTSEEING

P.108　人氣寺廟
P.110　與大象近距離接觸
P.112　3大夜市

EAT

P.114　當地名菜
P.116　泰北餐廳
P.118　絕美咖啡廳

SHOPPING

P.122　尼曼路
P.124　手做小物
P.126　JJ市集

BEAUTY

P.128　Spa&按摩

STAY

P.130　嚴選飯店

SHORT TRIP

P.134　清萊

Chiang Mai

清邁

有「北方玫瑰」之稱的泰國第二大都市

位在曼谷北方約720km處的泰國第二大都市，是蘭納王朝在1296年統治泰國北部時建立的新都，至今仍看得到當時遺留下來的建築、佛像、料理及工藝，是文化色彩濃厚的古城。11～1月是乾季，平均氣溫約25℃，也有不少人會到這裡避暑。

人口
約122萬8千人

面積
2萬107km²

尼曼路周邊

Nimmana Haeminda Road

清邁最具代表的潮流地區

全長約1.6km的大道，從旁延伸的小路也開滿時髦的雜貨和服飾店，也有不少購物中心。氣氛雅致的咖啡館和餐廳很多，吸引時尚人士駐足。

尼曼一號
>>>P.123

古城區

Oldtown

以清邁為中心的四方形的古城

以清邁最高規格的寺院帕辛寺為中心，周圍有紅磚牆和護城河圍繞的古城，大街上有不少時髦的咖啡廳和家飾雜貨店，但小巷也還保留濃濃的市井風情。

帕辛寺
>>>P.108

Akha Ama Coffee Phrasingh
>>>P.119

清邁市區的基本交通

計程車 ◎　包車 ○　Grab ◎
嘟嘟車 ○　雙條車 △

想有效率地移動建議搭車

搭共乘巴士雙條車(1次30B)是便宜的方式，但因為時間不好掌握，所以也有不方便的地方。搭Grab是最有效率的選擇，若是在古城區，嘟嘟車也派得上用場。

詳見>>>P.201

到郊區Grab也非常方便！

素帖寺等和古城區距離1小時車程的地方推薦用Grab叫車。若是一整天鎖定郊區觀光建議包車，便宜CP值高。

詳見>>>P.201

河畔區周邊
Riverside

湄平河沿岸的宜人風光

貫穿清邁的湄平河沿岸仍保留非常豐富的自然景色，隨著近年來的發展，豪華飯店和與自然共融的咖啡店、傳統工藝品店及藝廊相繼開業。

安納塔拉清邁>>>P.132

塔佩門東部
Tha Phae Gate East Side

歷史建築林立的時尚街區

從塔佩門到納瓦拉特橋的塔佩街上，沿路有許多歷史悠久的建築，形成氣氛獨特的迷人街景。近來有不少老屋翻新的咖啡店和餐廳，逐漸形成備受注目的新興區。

Gateway Coffee Roaster>>>P.118

瓦萊路周邊
Wua Lai Road

販賣銀飾和工藝品的店家林立

過去因製銀工藝而興起的地區，至今仍有許多銀飾品和工藝品店在這一帶。每週六晚上會在瓦萊路舉行清邁最熱鬧的週六市集，當然也聚集滿滿當地街頭小吃和雜貨攤販。

週六市集>>>P.113

城牆北部是學生聚集的地方，有大學生常光顧的小吃、市場和咖啡館，非常熱鬧，能夠一窺當地人真實的生活樣貌。

SIGHTSEEING 01

也有泰國首屈一指的開運景點！

參觀人氣寺廟

清邁保留許多蘭納王朝時期建造，過去風光一時的寺廟。
這裡介紹格調高雅、造型優美，吸引眾多遊客前來的5家寺院。

有「天空寺院」美稱的泰國知名開運景點

1佛塔的正殿入口，需脫鞋才能進入。 2通往寺院的306階樓梯，兩旁佇立著威嚴的守護神那伽。 3寺廟旁邊的露台景觀絕佳。 4寺內還有僧侶講經說法。

挑戰抽籤！

泰國很流行這樣的抽籤方式，搖晃插滿運籤的籤筒，抽出一支，再根據籤上的號碼拿取籤詩。

千萬不要錯過供奉佛陀遺骨的佛塔

素帖寺

Wat Phra That Doi Suthep

位於標高1080m的素帖山頂，可俯瞰整個市區，是清邁最著名的觀光景點之一。其中高22m的金色佛塔，是以有求必應聞名的開運景點，不要錯過。

Su Thep, Mueang Chiang Mai
營 8:00～18:00 費 門票30B
交 古城區搭車45分鐘
清邁西部 ▶MAP P.16 A-2

約50m高的佛塔金光閃閃古城區規模最大的寺廟

in

清邁古城區規模最大的寺廟

帕辛寺

Wat Phra Sing

1345年，蘭納王朝第五代國王帕優王建造，供奉泰國北部最受人景仰的普帕辛佛像。境內有高約50m的金色佛塔以及蘭納風格的壁畫，有很多可看的景點。

2 Sam Lan Rd.
營 7:00～22:00
費 免費入場
交 塔佩門搭車5分鐘
古城區 ▶MAP P.18 B-2

1 2供奉帕辛佛像的木造佛堂位於佛塔左側，具高度歷史價值的壁畫也是必看亮點。 3安置在大雄寶殿的金色主佛。 4入口附近的大雄寶殿。

What Is

清邁寺廟的特色

清邁有很多寺廟的正殿會使用柚木建造，且有精美的雕刻和壁畫。在泰國國內也有不少這類格調高雅的寺院，有求必應最為人稱道。

供奉國王的骨灰
一旁有白色佛塔

整排白色佛塔景致優美

松達寺

Wat Suan Dok

建造於1383年，正殿供奉的佛像譽為全泰國最大的青銅佛像。素帖山前眾多的白色佛塔非常美麗，因此取名為松達(Suan Dok)，意指「花園」。

- Su Thep Mueang
- 營 8:00～17:00
- 費 門票20B（僅正殿）
- 交 塔佩門搭車13分鐘

寧曼路周邊 ▶MAP P.16 C-2

in

推薦傍晚點燈時最美

柴迪龍寺

Wat Chedi Luang

建於1391年的柴迪龍寺和帕辛寺齊名，以高雅的風格著稱。其中以清邁最大佛塔、佛塔四周的八尊那伽雕刻，以及蘭納式建築的正殿為最受矚目的景點。

- 103 Phra Pokklao Rd.
- 營 8:00～22:00 費 門票50B
- 交 塔佩門步行10分鐘

古城區 ▶MAP P.18 C-2

高達98m！
清邁最大的

日落後會點燈

供奉的金碧輝煌神像更增添一股脫俗氣氛。

寺內金光閃閃的臥佛等，大部分規模不小。

信眾來自泰國各地，為了祈願蜂擁而至！

清邁最古老寺廟

來康寺

Wat Phra That Doi Kham

1400多年前在清邁西南部坤山建立的寺廟。據說向寺內供奉的龍婆壇猜佛參拜，就能實現願望，因此吸引許多國內外前來參拜的信眾。

- 108 Mu 3 Maehia, Mueang Chiang Mai
- 營 8:00～17:00 費 免費入場
- 交 古城區搭車45分鐘

清邁西南部 ▶MAP P.16 A-3

能最快達成願望！?

1在神聖的金球上貼金箔也是泰國特有的一種祈福方式。 2寺廟的露台景觀優美，還有座臥佛。

龍婆壇猜佛前，答謝還願的信眾供奉了堆積如山的茉莉花花環！

參拜方法

① 點香

到龍婆壇猜佛像旁邊的3座點香台取3支線香點燃。

② 誦唸願望3次

手持線香並雙手合十祈禱，現場有寫了祈願方的看板可參考。

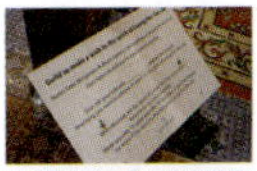

在寺廟許願時會一併稟告神明還願的方式，是泰國的習俗！ 109

SIGHTSEEING 02

可以一起戲水和玩泥巴！

在大自然與大象近距離接觸

自然景觀豐富的清邁，有不少提供和大象近距離接觸的觀光設施，
一起在水裡和泥塘中玩耍，絕對是其他地方無法享受的珍貴體驗！

在對大象友善的環境提供活動

大象叢林保護區

Elephant Jungle Sanctuary

在清邁西部占地廣大的園區提供和大象近距離的互動，園如其名，Sanctuary(保護區)有豐富的自然環境，也能觀賞大象在其中優遊自在的生活樣貌。

119/10 Thapae Rd.（Office）
☎053-273-415　㊡全年無休

必推重點

① **免費接送**
有專屬司機會到市區的住宿飯店接送，方便又輕鬆♪

② **可網路預約**
可透過網站上的表單輕鬆預訂。需事先提供接送飯店的名稱。

③ **有3種方案可選**
有上午、下午和全天三種套裝方案可選。全天方案含工藝體驗。

④ **大象友善的設施**
有上午、下午和全天三種套裝方案可選。全天方案含工藝體驗。

⑤ **有專屬攝影師提供拍照服務**
參加過程中會有專屬攝影師從旁拍攝。幾天後檔案會免費提供。

被在大自然優遊自在生活的大象深深地療癒！

體驗半日套裝行程！

還可以拍到這樣的照片！

TOUR DATA

方案名稱	AFTERNOON VISIT
需時	7小時
費用	1900B

方案內容：
英語導覽、餐點、大象飼料、接送服務、專屬攝影師拍攝及提供照片檔案。

11:30 飯店接送

接送時間會根據飯店位置前後微調。

13:00 到達後聽取注意事項

負責的導遊會用英語講解。卡倫族的服裝可免費租借。

換上卡倫族的衣服！

13:30 餵食時間！

一天的食量竟然有200kg！

需餵食大量的香蕉，每隻大象安靜吃香蕉的模樣非常可愛！

14:00 製作大象的活力餐點

體驗幫大象製作有助於腸道的「草藥球」。因為質地柔軟，所以要用手放進大象口中餵食

圓滾滾～

捏捏

15:00 前往河邊玩水♪

大象用鼻子淋浴！

到園區的河裡一起幫大象洗澡。體驗被大象用鼻子噴水，是在這裡才有的獨特體驗。

15:30 在泥塘裡幫大象護膚

Pawoo

塗抹泥巴可以防止昆蟲叮咬和皮膚乾燥，彷彿回到幼年玩得不亦樂乎。

團員合影留念

16:00 盥洗用餐

清潔盥洗後是用餐時間。當天提供五道泰國料理和自助式水果吧。

17:00 專車回飯店

在園區的角落有大象紀念品，稍作休息後搭車返回飯店。

這裡也很推薦！

全亞洲占地最廣！

清邁夜間動物園

Chaing Mai Night Safari

搭乘遊園專車一窺夜行性動物的生態。旅遊公司也提供含接送的套裝行程。

33 Moo 12, Nong Khwai ☎053-99-9000
營 11:00～22:00（售票至21:00） 休 全年無休
費 門票100B（含遊園專車票800B）
交 古城區搭車40分鐘
清邁西南部 ▶MAP P.16 A-2

SIGHTSEEING 03

熱鬧一整晚！既可吃也可買

漫遊3大夜市

清邁每天都有大型夜市，熱鬧非凡。夜市裡，
各種雜貨、服飾和工藝品的攤位齊聚一堂的景象，讓人充滿期待！

1 全年無休！ 清邁夜市 Chiang Mai Night Bazaar

每晚在飯店及餐廳林立的長康路營業。除了沿途的攤販，還有不少複合多個攤位的室內商場，即使下雨也能盡情遊逛。

Changklan Rd.
17:00～24:00 (休) 全年無休
塔佩門步行15分鐘
塔佩門東部
▶MAP P.19 E-2

When Is

傍晚5點開市！

無論哪個夜市，大約都從下午4點開始擺攤，17點營業。想吃東西，建議早點到先找個座位。

無數攤位一字排開的景象相當震撼！

室內也有不少設施！

有美食廣場

1. 沿街有多個室內夜市。2. 聚集很多小吃商家的美食廣場。

各690B

發現一家種類豐富的編織包專賣店。

有很多可愛的平價小物！

天然大豆油蠟燭，各69B。

有機棉長褲，650B。

各100B

可以自己搭配吊飾的護照夾。

120B

五彩繽紛的孟族刺繡耳環，120B。

超級擬真的榴槤造型小包，各690B～

2 當地人氣No.1
週六市集 Saturday Market

週六晚上在瓦萊路一帶擺攤。可用相對實惠的價格買到少數民族的手工傳統織品和銀飾。

Wualai Rd. 營 17:00～24：00 休 週日～五 交 塔佩門搭車約3分鐘
瓦萊路周邊
▶MAP P.18 B-3

1. 尖峰時段擁擠到寸步難行。
2. 當地小吃攤。

飲食區人超多！

有很多手工小物。

3. 手工鑰匙圈，120B。 4. 羊毛氈裝飾品，120B～。 5. 馬卡龍色系的琺瑯三層便當盒，非常可愛。

3 可和古城區的行程安排在同一天！
週日市集 Sunday Market

週日晚上在古城區主街拉差單農路擺攤。長約1km的街道擠滿各種攤販，尤其是雜貨類特別多，非常適合來挑選伴手禮。

Rachadamnoen Rd.
營 17:00～24:00 休 週日～週六
交 塔佩門步行2分鐘
古城區 ▶MAP P.18 C-2

新鮮果汁店

攤販老闆都會說英文，十分親切。

有豐富的雜貨&流行小物

手工銀飾價格約500B。

尺寸迷你方便攜帶的竹編扇子。

各20B

100B

大象圖案的布面海灘鞋。

150B

使用各種回收材料製成的包包。

放在小籃子裡的沙拉和現榨的百香果汁。

在塔佩門前的廣場，每晚都有不少攤位營業。 113

EAT 01

到總是大排長龍的店家用餐！

吃遍清邁的著名小吃

受到鄰國緬甸、寮國及中國的影響，泰國北部孕育出獨特的飲食文化。
到當地當然不能錯過咖哩湯麵（Khao Soi）和香腸（Sai Ua）等知名人氣小吃！

Khao Soi

Khao Soi

將煮過及炸過的麵條加入含椰奶的咖哩湯底中。雞肉的版本是最常見的，但不少店家也提供牛肉和豬肉選擇。

入口即化的雞腿堪稱一絕

酸菜和紅蔥頭

麵量不多也很適合解饞

加了多汁又軟嫩的雞腿

湯底帶點微辣！

蟬聯必比登多屆名店

Khao Soi Mae Sa

咖哩湯麵有雞肉、牛肉、豬肉和豬肉丸四種，點餐是寫在紙上。午餐時段人多，但翻桌速度很快。

29/1 Ratchaphuek Rd.
☎ 053-213-284 營 8:00～16:00 休 週日
交 塔佩門搭車10分鐘 英語OK
古城區周邊 ▶MAP P.18 A-1

menu

Khao Soi with Chicken
50B

香辣夠味的湯頭是重點，大塊帶骨的雞腿非常有嚼勁。

這個也很推薦

泰式奶茶
Thai Milk Tea 15B
濃郁的泰式奶茶和香辣的咖哩湯麵非常搭！

有嚼勁的寬麵吸了滿滿口味溫和的湯頭

配菜還有綠檸檬！

中寬麵帶有嚼勁！

加了椰奶的湯頭溫和好喝。

豐富的調味

人氣店口味比一比！

身受當地居民喜愛的店家

Khao Soi Lamduan

必比登推薦的熱門店。有雞、豬和牛三種選擇，主打堅持每種口味的湯頭都不一樣。

352/22 Charoen Rat Rd.
☎ 093-1357930 營 9:00～16:00
休 全年無休 交 塔佩門搭車10分鐘
河畔區周邊 ▶MAP P.19 E-1

menu

咖哩湯麵（雞肉）
Khao Soi (Chicken)
55B

最後加入的椰漿，讓湯頭風味更加醇厚。

這個也很推薦

豬肉沙嗲（10支）
Pork Satay 60B
沾了甜甜椰漿醬的豬肉在炭火上燒烤，沾花生醬一起享用。

Where Is

清邁的當地美食

古城區名店雲集！

人氣店家林立，有不少還是必比登推薦的名店。即使是當地的小吃店，也可用簡單的英語溝通。

市場和夜市是B級美食寶庫

JJ市場（→P.126）和夜市（→P.112）攤位林立，餐點的價格經濟實惠。

想一次品嘗多種泰北料理，可以前往專門店

每道料理都有專門店，但在旅途有限的時間內想多吃幾種泰北料理，建議可挑選一次供應多種料理的店家。

泰式香腸

Sai Aua

用豬肉加上大蒜、檸檬葉、香茅、薑黃、辣椒等調味。辛香風味十足，口味獨特。

又稱清邁香腸

用辣椒和薑黃調味

吃下一口
滿滿的香料味！

menu

泰式香腸
Sai Aua
100B
一口咬下，肉汁和香料的香氣會同時散開。搭啤酒非常對味。

menu

泰式拼盤
Or Dep Muang
290B
前菜組可以品嘗到清邁最具代表的兩種泰式辣醬。

蔬菜用來沾醬吃！

豬肉番茄醬

酥炸豬皮

雞肉咖哩

泰式烤雞
（泰式風味烤雞）

茄子醬

微辣的香料系泰式沾醬

泰式辣椒醬

Nam Phrik

蔬菜沾青辣椒醬一起吃的料理，在清邁，最有名的是茄子辣醬和豬絞肉番茄辣醬這兩種。

香料味十足的絞肉沙拉

加入大量香料
非常開胃！

搭配蔬菜
一起享用

清邁碎肉沙拉

Lab Chiang Mai

著名伊善料理碎肉沙拉的變化版，以孜然和肉桂等香料替代魚露調味。

menu

辣拌豬肉雜碎
Lab Moo Khua
100B
豬絞肉和內臟混合。與伊善版本相比辣度較低。

必比登推薦泰北名店

Huen Muan Jai

來自清邁的老闆將住家整修改裝成店面。提供豐富的泰北著名料理，每天都大排長龍。

24 Ratchaphuek Alley
☎ 053- 404-998 營 11:00～15:00、17:00～22:00 休 全年無休 交 塔佩門搭車10分鐘
刷卡OK 英語OK
古城區周邊 ▶MAP P.18 A-1

這個也很推薦

泰式米粉配酸辣肉醬　60B
像麵線的泰式米粉（khanom chin），搭配香辣濃郁的湯頭。

炸竹筍鑲肉
100B
竹筍鑲入調味過的豬絞肉再拿去油炸，香酥可口。

Huan Muan Jai提供訂位服務，可透過電話或社群媒體的私訊功能預訂。

口味和氛圍都一流的熱門店家精選！

泰北料理口袋名店吃午餐

難得出國旅行，除了味道，用餐的氣氛當然也要講究！
從擺設的藝術品到歷史悠久的建築，在氣氛優雅的空間用餐就是不一樣。

店內裝飾的藝術品和抱枕等，所有擺飾都是清邁藝術家的創作。

入選POINT
讓當地女性
也為之著迷的
無添加料理

①口感帶有嚼勁的黑芝麻豆腐炸物，250B。②外皮酥脆，內餡鬆軟的炸蝦漿，280B。③加入泰北高級食材硬皮地星蕈的烤豬肉紅咖哩，320B。④糙米，40B。⑤泰北最常見的葉菜千層菜炒雞蛋，200B。

MEMO
預算 每人700B～
訂位 可訂位(希望事先預約)
※請洽官網、電話

又酥又脆

使用糙米製作的泰北風味薄餅，150B。恰到好處的鹹味和酥脆的口感讓人欲罷不能。

附配料

加了花生和椰果等配料的椰子冰淇淋，200B。

清邁名媛愛店

SAENKHAM TERRACE

1994年開幕以現代泰北料理為主題的餐廳。不使用化學調味料，精選當地現採有機食材，雖然離市區有點距離，依舊吸引不少當地饕客前來光顧。

🏠199/163 T.Mae Hia A.Muang ☎053-838-990
營11:00～22:00 休全年無休 交塔佩門搭車20分鐘
刷卡OK 英語OK 清邁西部 ▶MAP P.16 B-3

店裡使用的米飯來自餐廳後方自耕的廣大農田。

入選POINT
清邁
最難訂的
話題餐廳

①牛腱咖哩麵，360B。附湯可加入麵中調整湯頭濃淡。②豬肉番茄泰式辣醬，190B。③入口即化的豬肉，搭配風味濃郁的泰北風咖哩，390B。

附香菜的泰式烤雞，260B。

泰北料理以現代方式呈現

KITI PANIT

新潮現代的擺盤獲得年輕人和觀光客的一致好評。經過翻修後，屋齡130多年歷史的老店搖身一變成為現在富有情調的樣貌。

19 Tha Phae Rd.
☎080-191-7996
營 11:00～15:00、17:00～22:00 休 全年無休 交 塔佩門步行10分鐘 刷卡OK 英語OK
塔佩門東部
▶MAP P.19 E-2

MEMO
預算 每人500B～
訂位
可訂位(希望事先預約)
※E-mail、電話洽詢

店內保留商店時期的古董裝飾，宛如畫廊一般。

五彩繽紛

微辣的泰式沙拉，加了富有口感的糯玉米，80B。

裝飾了荔枝和食用花的蝶豆花茶，55B。

入選POINT
餐點和飲品
都非常好拍
讓人心動

①竹筍沾辣醬，250B。②使用黑米、糙米，以及用蝶豆花和番紅花染色的米飯做成的飯糰，餐點內容可自由搭配，各20B～。

彩色飯糰有名的人氣店家
米其林常勝軍

Meena Rice Based Cuisine

老闆原本從事稻米種植，推出以品嘗米飯為主題的餐廳。色彩繽紛的飯糰在社群媒體創造不少話題，每天都大排長龍。

13/5 Moo 2, San Kamphaeng
☎095-693-9586
營 10:00～20:00
休 全年無休
交 塔佩門搭車20分鐘
刷卡OK 英語OK
清邁東部 ▶MAP P.17 F-2

綠意包圍的開放式座位區。

MEMO
預算 每人300B～
訂位
可訂位(希望事先預約)
※LINE、電話洽詢

建材使用清邁傳統建築必備的柚木。

MEMO
預算
每人300B～
訂位
可訂位(希望事先預約)
※社群媒體的DM、電話洽詢

入選POINT
體驗
清邁的
家常之味

主廚店主重現祖母的食譜

CHUM Northern Kitchen

清邁出生長大的店主兼主廚在2021年開業。提供香腸等多種自製料理，質樸的家庭風味給人滿滿的療癒。

24 Tambon Si Phum ☎085-524-1424
營 10:30～20:00 休 全年無休 交 塔佩門搭車5分鐘 刷卡OK 英語OK
古城區 ▶MAP P.18 B-2

淋上糖煮五穀的椰子冰淇淋，59B。

①風味微酸獨特的泰北風味豬肋排湯，79B。②咖哩風味的豬肉時蔬炒冬粉，89B。③發酵豬肉香腸99B，搭配花生、薑和青辣椒一起享用。

KITI PANIT或Meena這類餐廳，經常兩週前就預訂一空。請盡早提前預約！

EAT
03

從精品咖啡到自家烘豆，各種咖啡店應有盡有！

探索迷人的咖啡店♪

menu
- REMEMBER REMEMBER ···· 140B

抹茶倒入有櫻桃糖漿和牛奶的玻璃杯中，就完成了。

menu
- Black Orange ··············· 75B
- Coconut Pie ··············· 115B
- Banofee ························ 79B

Black Orange柳橙酸味配上咖啡的苦味，風味絕妙。

各種只有這裡才喝得到的特殊飲料！

翻修古城區的一棟歷史建築而成，裝潢得像是研究室，氣氛獨特。

這個也很推薦

1. 用黑糖、檸檬和梅子調味的濃縮咖啡，再加入氣泡水「Lost Star」，150B。 2. 有蛋糕、冰淇淋和鮮奶油的甜點盤「Mars」，165B。

網美人氣飲料店

GATEWAY Coffee Roasters

從基本飲料到像雞尾酒的創意酒單，種類豐富。精選泰北產咖啡豆，店內也提供販售。甜點種類也相當多樣。

🏠50300 Chang Moi Rd. Soi 2 ☎099-372-3003
營 9:00～17:30 休 全年無休 交 塔佩門步行5分鐘
刷卡OK 英語OK 塔佩門東部 ▶MAP P.19 D-2

超級放鬆！綠意環繞的祕密咖啡館

1. 小木屋般的店裡溫馨舒適，讓人格外放鬆。 2. 有義大利麵和泰式料理等餐點供選擇。

餐點也很豐富！

宛如出現在童話故事裡的祕密咖啡館

The Barn: Eatery Design

植物包圍的外觀在社群媒體掀起話題。提供咖啡、紅茶和果昔等40多種飲品，自製蛋糕和塔派以溫柔高雅的甜度廣受好評。

🏠14 Srivichai Soi 5 ☎065-451-5883
營 9:00～23:00 休 全年無休 交 塔佩門搭車13分鐘
英語OK 古城區周邊 ▶MAP P.16 C-2

出產咖啡的清邁，是咖啡館的一級戰區。近幾年時尚咖啡廳陸續登場，這裡介紹幾家不僅味道一流，氣氛和舒適度都頗有水準的熱門咖啡廳！

Why

清邁是咖啡豆產區！

清邁擁有適合栽種咖啡的氣溫、濕度和雨量，是東南亞頗具代表性的產地。主要在集中在伊薩克地區，以花香調的阿拉比卡豆為主。

menu

- Manee Mana
  Manee Mana …… 100B
  帶淡淡橙皮香的雞尾酒風味冷濃縮咖啡。

餐點選擇豐富！非常適合早午餐的烘焙咖啡館

menu

- Cloud Nine ……… 75B
- Choco Matcha …… 80B
- Eggs Royale …… 320B
- Spring Salad …… 120B

店主推薦配色美麗的蝶豆花茶拿鐵「Cloud Nine」。

將阿卡族咖啡推向世界的正宗風味！

1. 在入口附近的櫃檯點餐。
2. flat white 70B，檸檬磅蛋糕75B。

也可在店內購買！

自製特調濾掛咖啡單包販售，各45B。

在日本也有分店的人氣品牌

AKHA AMA 帕辛店

AKHA AMA PHRASINGH

來自泰國最北的清萊，少數民族阿卡族出身的店主，把在美國學到的烘焙技術應用在村裡種植的咖啡豆上。享譽全球，在清邁擁有三家分店。

175, 2 Rachadamnoen Rd. ☎088-267-8014
營 8:00～17:30 休 全年無休 交 塔佩門步行15分鐘
刷卡OK 英語OK 古城區 ▶MAP P.18 B-2

店主將祖父母的住家翻修成現在的店面。店內共有兩層，也有露台座位。

這個也很推薦！

1. 每天早上新鮮烘焙的麵包也提供外帶。2. 薄荷、青檸和黑糖風味的早安莫希托，85B。

氣氛和口味都很歐式

Mitte Mitte Cafe & Brunch

曾旅居歐洲的店主以「認真的早午餐」為概念開了這家店。提供經典早午餐班尼迪克蛋、開放式三明治和鬆餅等。

64, 1 Sithiwongse Rd. ☎065-625-4952
營 8:00～16:00 休 全年無休 交 塔佩門步行8分鐘
刷卡OK 英語OK 塔佩門東部 ▶MAP P.19 D-1

古城區和塔佩門東部一帶陸續有許多時尚的咖啡館開幕，值得關注！ 119

精美的傳統手工藝品！泰國北部的少數民族

少數民族村落的傳統工藝品值得關注

泰國總人口數6500萬人，其中有1.5%是居住山區的少數民族。北部山區的卡倫族、苗族和阿卡族等共21個民族據說源自中國，並承襲了獨特的地方文化。

女性多半穿著色彩繽紛的民族服裝，從事工藝品、茶葉的製作，也會務農種菜，過著純樸生活，在泰國中也只有這個區域才看得到。女性製作的刺繡做工精美，色彩鮮豔，在曼谷和清邁等城市也非常受歡迎。

坊間也有從清邁和清萊前往少數民族村落的套裝行程，可以一窺這些村莊質樸的生活風貌。

前往少數民族村落…

☑ 建議跟團或包車！

KKday→別冊P.31

以刺繡和製銀工藝聞名的民族

① 瑤族

瑤族村落

Yao Hilltribe Village (Nong Waen)

以種植荔枝、玉米及製作手工藝品維生的瑤族，共有25個村落位於清萊縣。頭裹黑布，紅色圍巾和刺繡長褲是瑤族的民族裝扮。

㊀ 清邁搭車約3小時30分鐘

▶MAP P.2 B-1

農業和工藝相當發達

村莊入口處擺滿紀念品攤位。

這是工藝品！

刺繡

在少數民族中，以精巧的作工著稱。

刺繡多以身邊的動植物為主題，特色是精緻的繡工和刺繡。

 照片提供：泰國政府觀光局

色彩繽紛的民族服飾是一大特色

② 孟族

孟橋附近的孟族聚落
Mu Ban Mon

緬甸邊境的湖邊村落，每天早上的托鉢化緣，以及販賣食品和生活用品的市場，寧靜的景致極具魅力。橋邊一整排的水上屋，漫步其間心曠神怡。

清邁搭車12小時
（曼谷搭車5小時30分鐘）
▶MAP P.2 A-2

這是工藝品！

刺繡

色彩鮮豔的刺繡和拼布，華麗的圖案也很迷人。

❶桑卡拉汶里蓄水湖。❷有1000戶左右的孟族人居住在此。

多為信仰虔誠的佛教徒

高山民族中傳統服裝最鮮豔！

③ 阿卡族

阿卡族村落
Akha Hilltribe Village

阿卡族的村落以務農及畜牧為主，過著自給自足的生活。據說在泰國北部清邁和清萊等地，約有6萬5千名阿卡族人。

清邁搭車3小時30分鐘
▶MAP P.2 B-1

這是工藝品！

藍染&刺繡

藍染的棉布及搭配刺繡、銀飾、珠飾為其特色。

❶村裡種植稻米、咖啡等作物。❷部落的氣氛十分悠閒。

自然景觀豐富且生活簡樸的工藝村

④ 克倫族

Ban Mae Sa Pok Nuea
Ban Mae Sa Pok Nuea

距離清邁市中心約45km，是個自給自足的村落。承襲了傑出的銀飾工藝，附近還有美旺瀑布和湄沙谷瀑布，也接待遊客。

清邁搭車1小時
▶MAP P.2 A-1

梯田圍繞的寧靜村落。

這是工藝品！

銀飾

高純度銀飾，每件都為手工製作。

在清邁買得到！

少數民族的藝品專賣店

在清邁也可以找到販賣少數民族布料的衣服、包包等商品專賣店。市場上有許多適合當作小禮品的實用小物。

- ☑ PUNJUM →P.124
- ☑ Chachaa Slow Pace →P.124
- ☑ 孟族市場 →P.125

其他還有擅長黃銅鑄造的烏汶、製造陶偶和鼓的紅統，以及製作油紙傘的博桑等工藝村。

SHOPPING 01

時尚店鋪林立的購物區！

尼曼路的推薦店家

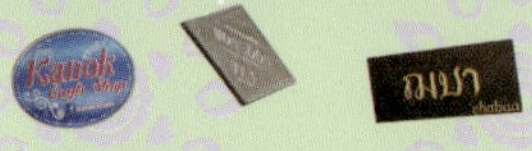

喜歡購物的人一定不能錯過時尚店家林立的尼曼路！這裡有各式各樣的服飾、雜貨和有機食材等多種精選商品。

WHAT IS

尼曼路指的是？

清邁最時尚的街道之一。長約1km的主街和兩旁分支的小巷開滿了服裝店、家飾雜貨店、咖啡廳與畫廊。

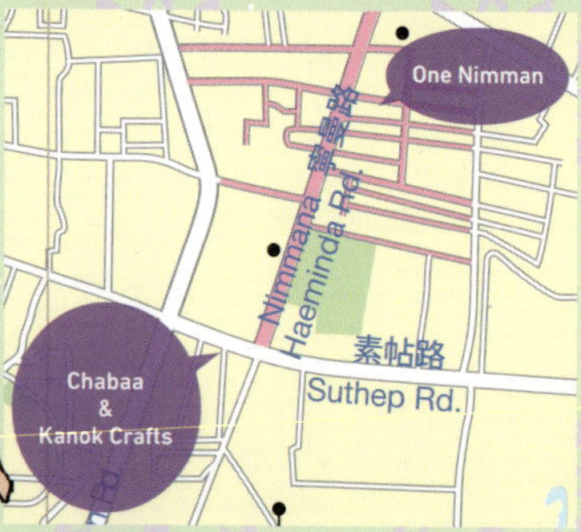

可以找到與眾不同的商品！

當地品牌的街邊店

想找設計獨特的服飾

Chabaa

來自泰國北部的設計師經營的服裝店，以色彩繽紛的刺繡商品為主，設計頗有特色。所有衣物均為手工製作。

🏠14/32 Nimman Promenade, Nimmanhaemin Rd.
☎093-1357930 ㊢10:00～19:00 ㊡全年無休
㊜塔佩門搭車15分鐘 刷卡OK 英語OK
尼曼路周邊 ▶MAP P.16 C-2

色彩繽紛的刺繡品

推薦 【ITEM】

顏色鮮豔的黃色刺繡公主袖洋裝。

孟族風刺繡的耳環，花色種類豐富。

版型剪裁輕盈的上衣。

胸前有蝴蝶刺繡，配色鮮豔的洋裝。

堅持使用有機材質

Kanok Carft

主打「對肌膚和環境都友善的服裝」，精選有機棉、亞麻和竹纖維等材料，並採精緻手工刺繡，展現對品質不凡的堅持。

🏠14/32 Nimman Promenade, Nimmanhaemin Rd.
㊢10:00～19:00 ㊡全年無休
㊜塔佩門搭車15分鐘 刷卡OK 英語OK
尼曼路周邊 ▶MAP P.16 C-2

五顏六色的條紋刺繡連身裙。

推薦 【ITEM】

竹子纖維布料的上衣，花紋為刺繡。

亞洲風花色的襯衫，也可以當連身裙。

符合道德規範的高品質材料

從雜貨到食材一應俱全

購物中心

當地品牌齊聚一堂

One Nimman

清邁當地品牌與咖啡廳沿街一字排開，潮流薈萃。有販售著名紀念品的商店及美食廣場，紅磚砌成的鐘樓是這裡的地標。

🏠 1 Nimmanhaemin Rd. ☎052-080-900
營 11:00～21:00
休 全年無休 交 塔佩門搭車15分鐘

尼曼路周邊

▶MAP P.16 C-2

1F Zone C

超人氣原創生活雜貨

GINGER FARM Kitchen

時尚餐具

以「從農場到餐桌」為概念，提供當地有機蔬菜料理的餐廳。店內也販售獨家原創雜貨及餐具。

☎052-080-928
營 10:00～23:00 刷卡OK 英語OK

推薦【ITEM】

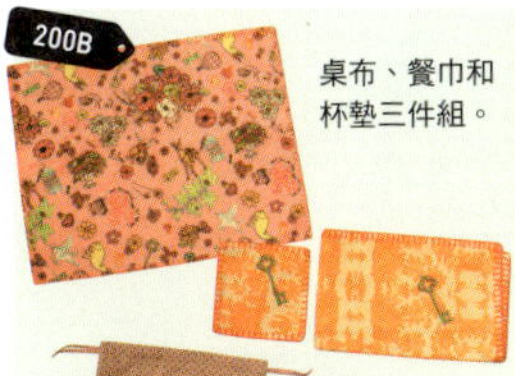

200B 桌布、餐巾和杯墊三件組。

各95B 復古風動物插畫的碗和杯子。

各100B 有毛絨絨小羊的刺繡束口袋。

也很推薦用餐！

⇒這家人氣餐廳每天都座無虛席，以泰式料理為主。

清邁當地的茶葉品牌

1F Zone A

精品飯店認可的風味

MONSOON TEA

使用對環境友善的方式種植的有機茶葉，商品也被精品飯店採用，在清邁市有三家分店。

☎097-918-9892 刷卡OK 英語OK

推薦【ITEM】

310B

最受歡迎的「MONSOON blend Tea」，也提供飲品。

像在室內擺攤的市集！

2F

本地品牌一字排開「One Nimman Select」值得一訪

二樓有各大當地品牌的攤位大集合，其中有機或手工商品也不少。

推薦【ITEM】

各80B 設計靈感來自泰國佛教護身符的布料，上面有可愛的貓版佛陀插圖。

各350B 芒果糯米，和酪梨香味的有機蠟燭。

1F Zone A

提供清邁產的咖啡和巧克力

SKUGGA ESTATE

國際比賽榮獲高度讚譽的咖啡品牌

位於清邁郊外，致力於咖啡豆的栽培和烘焙的咖啡品牌。店裡販售榮獲咖啡大賞第4名的咖啡豆和巧克力。

☎088-951-6697
營 10:00～22:00 刷卡OK 英語OK

推薦【ITEM】

各145B 8種單一產區的巧克力。

150B 焦糖糖衣的可可豆碎片。

650B 最受歡迎的豆子是「末日守護者」。

咖啡廳也很推薦！

125B 外觀像雞尾酒的冰巧克力飲品。

145B 咖啡奶油提拉米蘇。

店內優雅的氣氛，非常適合午茶時光。

One Nimman斜對面還有一間大型貨購物中心「MAYA Lifestyle Shopping Center」。 123

SHOPPING 02

從服裝、小物到室內裝飾應有盡有！少數民族的

超可愛！手作商品

這些色彩繽紛的少數民族刺繡，美麗的工作迷倒世界各地的人。
這裡為大家推薦幾家在清邁市區也提供時尚單品的店家！

參考 →P.120

小錢袋&錢包

A 小女孩表情迷你零錢包，每次使用都有好心情。

選擇你最喜歡的表情♪

C 色彩鮮豔的刺繡錢袋，價格實惠，非常適合作為伴手紀念品。

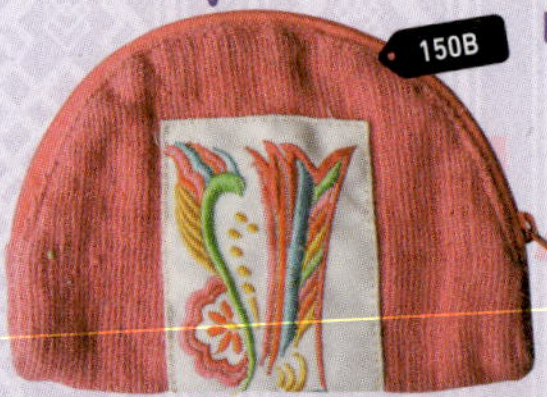

B 刺繡半圓形小錢包，也適合放置各種小物。

毛球裝飾方便拿取

B 耐用麻布製零錢包，拉鍊上的毛球裝飾非常可愛。

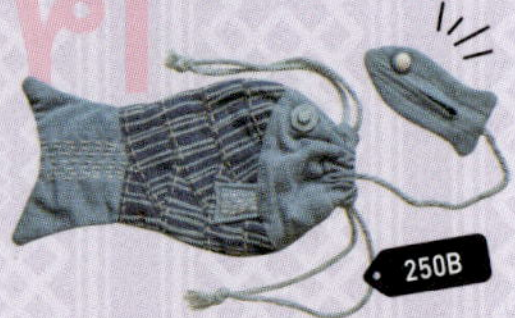

A 魚形束口袋，內裡竟然還有另一個魚形迷你小錢包！

C 作工精緻的刺繡長夾，可以容納卡片和零錢的尺寸。

服裝&飾品

C 羊毛氈毛球耳環，非常適合作為穿搭重點配件♪

簡單穿搭重點配件！

B 部分使用苗族布料的上衣，時尚的短版設計非常入時！

C 刺繡氣球袖上衣，簡約設計中不失特色。

A 卡倫族手工銀製耳環，獨特的手工質感非常時尚。

不想跟別人一樣♡

A 有精緻刺繡和珠飾的背心，單穿或搭配都非常好看◎

到這裡買

將傳統工藝品提升為現代設計

A Chachaa Slow Pace

以女性的角度選品及詮釋卡倫族的銀飾和瑤族的刺繡等少數民族的傳統工藝品，並提供多種飾品、包包和小物。

🏠 147 Loykroh Rd.　☎ 052-004-448
營 11:00～19:00　休 全年無休
交 塔佩門搭車8分鐘　刷卡OK　英語OK
河畔區周邊　▶MAP P.19 E-2

骨董風格的質感非常時尚

B PUNJUM

這裡有各種復古風織品，從抱枕套到沙發等大型家居用品應有盡有，還有適合當紀念品的小錢包。

🏠 263 Chang Moi Rd.　☎ 095-641-6341
營 9:00～17:00　休 全年無休
交 塔佩們步行4分鐘　刷卡OK　英語OK
塔佩門東部　▶MAP P.19 D-2

包包

B 有毛球裝飾的提籃，光是擺著也能讓房間為之一亮！

C 光拿著就能提升時尚感的必買手提包。

掛著心情就會變好

C 可裝飾包包或小錢包的配件。也可作為鑰匙圈使用。

A 有瑤族刺繡裝飾的肩背包。觸感柔軟舒適。

在度假區很實用！

A 清爽的肩背包。材料竟然是葡萄藤！

B 可折疊的小提袋，也可當作環保袋。

家飾雜貨

B 抱枕套，光擺著就能讓房間華麗變身！

也可當作擺飾

B 在泰國非常流行的三角抱枕。推薦給喜歡在地板上休息的人。

因為是布所以可洗

A 有蜥蜴和大象圖案刺繡的泰國風杯墊。

想找評價小物

C 孟族市場

Hmong Market

可以用實惠的價格買到有孟族刺繡的小物和服飾。市場外牆是鐵皮，裡面大約有15家小店，旁邊也有零星的商店。

23-25 Kuang Men Rd.
營 7:00～17:00　休 全年無休
交 塔佩門步行10分鐘　英語OK
河畔區周邊 ▶MAP P.19 E-2

這裡也很推薦

泰國北部最大規模！

瓦洛洛市場

Warorot Market

這棟巨大建築物有地下1樓到地上3樓，從食材、服飾、傳統工藝品等各類商品應有盡有。距離孟族市場步行僅需5分鐘，非常適合排入行程。

Chang Moi Rd.
營 4:00～18:00　休 全年無休
交 塔佩門步行13分鐘
河畔區周邊
▶MAP P.19 E-2

孟族市場可以殺價，大量合購的話不妨問問。

SHOPPING 03

週末擺滿攤位的超人氣假日活動！
到JJ市集尋寶♪

身受清邁時尚女性喜愛的市集，從雜貨、服飾、食物，材質講究的高級商品讓人大開眼界！

在樹木環繞的舒適空間購物

市集綠樹成蔭，散步也很舒服！

永續環保為主題

JJ市集
Jing Jai Market

以有機和本地消費為主題，販售有機棉的手工服飾及小物，也有有機蔬菜等。攤位只有週末限定，但常設店家平日也營業。

🏠 46 Atsadathon Rd.
營 8:00～21:00（攤販週末限定，6:30～15:00營業） 休 全年無休
交 塔佩門搭車10分鐘 英語OK
古城區周邊 ▶MAP P.17 D-1

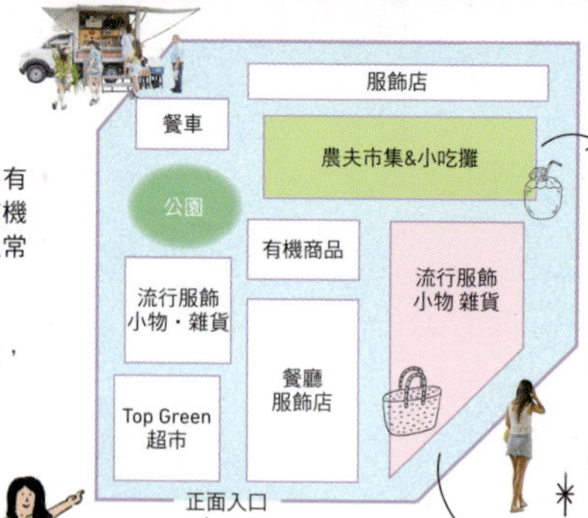

各種當地小吃的攤販！

從清邁的當地小吃到經典泰式料理，B級美食應有盡有，也有現做。

請認明入口

休息區座位很多

小吃攤和餐車區設有許多長椅。

有很多時尚又環保的商品♪

當地品牌的商品都非常時尚，優質的布料舒適度沒話說。

How To

市集的逛法

- **建議中午前到**

人氣商品通常下午就會賣完，建議早點前往！

- **可以殺價！**

商品價格由店主自行定價，多件合購時議價更容易成功。

- **以現金支付為主**

除了部分常設店家，須留意大部分店鋪不接受刷卡。

在JJ市集必做的3件事

Must Do 1 素材和設計都非常出色！購買優質服飾

不少衣服都是手工製作只有一件，各種設計讓人每件都想要！

想從頭到腳整套購入

剪裁時尚的有機棉連身裙。

童裝超可愛！

棉紗和花棉布的混搭小洋裝。

顏色高雅的連身裙各種季節都實穿。

色彩鮮豔的刺繡

1. 刺繡服飾專賣店，以手工製來說價格極划算！ 2. 上衣還有黑色和丈青等顏色豐富。

Must Do 2 進階小物多買一點！

各種平價小物攤位，非常適合購買紀念品！

色系超可愛！

竹製小錢包。可當化妝包或藥丸盒。

可用來裝飾房間或包包的毛線球。

花朵和大象形狀的天然石銀製手鍊。

也有餐具

用香蕉葉做成的餐具，可水洗重複使用！

刺繡髮夾可當成穿搭重點配件♪

Must Do 3 盡情品嘗當地美食！

小吃攤提供嚴選食材美食，請把握中午用餐尖峰前前往。

香脆的蘿蔔糕

酥脆的炸雞配糯米，是泰國的吃法。

現炸熱騰騰，裡面加了綠色韭菜。

可自選小份配菜，就是個人專屬拼盤！

風味濃郁的蟹膏

蟹殼裡加入蟹膏放在網子上燒烤，誘人的香氣令人難以抗拒。

常設店也有許多時尚單品，因此即使不是週末也一定要來逛逛！

BEAUTY 01

從奢華Spa到傳統療法應有盡有！

各種類型的Spa&按摩店家精選

既然來到清邁，不妨體驗一下泰北的傳統療法和按摩！
從Spa館到寺院的按摩店，以下為大家挑選一些按摩技術備受推崇的店家。

平價Spa

使用泰國北部傳統技法，嶄新的療癒體驗！

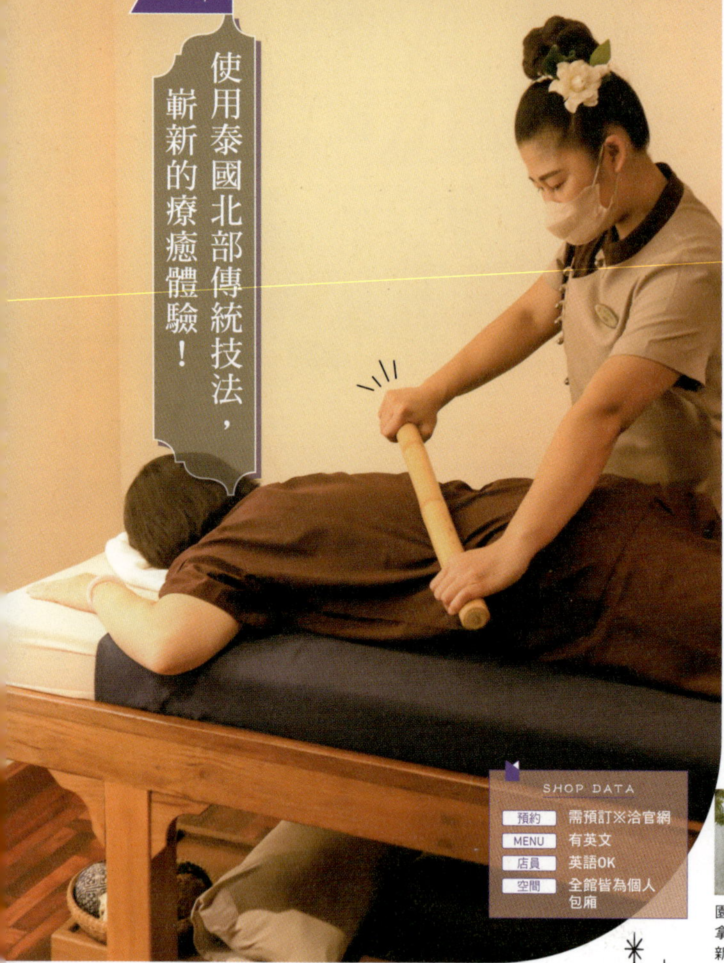

1. 竹子的弧度據說能刺激深層的肌肉，可有效放鬆及舒緩僵硬。 2. 療程皆在個人包廂內進行，每個房間使用不同品種的竹材。

體驗項目

竹筒按摩
Bamboo Massage
60分鐘／1600B

SHOP DATA

預約	需預訂※洽官網
MENU	有英文
店員	英語OK
空間	全館皆為個人包廂

也有藥草桑拿

園區內也設有蒸氣桑拿，蒸氣中使用大量新鮮藥草。

也販售自創品牌的保養品、雜貨

接待區域販售材質天然的Spa商品、草本茶和雜貨。

提供各種蘭納式療程

Fah Lanna Spa Exclusive at Nimman

清邁擁有三家分店的Spa連鎖品牌。在同時可以享受自然的環境中，提供蘭納式傳統按摩療程。

4/1 Nimmanhaemin Rd. Soi 15
☎ 088-804-9984 ㊎ 12:00～21:00（最後報到19:30） ㊡ 全年無休 ㊛ 塔佩門搭車15分鐘 刷卡OK 英語OK
尼曼路周邊 ▶MAP P.16 C-2

獨棟Spa館

在景致優美的庭園別墅享受極致體驗

SHOP DATA

預約	需預訂※洽官網
MENU	有英文
店員	英語OK
空間	全館皆為個人理療室

體驗項目

體驗項目
熱油按摩
Aromatherapy
Hot Oil Massage
60分鐘／1600B

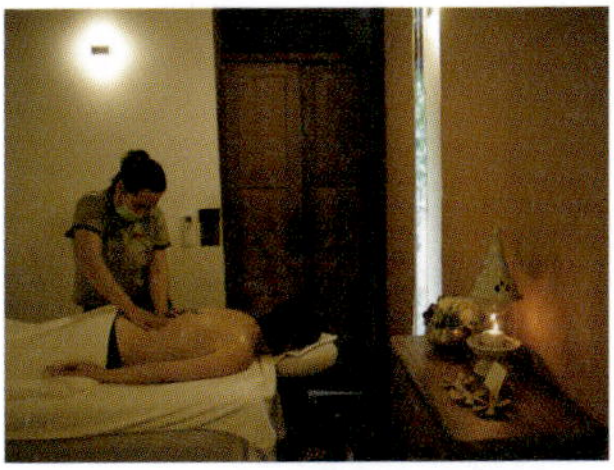

療程在包廂內進行，服務項目從基礎按摩到各種療程都有。

宛如度假飯店的空間

綠洲Spa蘭納館

THE OASIS SPA Lanna

位於古城區中心，占地面積廣大綠意盎然彷彿度假飯店。從進門的瞬間，便開啟一趟奢華的Spa體驗之旅。

4 Samlan Rd. ☎053-920-111
營 10:00～22:00 休 全年無休
交 塔佩門搭車5分鐘
刷卡OK 英語OK
古城區 ▶MAP P.18 B-2

1

2

1. 療程結束後有提供新鮮水果和茶。2. 諮詢空間也非常漂亮。

寺院按摩

用民俗傳統療法幫身體徹底排毒！

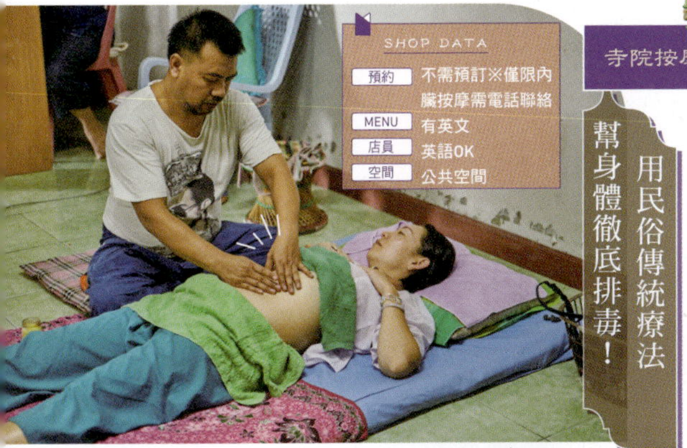

SHOP DATA

預約	不需預訂※僅限內臟按摩需電話聯絡
MENU	有英文
店員	英語OK
空間	公共空間

按摩前會仔細詢問。

體驗項目

內臟按摩
Chi Nei Tsang
120分鐘／1800B
透過內臟按摩來去除老廢物質的氣功療法。

附設按摩設施的寺廟

Wat Pan Whaen

寺廟一隅提供按摩服務，可以體驗清邁的傳統木槌按摩和泰式按摩，深受當地人喜愛。

50 Pra Pok Klaar Rd. Soi 2
☎093-327-6259
營 9:00～18:00 休 全年無休
交 塔佩門搭車5分鐘
英語OK
古城區 ▶MAP P.18 B-2

這個也推薦

木槌按摩是清邁的傳統療法，使用木槌敲擊全身，據說具有舒緩肌肉緊繃和神經痛效果。

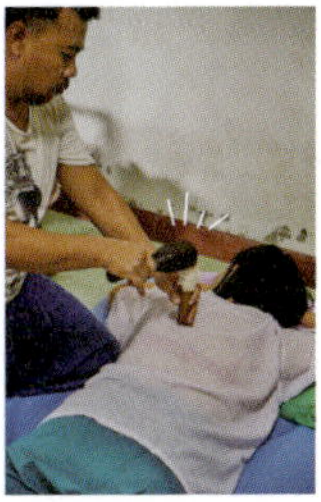

內臟按摩可能會感覺疼痛，療程後也可能會出現疲倦感，建議避免安排過於緊湊的行程。

STAY

高級度假飯店到獨特的精品旅店，多種類型可以選擇！

清邁住宿飯店6選

清邁有各種類型的住宿選擇，從度假飯店到生活風格類型等選擇多樣。
因為交通方便多嘗試幾家也是不錯的玩法，可依照目的地和預算選擇最合適的入住。

01
田園風情
樂活度假村

把清邁樸實的田園風情 升級為豪華度假村

這裡最特別

園區有瀑布和水牛！盡情體驗自然生活

相當於32個足球場的寬闊面積，擁有豐富的自然景觀。園區管理用心，五顏六色的熱帶植物和清新空氣，讓身心都充分得到療癒。

★★★★★

最適合隱居度假

清邁四季度假飯店

Four Seasons Resort Chiang Mai

位在市區北邊約30分鐘車程的自然區，擁有廣闊的田園和兩座池塘，並巧妙地融合了蘭納式客房。還有瑜伽和藍染等豐富的戶外活動。

🏠502 Moo 1, Maerim-Samoeng
☎053-298-181 ㊫每晚20800B起／房 ㊮98間 ㊯塔佩門搭車35分鐘 刷卡OK 英語OK
清邁北部 ▶MAP P.16 B-1

1

2

3

4

融入自然環境的自然色調

1所有客房都有寬敞的露台。 2在開放空間進行的Spa館。 3在池畔的設施提供瑜伽私人課程。 4園區內3家餐廳提供當地現採的新鮮食材。

How To

清邁飯店二三事
古城區和附近區域有高級飯店到民宿等多種住宿選擇，度假飯店則會位在比較郊區的位置。

蘭納式風格最受歡迎
受到蘭納時期傳統建築的影響，清邁的的設計獨具一格，有種穿越時空的懷舊感。

古城區就在附近觀光最方便
古城區到了晚上熱鬧依舊，交通方便。也有Spa和夜市，即使玩晚一點也不必擔心。

02
坐落河畔的
自然風景度假村

傳統的泰式風格 升級優雅呈現

這裡最特別！
所有房間都是套房！75m²的大空間
寬敞舒適的客房有三種房型，其中有兩種附室外露台及河景，另一種則配備私人泳池！

★★★★★

精緻的空間讓人陶醉

拉雅文化飯店
RAYA HERITAGE

飯店位於古城區東部，靜謐的座落在平河上游河畔。建築受蘭納文化的薰陶，注入現代元素優雅呈現，並有當地職人製作的家具及工藝品更添風采。

🏠 157 Moo 6, Tambol Donkaew
☎ 053-111-670 ㊫ 每晚12600B起／房 ㊮ 38間 ㊡ 塔佩門搭車25分鐘 刷卡OK 英語OK
清邁北部 ▶MAP P.17 D-1

1 Laan Cha Tea Terrace的下午茶。 2 有中庭的接待大廳，裡面有美麗的藝術品。 3 當地名媛經常光顧的店家，出眾的選品深受喜愛。 4 面向平河的泳池。

入住拉雅文化飯店期間可免費使用去古城區的接駁巴士。 131

03
百年歷史的
古蹟飯店
古城區步行可至
滿滿的度假風情

這裡最特別！

在昔日的英國領事館
享受特別的美食體驗

園區中間的建築曾是英國領事館的舊址，現在是餐廳和酒吧，並提供與英國文化相關的餐點。

大份量道地牛排

★★★★★

街道和度假村同時享受

清邁安塔拉度假村

ANANTARA CHIANG MAI RESORT

四層樓高的客房樓圍繞著園區的四周，每間都有空間開闊的露台，入住期間可以在寬敞的泳池和河景餐廳充分享受悠閒的度假氣氛。

123-123/1 Charoen Prathet Rd.
☎053-253-333
㊫ 每晚14280B起／房 ㊪ 110間
㊋ 塔佩門搭車5分鐘 刷卡OK 英語OK
河畔區 ▶MAP P.19 E-3

1前英國領事館。 2面向平河的泳池，擁有極佳的開闊視野。 3原址曾為英國領事館的餐廳「The Service1921」，提供道地的牛排和甜點。

04
以寺廟為主題的
精品飯店
位於古城區的中心
感受被寂靜包圍的住宿體驗

這裡最特別！

古城區占地最大的園區
放滿珍貴的古董

以古董收藏家聞名的業主展示來自世界各地的珍貴收藏，非常賞心悅目！

為數眾多的收藏

★★★★★

彷彿穿越時空的氣氛

查拉曼卡飯店

Rachamankha Hotel

位在泰國北部南邦，以寺廟為靈感設計，厚實沉穩的建築是一大特色。以「離家不離家」為概念，提供舒適的空間及貼心親切的服務。

6 Rachamankha 9 Alley
☎053-904-111
㊫ 每晚9446B起／房 ㊪ 25間
㊋ 塔佩門搭車5分鐘
刷卡OK 英語OK
古城區 ▶MAP P.18 B-2

1用骨董家具和工藝品裝飾的客房，簡約中卻充滿了韻味。 2寬敞的泳池，後方還設有水療中心。 3擺滿古董的藝廊區。

05
每個房間都有不同設計的
休閒旅店

★★★

當地設計師操刀設計

MO ROOMS

每間客房都有不同的動物主題，有點點圖案的牆壁，和全白的客房，獨特的設計耐人玩味。位於古城區步行可至的觀光區，非常方便。

🏠263 1-2 Tha Phae Rd. ☎088-295-4450 ㊫每晚1500B起／房 ㊮12間 ㊯塔佩門步行3分鐘

刷卡OK　英語OK

塔佩門東部 ▶MAP P.19 D-2

這裡最特別！

獨特至極的旅店
全館就是一件藝術作品

從形狀複雜的客房，到館內的裝飾品，一切都給人彷彿置身現代美術館般強烈的衝擊。

1 1樓橢圓形的泳池。 2 以猴子為主題的客房，和形狀像籃子的床。 3 天花板爬滿藤蔓的客房主題是馬。

06
和大象一起住一晚
綠色度假村

各種戶外活動也很吸引人！

柴萊蘭飯店
The Chai Lai Orchid

被熱帶雨林和田園包圍的度假村。園區內飼有大象，並提供與大象互動的課程和徒步旅行，度假村主辦的各種戶外活動也很豐富。

🏠172 M 5 T. Mae Sapok A. Mae Wang ☎082-660-2213 ㊫每晚2000B起／房 ㊮24間 ㊯塔佩門搭車90分鐘

刷卡OK　英語OK

清邁西南部 ▶MAP P.16 A-3

這裡最特別！

早上會有大象來叫大家起床！
還有很多特別的服務

大象會到平房旁邊玩耍，甚至早上還會來叫大家起床，為旅程留下特別的回憶。

1 所有客房皆為專屬獨棟平房。
2 還可以參加大象的戲水活動。
3 度假村位置在高地上，露天餐廳可欣賞壯闊的美景。

冬季是旺季，通常幾個月前就可能已經客滿，建議提早預訂會比較保險。 133

當天來回一日遊

From

清邁

獨特的文化及傳統依舊濃厚

到泰國最北端的清萊參觀美麗的寺廟和金三角

過去統治泰北的蘭納王朝曾設都清萊，距離清邁約1小時30分鐘的車程。
搭乘觀光巴士就可以尋訪不同顏色主題的美麗寺廟，
以及和緬甸、老撾接壤的黃金三角區等，各種世界知名的觀光景點。

跟團行程！

走訪白廟、藍廟、黑廟和金三角的清萊一日遊

需時 14小時30分鐘※依實際狀況行程或有變動

費用 約1200B※根據預訂時的匯率或有調整

內容 英文導遊、午餐、接送、保險

KKday →別冊P.31

7:00	從清邁出發
8:45	抵達清萊，享受足浴
11:00	白廟Wat Rong Khun
12:00	食堂用餐
13:15	藍廟Wat Rong Suea Ten
14:30	黑廟（黑屋博物館）
16:00	金三角
18:00	行程結束
21:30	抵達清邁

7:00 到清邁的飯店接送

行程費用包含到飯店的接送，根據參加人數的不同會安排對應的車種。

8:45 在清萊的天然溫泉享受足湯

比起曼谷，清萊溫相對涼爽，天然泉很受歡迎，與當地人一起泡泡腳紓解旅途的疲勞。

POINT

泰北地區頗富盛名的溫泉！

因天然資源豐富，郊外也有不少溫泉設施，多以足湯為主，若是入浴式的溫泉可租借衣服。

11:00 抵達泰國代表性的旅遊景點白廟

Wat Rong Khun 白廟由清萊的藝術家設計，創新的風格受到國內外矚目，譽為泰國最美的寺廟之一。

POINT

連小細節都沒有一絲馬虎不要錯過！

表現地獄場景的無數雙手等，在其他寺廟看不到的獨特裝飾都很值得一看。

Chiang Rai

創新設計2大寺院
與大自然的對比舉世無雙

12:00 中午到市區的食堂用餐♪

午餐為自助式，提供各種例如辣醬的的泰北料理，每天菜色不同。

13:15 藍廟的美 教人屏息

內外都以寶藍色系為主，受歡迎程度僅次於白廟。畫在正殿牆壁上的佛教神話故事，讓整座寺廟散發出濃濃的神秘感。

POINT 請留意白廟和黑廟之間的關聯性

設計者是白廟藝術家的弟子。而正殿入口處的那伽像的設計靈感則是來自黑屋藝術家的工藝品。

14:30 到黑廟（黑屋博物館）散步

這座博物館因其黑色的外觀又稱為「黑屋」。園區有多達25座以上泰北風格的建築，同時展示多項當地藝術家的作品。

POINT 泰國代表性藝術家的作品

來自清萊，譽為視覺藝術人間國寶的阿昌・塔萬・杜查尼（Acharn Tawan Duchanee）先生操刀設計。

POINT 行程包含遊船！

可以搭乘湄公河遊船，在平穩的河川上欣賞國境交界的美景與風光。

16:00 到與緬甸、寮國交界的金三角

與寮國交界的湄公河，和緬甸交界的洛克河匯流形成，位在三國交界處的三角地帶。可以欣賞到壯麗無邊的景色。

18:00 行程結束

回程搭乘巴士，視交通狀況而定，但多會在21點前後抵達飯店。

How To
暢遊清邁這樣玩！

1. 白、藍雙廟不要錯過！

儘管泰國擁有眾多華麗寺院，這裡還是被說是特別美麗，實際親身走訪的震撼感更是超乎想像。非常值得特地前往一遊。

2. 推薦可以一趟逛完的套裝行程

由於清萊的觀光景點之間距離較遠，參加一日遊的套裝行程會比較輕鬆。如果是多人同行，包一台計程車也是不錯的選擇。

這也很推薦！

也可以選擇額外追加一些景點。以下提供兩個最受歡迎的選項！

卡倫長頸族村

參觀卡倫長頸族的民族村落，可以欣賞到田園環繞靜謐的農村景致，同時享受購買精美刺繡小物的樂趣。

辛哈公園

獅子啤酒公司經營，占地廣大相當於約270個東京巨蛋的大小，可以漫遊於果園花田間，也可以在茶園體驗採茶樂趣。

❶ 最受歡迎的芭東海灘（P.140）總是熱鬧非凡！ ❷ 可以報名旅行團前往珊瑚島（P.142）。
❸ 普吉鎮古城區（古城 P.146）有許多商家和咖啡店。 ❹ Roti Taew Nam（P.151）的煎餅＆瑪莎拉咖哩非常推薦當作早餐。
❺ Cafe'in（P.157）的愛玉賣相非常可愛。 ❻ 林記福建麵（P.150）是著名的福州麵店。

普吉島

SIGHTSEEING

P.140 芭東海灘
P.142 小島觀光
P.144 人氣觀光景點
P.146 古城區

EAT

P.150 著名料理
P.152 最佳晚餐
P.154 最新咖啡店
P.156 當地甜點

SHOPPING

P.158 人氣商店
P.160 週日夜市

BEAUTY

P.162 Spa

STAY

P.164 高級飯店
P.166 新潮飯店

SHORT TRIP

P.168 皮皮島

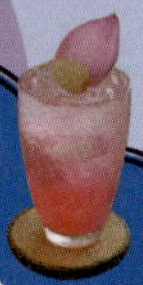

Phuket

普吉島

安達曼海上的泰國最大島嶼

與泰國本土之間有薩拉辛橋相連，走陸路也能相通。島上77%的面積皆為山地，茂密的叢林和翡翠綠的海洋，美麗的自然景觀吸引世界各地的遊客造訪。全年皆可享受水上活動，也有歷史悠久的街道和大型購物中心等，好玩的地方永遠玩不完。

人口
約45萬5千人

面積
543km^2

芭東海灘周邊

Patong Beach

普吉島最受歡迎的海灘之一

芭東海灘總是擠滿享受大海與從事水上活動的遊客。附近有不少大型購物中心、餐廳和酒吧，是充滿活力的區域。

邦格拉街
>>>P.140

芭東海灘>>>P.140

南部

Southern Phuket

有多處海灘景點和風景區

這一區有不少氣氛悠閒的海灘祕境，也有度假飯店和小型商店街，非常適合優閒放鬆。有丘陵和岬角等各種起伏地形，因此觀海的景點也非常多，其中普羅姆提普岬非常受歡迎。(P.144)

亞努伊海灘>>>P.141

北部

Northern Phuket

機場附近的度假區

北部的西海岸有很多寧靜的海灘和豪華的度假飯店。特別是班陶海灘所在的拉古娜區，有眾多飯店、高爾夫球場和購物中心，非常適合度假行程。

古城區

>>>P.146

Old Town

彷彿訴說著昔日繁華的老城區

普吉島過去因錫礦開採及國際貿易而繁榮一時，各種異國文化都在當時傳入。當時最熱鬧的古城區，現在還保留融合中國和西洋元素的繽紛建築，也有各種商店和精品店，非常熱鬧。

Trees Ice Cream
>>> P.156

普吉鎮>>>P.146

查龍灣周邊

查龍寺>>>P.145

Chalong Bay

匯集各個觀光景點

查龍灣曾是個寧靜的漁村，是前往普吉島南方島嶼時，船隻停靠及出發的地點。這裡有普吉島最具代表性的佛教寺廟——查龍寺（Wat Chalong），以及人氣海鮮餐廳。

普吉島的基本交通

Grab ◎　計程車 △　包車 ○

島嶼面積廣大，交通還是以汽車為主！

區域間的移動，汽車是不可或缺的交通工具。若想有效率地走完島上各個景點，包車會是最方便的選擇。>>>P.201

建議使用叫車App：Grab

和需要議價的計程車相比，用Grab叫車會更便宜。但在特定區域，可能候車時間會比較久，建議搭配使用。>>>P.201

普吉島有專門出租汽車和摩托車給觀光客的店家。但需備有國際駕照。

SIGHTSEEING 01

普吉島人氣觀光景點No.1

暢遊芭東海灘周邊！

巴東海灘位在西岸，是普吉島最熱鬧的地區！
海灘附近有許多飯店和商店，直到深夜都還非常熱鬧。

水上活動也超好玩，讓我們一起潛入南洋海裡！

超級清澈！

芭東海灘這樣玩 1

在沙灘躺椅度過悠閒時光

不僅可以玩水，芭東海灘也是很受歡迎的衝浪地點。陽傘和躺椅的租金都是100B。

小吃攤只要點餐就有座位。椰子汁100B。

芭東海灘這樣玩 2

沒有預約也OK

挑戰水上活動！

有香蕉船和水上摩托艇等各種水上活動。滑翔傘每次1人1500B。

在海灘附近散步

步行可至的班古拉街是晚上最熱鬧的區域，有商店、酒吧和夜店。即使到了深夜依舊擠滿觀光客。

班古拉街
Bangla Road

芭東海灘周邊

▶MAP P.21 A-5

芭東海灘這樣玩 3

班古拉街的入口就在海灘前面。

也有冰淇淋店

1. 海灘北端有PATONG BEACH的標誌。 2. 水果攤！3. 海灘周邊綠意盎然。 4. 沿著海灘延伸的是塔維翁路，計程車和嘟嘟車在這裡排班。

芭東海灘這樣玩 4

到購物中心 shopping

占地約20萬㎡的巨型購物中心有200多家商店。距離海灘步行只要5分鐘。

江西冷購物中心
Jungceylon
芭東海灘周邊
▶MAP P.21 A-5

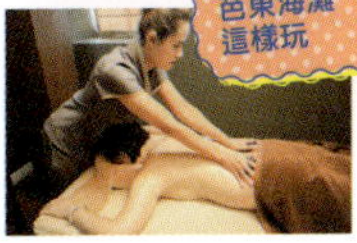

芭東海灘這樣玩 5

到休閒Spa館 放鬆

附近有很多休閒Spa館和按摩店。在海灘玩了一天後去Spa中心好好保養一下！

De Flora Spa
De Flora Spa → P.163

還有很多！

在普吉島能做的事 BEACH

普吉島西海岸還有許多美麗海灘，去找出自己最喜歡的吧！

衝浪客的最愛！ AREA 南部

照片提供：泰國政府觀光局

卡塔海灘
Kata Beach

長約2公里的沙岸，中間有小石灘為界，分為北卡塔・亞伊和南卡塔・諾伊。順著南側的山路往上爬還有可以觀景的景點。

普吉島南部 ▶MAP P.21 A-6

浮潛祕境 AREA 南部

亞努伊海灘
Yanui Beach

位在近海處小島上的祕境海灘，可以搭小艇前往島上浮潛，海底有許多熱帶魚。在當地也租得到裝備。

普吉島南部 ▶MAP P.21 A-6

位在高級度假區內 AREA 北部

照片提供：泰國政府觀光局

邦陶海灘
Bang Thao Beach

位於高級度假中心林立的區域，寧靜的氣氛很受歡迎。香蕉船每人800B，水上摩托車30分鐘1600B。

普吉島北部 ▶MAP P.20 A-3

亞努伊海灘附近的餐廳可以借用淋浴和廁所，租借小艇每人每小時100B。

SIGHTSEEING 02

跟團一日遊是最佳選擇

跟團玩遍整座島

若想搭船到離島或被大自然包圍的叢林一遊，
建議參加當地旅行社的套裝行程，方便又安心！

絕景！到珊瑚島 暢玩水上活動

位於普吉島南方約10公里處的赫島（MAP P.21 B-6）是座無人島，因其美麗的風景而稱為珊瑚島。搭船約15分鐘可到，島上可以體驗各種水上活動。

也有拍照景點！

可以在海灘上享受活動和游泳。

還提供水果服務！

推薦 ACTIVITY 1 拖曳傘

費用 800B／次

用快艇拖曳飄上空中。旁邊伴有教練可以安心體驗。

從空中俯瞰沙灘美景。

推薦 ACTIVITY 2 浮潛

費用 免費（團費內含）

搭船前往浮潛地點。有救生衣和面罩供租借。

不擅長游泳的人也可以在海灘上悠閒放鬆。

推薦 ACTIVITY 3 香蕉船

也可能落水！

費用 800B／次

搭乘香蕉船繞海灘一圈，有快艇牽引，極速體驗相當刺激。

推薦 ACTIVITY 4 玻璃船

船底還能看到海裡的魚

費用 450B／30分鐘

乘坐船身透明的玻璃船，會有在海中漂浮的感覺，享受用槳划水在海上散步的感覺。

包含午餐！

午餐提供自助式的泰國料理，飯後甜點是水果。

也有咖啡店和商店！

海灘上有咖啡店或販賣海灘用品的商店。

TOUR DATA

珊瑚島

需時：8小時

● J&R TRAVEL＞＞別冊P.31

費用 2200B

活動內容

飯店接送（部分地區除外）、午餐、面鏡&浮潛裝備、海灘椅、救生衣。

SCHEDULE

- 8:00～8:30 飯店出發
- 9:15～9:30 抵達達沙隆灣
- 9:30～9:45 抵達珊瑚島
- 10:00 前往浮潛地點
- 12:00 午餐和自由活動
- 14:30 離開珊瑚島
- 14:45 抵達沙隆灣
- 15:45～16:00 抵達飯店

What Is

水上活動最好帶上哪些東西？

防曬乳&防磨衣服
除了防曬乳，穿在泳衣外面的長袖防磨衣和緊身褲，也能多一層防護。

海灘鞋
易穿脫又不怕水的海灘鞋是必備，帆船鞋也不錯。

防水袋
玩水時將手機和貴重物品放進防水袋，就能隨身攜帶。

浮淺面鏡組
雖然套裝行程也會提供，但若介意共用，也可以在當地購買。

暈船藥
根據海況，小型船隻容易晃動，建議可以準備暈船藥以防暈船。

栲帕吊國家公園 體驗大自然

從普吉島搭車前往泰國當地自然觀光景點——栲帕吊國家公園（MAP P.2 A-3），在那裡你可以親近自然享受美景。

一起到河裡幫大象刷背。大象看起來非常享受！

推薦

自然體驗 1 大象互動

在大象營區可以餵大象吃香蕉，還可在河裡幫大象洗澡。參加活動記得穿著泳衣。

餵大象香蕉100B，大象會用鼻子接過去，非常可愛。

建議11～3月乾季前往

推薦

自然體驗 2 竹筏漂流

在國家公園的美麗河流悠閒地乘坐竹筏漂流。由於筏會進水，建議穿著泳衣搭乘。

推薦

自然體驗 3 洞穴寺廟

神仙臥佛洞（Wat Suwan Kuha）是個洞穴寺廟，裡面供奉臥佛。洞穴門票20B，外面還會有野生猴子出沒！

當地的竹筒咖啡！

竹筏是在船頭搖櫓前進。還有攝影師幫忙拍照，每張照片200B。

推薦

自然體驗 4 海龜保育中心

保育中心協助瀕臨絕種的海龜復育，海龜蛋孵化後，中心提供六個月的照顧再放回大海回歸自然。

海龜根據大小分開安置，裡面還有海龜寶寶！

內附午餐
在自然的露天餐廳，享用泰式料理套餐。

餐後甜點
漂流活動後吃個椰子布丁休息一下。

TOUR DATA

栲帕吊自然體驗遊

需時：11小時

● 普吉島快樂之旅
>>>別冊P.31

費用 1800B

活動內容
接送、午餐、導遊、保險

SCHEDULE

- 6:30 飯店接送
- 9:00 參觀神仙臥佛洞
- 10:00 在大象營地與大象互動
- 11:00 瀑布自由活動
- 12:00 午餐
- 13:45 海龜保育中心
- 14:30 竹筏漂流
- 18:00 抵達飯店

栲帕吊國家公園在泰國境內，從普吉鎮開車約需1小時30分鐘到2小時。

SIGHTSEEING 03

絕對不能錯過的經典行程
玩遍人氣觀光景點

SPOT 1
到普吉島最南端的景點一遊！

CHECK 供奉梵天神的神龕

CHECK 必看日落！

照片提供：泰國政府觀光局

CHECK 可以走到海岬的最尾端

1. 供奉梵天神的神龕，參拜者供奉的大象擺飾整齊地排列，相當壯觀。2. 日落是必看。3. 附近還有燈塔，很適合走走看看。

景色在11～5月最為美麗

神仙半島
Laem Phromthep

突出安達曼海的一處海岬，可以眺望一望無際的大海，也是普吉島觀賞日落最著名的景點之一。

🏠 Rawai, Mueang Phuket District
營 免費入場　交 古城區搭車35分鐘
普吉島南部
▶MAP P.21 A-6

SPOT 2
高聳在山丘上高達45m的巨大佛像不容錯過

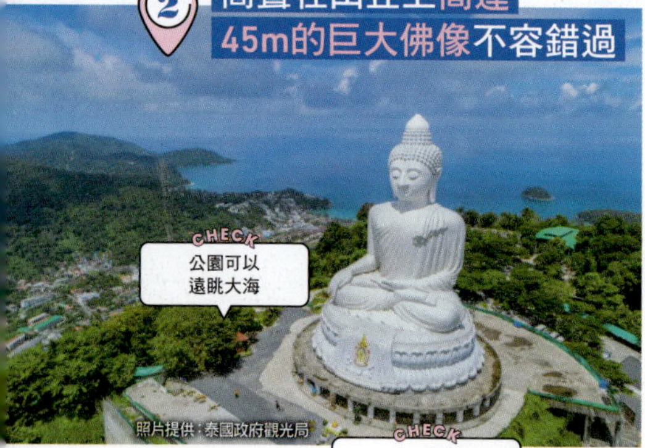

CHECK 公園可以遠眺大海

照片提供：泰國政府觀光局

這座公園是可以俯瞰大海的觀景處。

CHECK 由一萬個大理石砌成！

近距離觀看時，會發現大佛是由眾多方形大理石拼接而成。

公園內有野生猴群。

用捐助善款建造的大佛

普吉大佛
Big Buddha

正式名稱為「Phra Phutta Mingmongkol Eknakiri」。面容祥和，以鎮壓惡魔「魔羅」的坐姿呈現。

🏠 Mount Nagakerd, Karon Subdistrict
營 8:00～19:00
休 全年無休　費 免費
交 古城區搭車約25分鐘
普吉島南部
▶MAP P.21 A-5

SPOT 3
體驗釀酒及參觀工廠到萊姆酒釀造廠一遊

調酒師會親自講解示範！

CHECK 雞尾酒工作坊

1. 餐廳提供適合搭配萊姆酒的美味料理，雞肉玉米餅299B。
2. 參觀蒸餾廠的過程中有導遊解說，還可以試喝莫希托。

裡面附設餐廳和酒吧

查龍灣萊姆酒釀造廠
Chalong Bay Rum Distillery

使用100%泰國產的甘蔗，以正宗法國萊姆酒製程釀造的釀酒廠。提供工廠參觀、工作坊及品酒等活動。

CHECK 可以買到萊姆酒！

也有賣適合用來送禮的萊姆酒。

🏠 14/2 Moo 2 Soi Palai 2, T. Chalong A. Muang　☎ 093-575-1119　營 11:00～22:00（觀光導覽：13點～．15點～．17點～．19點～※需預約。工作坊：12點～．14點～．16 點～※需預約）　休 全年無休　費 觀光導覽550B、工作坊890B～
交 古城區搭車15分鐘
英語OK　刷卡OK　查龍灣周邊 ▶MAP P.21 B-5

泰國最大島嶼「普吉島」擁有許多迷人的觀光景點和參觀設施。若想飽覽島上各種景點，建議包車會比較方便。

HOW TO

不要錯過熱門新景點！

島上最新完工的大型遊樂中心已經成為話題景點。請參考P.14的資訊。

©泰國旅遊局

夢幻嘉年華 →P.14

安達曼水上樂園 →P.14

SPOT 4 參拜普吉島最多信眾的佛教寺院！

普吉島最大開運景點

查龍寺
Wat Chalong

正式名稱是「Wat Chai Talaram」。1876年曾有錫礦工之亂，廟裡供奉的正是當時解救村民的高僧佛像。

- 70 Moo 6 Chaofa Rd. Chalong
- 營 8:00～17:00
- 休 全年無休
- 費 免費參觀
- 交 古城區搭車15分鐘

查龍灣周邊

▶MAP P.21 A-5

相當受到當地人們的崇敬。

到60m高的寶塔(Chedi)上看看。

建於19世紀初的泰國佛教寺廟。

SPOT 5 和老虎近距離接觸&合影留念！

1. 費用根據老虎的大小而異，也有獵豹。**2.** 有時候還能看到老虎寶寶！

大人小孩都不亦樂乎！

老虎王國
Tiger Kingdom

可與各種不同的老虎互動，並合影留念，有專屬攝影師跟拍的服務。也附設餐廳和商店。

- 118/88 Moo 7 Kathu ☎ 076-323-311
- 營 9:00～18:00 休 全年無休
- 費 900B～(因老虎種類而異） 交 古城區搭車15分鐘 英語OK 刷卡OK

普吉島中心 ▶MAP P.21 A-4

SPOT 6 俯瞰古城區的寧靜觀景處

1. 自然景色豐富的公園，白色涼亭處就是觀景台。 **2.** 近距離俯瞰市區。

也很推薦夜景！

瑯山觀景處
Khao Rang View Point

位於普吉島古城區西北的小山丘，從這裡可以俯瞰普吉島市區以及遠處的海洋，也是當地人經常遊玩野餐的休閒場所。

- Wichit, Muang Phuket
- 營 自由入場 交 古城區搭車10分鐘

古城區周邊

▶MAP P.21 B-5

3. 設有餐廳、咖啡店和商店。其中特別推薦森林裡的咖啡店Tungka Cafe。**4.** 還有野生猴子。

位於瑯山觀景處的Tungka Cafe，露台座看出去的夜景是著名的浪漫約會勝地！ 145

SIGHTSEEING 04

色彩繽紛的街景非常可愛！
到古城區散步

START

1. Thalang Road 他朗路

身穿泰國傳統服飾
在彩色的街道漫步

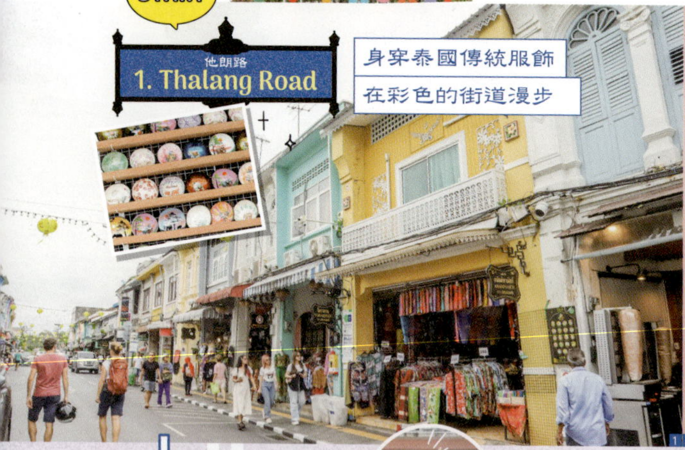

น่ารัก / 可愛

2. Rommani Road 羅曼尼路

3. Dibuk Road 迪布克路

散步好開心

1. 他朗路。 2. 6. 穿泰國傳統服飾拍攝紀念照（A）。
3. 4. 5. 羅曼尼路上的人氣冰淇淋店。 7. 佛教寺廟
Wat Mongkol Minit。 8. 9. 10. 美麗建築吸引眾多遊
客前來拍照的迪布克路。

推薦路線 ROUTE

1. 他朗路 Thalang Road
   └ Hello Phuket Studio Ⓐ
   ⇩ 🚶 1分鐘
2. 羅曼尼路 Rommani Road
   ⇩ 🚶 馬上
3. 迪布克路 Dibuk Road
   ⇩ 🚶 馬上
4. 耀華力路 Yaowarad Road
   & 喀比路 Krabi Road
   └ 泰華博物館 Ⓑ
   ⇩ 🚶 3分鐘
5. 攀牙路 Phangnga Road
   ├ 桑塔姆神社 Ⓒ
   └ Café Mem Ⓓ
   ⇩ 🚶 3分鐘
6. 普吉路 Phuket Road
   └ 普吉博物館 Ⓔ

變身泰國女子！？
Hello Phuket Studio Ⓐ

可以租到整套泰國傳統服裝，也可以
選擇含攝影師服務方案。含妝髮價格
1500B。

🏠 117 Thalang Rd. 2F
☎ 093-213-4975
🕙 10:30～18:00
🚫 週二
💰 650B～（僅服裝）
🚇 泰華博物館步行5分鐘
刷卡 OK　英語 OK
古城區　▶MAP P.23 D-2

舊址曾是中國學校
泰華博物館 Ⓑ
Phuket Thaihua Museum

建於1934年的白色建築內，展示了普
吉島華僑的歷史和文化，館內也提供
英文翻譯。

🏠 28 krabi Rd.
☎ 076-211-224
🕙 9:00～17:00
🚫 週一
💰 200B
🚇 普吉博物館步行10分鐘
古城區　▶MAP P.22 A-2

16～18世紀，普吉島曾因錫礦開採及國際貿易而繁榮一時。自古以來就是普吉島經濟中心的古城區，至今仍保留許多色彩繽紛融合中葡風格的建築。

When Is

什麼時候去比較好?

白天，中葡混合風格的老屋改建而成的咖啡館和商店非常熱鬧，入夜後打上燈光的建築物氣氛也相當迷人！

11.12. 有很多流行服飾店。13.14.16.18. 耀華力路上有很多食堂和咖啡店。15.17. 泰華博物館(B) 19. 開泰銀行（MAP P. 22 C-3）這裡有個郵筒很適合拍照。20. 桑塔姆神社(C) 21. 去喝杯咖啡(D) 22. 普吉島博物館(E)

保佑學業有成相當靈驗！

桑塔姆神社 C

Sang Tham Shrine

建於1891年的中式神社，以其美麗建築聞名。也因這裡曾是泰國BL電視劇的拍攝地而聲名大噪。

🏠 Phangnga Rd.
營 免費入場
交 泰華博物館步行3分鐘
古城區
▶MAP P.22 B-2

位於普吉島最古老的飯店裡

Café Mem D

這家風格懷舊的咖啡店提供像雞尾酒般精緻的咖啡，AnAn 130B，The Beach 130B。

🏠 19 Phangnga Rd. The Memory at On On飯店內
☎ 093-574-1161
營 7:00～18:00 休 全年無休 交 泰華博物館步行5分鐘 英語OK
古城區
▶MAP P.22 C-2

請認明有鐘樓的黃色建築物

普吉島博物館 E

Museum Phuket

博物館介紹關於土生華人（Peranakan）從歷史、服裝到美食相關的文化，建築物本身也非常美麗，值得一看。

🏠 Phuket Rd.
☎ 094-807-7873
營 9:00～16:30
休 週一 費 免費
交 泰華博物館步行10分鐘
古城區
▶MAP P.23 E-2, 3

14的照片是耀華力路上的食堂「鑫發」。供應牛肉丸麵等餐點，每天不同。

歷代王朝的光輝歷史

泰國歷史深度解說

從泰族起源到現在執政王朝一次看完！

泰國已發展成為東南亞最重要的現代化國家之一，泰族的起源可追溯到約公元前3600年，是現代泰國的形成奠定基礎的史前時代。13世紀時，隨著素可泰王朝的建立及歷代王朝的統治，逐漸形成佛教信仰和獨特的語言，歷代的歷史文化交織出現在的節基王朝。位在泰國東北的素可泰及曼谷郊外的阿瑜陀耶保留了豐富的王朝遺跡，訴說著昔日王朝的輝煌與歷史。

世界上最受歡迎的度假勝地之一的普吉島，也因為貿易活動而引入異國文化，孕育出的美麗街景讓各國遊客深深著迷。

探索泰國橫跨八個世紀的王朝歷史，無疑會讓旅程更加有意義！

普吉島古城區>>>P.146

從史前時代到古代國家的建立

泰國東北部的伊善地區被認為是泰族的起源地「班清遺跡」，有公元前至公元後3世紀的農耕文明陶器出土文物。9至13世紀期間，柬埔寨的高棉王朝曾經統治泰國東北部地區。

照片提供：泰國政府觀光局

13~15世紀

譽為「幸福的黎明」的泰國初代王朝

素可泰王朝

Sukhothai

照片提供：泰國政府觀光局

照片提供：泰國政府觀光局

13世紀初，泰族打敗高棉的勢力並建立自己的王朝。隨後，他們將清邁的蘭納王朝納入版圖，擴充勢力範圍，並透過建造佛寺和創造泰國文字奠定了泰國的文化基礎。

❶ 傳承自素可泰王朝首都的宋加洛陶器。❷ 古城區的歷史公園仍留有古廟。

AREA 素可泰 ▶MAP P.2 B-1
清萊 →P.134 清邁 →P.105

14~18世紀

歐洲與東亞之間的國際貿易樞紐

阿瑜陀耶王朝

Phra Nakorn Si Ayutthaya

阿瑜陀耶王朝於1351年建立在泰國中部，因物資的買賣而興起，並進一步併吞了鄰國素可泰。而後隨著國際貿易的發展，暹羅國（泰國的舊稱）的首都阿瑜陀耶在17世紀到達巔峰時期。

❶ 列為世界遺產的阿瑜陀耶遺跡。❷ 昭披耶河流域因水運而興起。

AREA 阿瑜陀耶 →P.94

這時候的普吉島…

16～18世紀

因錫礦開採而興起的國際貿易！

16至18世紀的普吉島是國際貿易的樞紐，當時有不少來自葡萄牙、荷蘭以及福建省的商人。1980年代後，因美麗的海灘及自然風景吸引來自各國的遊客，發展為國際知名的度假勝地。

中葡建築

古城區以融合中葡建築風格的建築最為著名，這些保有昔日風采的建築多被改裝成咖啡廳和精品店。

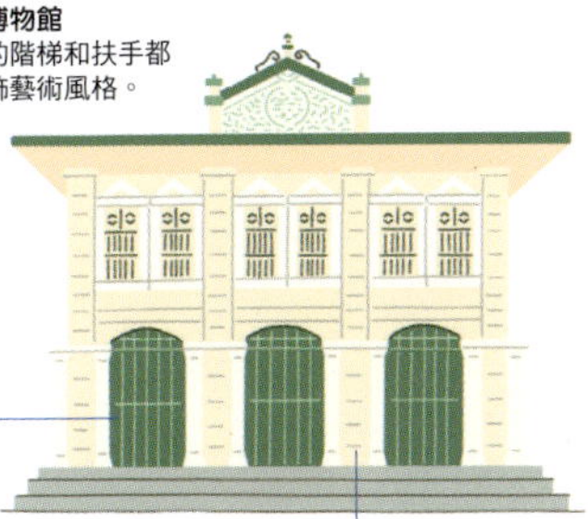

泰華博物館
館內的階梯和扶手都是裝飾藝術風格。

11～16世紀的羅馬式柱子。

店屋
樓上是住宅，多為2層樓建築。

1樓是店面，裡面通常有通風良好的中庭。

18世紀

僅15年的王朝

吞武里王朝

Thonburi

1767年，塔克辛王奪回被緬甸入侵占領的阿瑜陀耶，在吞武里（現今曼谷昭披耶河西岸）建立新都並即位為王。此後的15年間，與緬甸和柬埔寨的戰爭幾乎從未間斷。

吞武里地區的臥佛寺，正殿安放著塔克辛王的骨灰。

AREA 曼谷昭披耶河西岸 ▶MAP P.3 D-2

什麼是泰國的佛曆？

已普遍在東南亞等佛教國家使用，以釋迦牟尼圓寂的年份作為元年。

2025年為佛曆2568年！

18世紀～現在

逐漸成為近代國家的樣貌

拉達那哥欣王朝

Chakri Rattanakosin

1782年，昭披耶・扎克里（後來的拉瑪一世）平定內亂並取得塔克辛王的王位後，在拉達那哥欣島（現曼谷古城區）建立新都並即位為王。後於1932年將泰國改為君主立憲制。

❶ 王宮護國寺玉佛寺。❷ 現在王室舉行重要祭典的王宮。>>>P.26

AREA 曼谷古城區 →P.80

●重要大事

西元（佛曆）

1782(2325)年	拉瑪一世登基，首都遷至曼谷
1826(2369)年	與英國簽訂《巴內條約》
1832(2375)年	與美國簽訂通商條約
1872(2415)年	成立英國學校
1887(2430)年	成立陸軍士官學校
1906(2449)年	成立海軍士官學校
1932(2475)年	廢除君主專制改為民主立憲
1939(2482)年	從暹羅更名為泰國

玉佛寺是在1782年由拉瑪一世創建查克里王朝時所建立的護國寺。

EAT 01

泰國南部當地的特色美食

普吉島地方小吃比一比！

麵條和配料拌在一起享用的普吉島風炒麵

自製的雞蛋麵，粗卻柔軟是特色！

傳承三代的人氣！

Hokkien Mee 福建麵

來自中國福建省的麵食料理。使用粗麵條與豬肉或海鮮一起乾炒，類似日本的炒麵。

推薦重點

1. 來自華僑的藍領小吃
2. 高湯蝦味濃郁
3. 代代傳承的味道！

配麵最對味

紅蔥頭 免費

炸雞皮 12B

推薦

福建麵 Mee Ton Poe 70B

店裡的招牌菜。醬油基底調味醬汁搭配麵條，可搭配半熟蛋拌勻後享用。

這也很推薦！

福建湯麵 Mee Nam Ton Poe

湯麵版的福建麵，蝦高湯的味道十分溫和。 70B

冬蔭功湯麵 Mee Tom-Yum

70B 冬蔭功風味版的微辣福建麵，內含半熟蛋。

想吃福建麵就來這裡！

林記福建麵

Mee Ton Poe

創辦人在1946年移居普吉島，是最早將福建麵引進的店家，傳承三代的人氣老字號，除福建炒麵外其他選擇也很豐富。

🏠 214, 7-8 Phuket Rd.
☎ 087-474-9923 營 9:00～18:30
休 全年無休 交 泰華博物館步行15分鐘 英語OK

古城區周邊 ▶MAP P.21 B-5

配麵最對味

豆芽菜 免費

O Tao 泰式炒芋頭

用芋頭和海鮮與蛋、小麥粉一起拌炒而成。除了普吉島外，在泰國其他地方相當少見的地方美食。

推薦重點

1. 在普吉島以外很少見
2. B級美食庶民點心
3. 在非常當地的攤販店家提供

現炒熱騰騰

最適合有點嘴饞的時候
有點像泰國版的文字燒

推薦

泰式炒芋頭 O Tao 50B

芋頭、小蚵仔用蒜頭、魚露、辣椒醬拌炒調味。

進門才點現點現做

O Tao Bang Niao

專門提供芋頭小吃的當地餐廳。菜單包括芋頭和牡蠣，及海鮮和雞蛋等其他六種選擇。店家不諳英文，可用手指菜單點餐。

🏠 362 Phuket Rd. ☎ 091-515-4949
營 14:00～23:00 休 全年無休 交 泰華博物館搭車10分鐘 英語OK

古城區周邊 ▶MAP P.21 B-5

古城區及其周邊有許多供應普吉島特色美食的老字號餐廳，如果想品嘗海鮮，也可以前往如沙龍灣等沿海地區。

What is 泰國南部料理的特色?

普吉島的料理融合了泰國、中國和伊斯蘭文化，形成獨特的風格。一般泰國南部料理以辛辣著稱，但中國菜口味相對比較溫和，接受度比較高。

Roti 煎餅

普吉島有不少穆斯林，這種鐵板煎製的小麥麵餅就只有普吉島才吃得到，有甜鹹兩種不同版本。

推薦重點

1. 像泰國版可麗餅，也可以當點心
2. 當早餐是最當地的吃法
3. 開店後馬上客滿！

深受當地民眾喜愛的早餐 煎餅×咖哩的黃金組合

推薦 印度煎餅和煎蛋
2 Plain Roti with 1 Fried Egg
30B
用炭火煎得酥脆的煎餅再加上荷包蛋！

推薦 香料雞肉咖哩
Chicken Massaman Curry
50B
加入煮至入口即化的雞肉咖哩，好入口不辛辣。

一天賣300個以上

米其林指南收錄的知名餐廳

Roti Taew Nam

擁有70年以上歷史的煎餅老店，美味煎餅的祕密在於使用棕櫚油及炭火加熱，店內提供五種口味的甜煎餅及六種咖哩。

6 Thep Krasattri Rd.
☎ 076-210-061 營 7:00～12:00
休 全年無休 交 泰華博物館步行6分鐘 英語OK
古城區 ▶MAP P.23 E-2

這些也很推薦

香蕉煎餅 35B
Banana+Egg Roti
煎餅加蛋再夾入香蕉一起煎。可以搭配煉乳一起吃。

牛肉咖哩 60B
Beef Curry
湯汁比較清爽的牛肉咖哩。用煎餅沾著一起吃非常美味。

Kaeng Som 泰式酸咖哩

泰國南部的傳統料理，Gaeng(咖哩) Som(酸)，顧名思義是帶酸又帶辣的咖哩湯。

推薦重點

1. 泰國南部的酸味吃了會上癮
2. 名叫咖哩其實是湯
3. 鮮橘色是一大特色

就是在炎熱的熱帶國家才會想吃的酸辣湯！

推薦 泰式酸咖哩
Sour Soup with Shrimp and Mix Veggies
150B
裡面加了滿滿大蝦的酸咖哩，可以選要加蝦或白肉魚。

海鮮非常美味的當地餐廳

Ajan Restaurant

這家餐廳使用當天捕獲的新鮮海鮮，除了菜單上的料理，還有其他多種不固定的菜單，可以在開闊寬敞的店內享用。

Chao Fah Tawan Tok Rd. ☎ 082-815-2858
營 17:00～22:00 休 週一 交 古城區搭車15分鐘
查龍灣周邊 ▶MAP P.21 A-5

這些也很推薦！

泰式墨魚汁炒墨魚 150B
Plamuek Tod Nam Dam
墨魚汁炒墨魚，只有在新鮮墨魚進貨時才會供應的隱藏菜單。

泰式鮮蝦四角豆沙拉 100B
Thai Winged Bean Salad
鮮蝦和四角豆的小炒，帶有辣味，加入腰果的口感很不錯。

Roti Tiew Nam連續5年入選米其林必比登的推薦餐廳。

EAT
02
除了當地的南泰料理也有美味的海鮮
最佳晚餐推薦！

南泰料理
環境也很棒

1. 寬敞的店面一開店就坐滿客人。2. 懷舊復古的裝潢很漂亮。

磁磚超可愛，如畫般的空間超迷人。

BESTMENU
泰式辣醬拼盤
Sea Thai Paste with Dried Shrimp and Garlic
490B
享受將生菜或煮熟蔬菜浸入發酵蝦醬的樂趣。

試試普吉島的鄉土料理

One Chun

融合泰國料理和中國移民飲食文化的餐廳，可以品嘗到道地的普及島料理，由於很受歡迎，建議提早前往。

也一起嘗嘗！

普吉島紅燒肉
Traditional Phuket Style Steamed Pork Berry
265B

風味濃郁帶有甜味的紅燒肉。完全不辣超級下飯。

BESTMENU
蟹肉咖哩
Fresh Crab Meat with Yellow Curry and Coconut Milk Served with Noodle 390B
390B
鹽味蟹肉咖哩配米粉麵。即便在泰國料理中口味也算偏辣。

🏠 48/1 Thep Krasattri Rd.
☎ 076-355-909
營 10:00～22:00（LO 21：20）
休 全年無休 交 泰華博物館步行8分鐘 英語OK
古城區 ▶MAP P.23 E-1

預約 可(僅限當日，洽電話或Facebook) 預算 每人500B～ 服裝 休閒服

BESTMENU
蒸螃蟹
Steamed Crab
500B/500g
用整隻新鮮螃蟹清蒸，風味簡單，食用時可搭配微辣的醬汁。

1. 傍晚時分很美。 2. 木板棧道旁是養殖魚池，裡面有豐富的新鮮海鮮。 3. 可直接從魚池中挑選海鮮。

當地海鮮餐廳
主打價格合理又品質新鮮！

也一起嘗嘗！

600B/500g
炸虎蝦
Deep Fried Tiger Prawn with Cilli & Solt

炸到酥酥脆脆的虎蝦，再淋上辣椒醬。

交通方式！

1. 乘車前往倫平碼頭
搭乘計程車前往倫平碼頭（Laem Hin Pier）。

2. 確認乘船處
在入口詢問處提供店名，對方會提供乘船位置。

3. 前往碼頭搭船
提供店名後上船，與當地人共乘。

4. 搭船抵達店家
大約需5分鐘。回程時也需請他們幫忙叫船。

BESTCOURSE
檸檬蒸蛤蜊
Boiled Clam with Lemon Grass
180B
帶有清爽香茅香的料理，蛤蜊湯汁非常鮮美，建議一滴都不要放過。

地點非常特殊的海鮮料理店

Kruvit Raft

位在普吉島近海處，椰子島附近的海上漂浮木筏餐廳。360度的海洋景觀和開放式的空間頗有特色。

🏠 普吉島東海岸、平倫碼頭和椰子島之間 ☎ 086-687-0892
營 10:00～22:00 休 全年無休
交 古城區到平倫碼頭搭車25分鐘，接駁船5分鐘 英語OK
普吉島東部 ▶MAP P.21 B-4

預約 可(洽電話或Facebook) 預算 每人500B 服裝 休閒服

普吉島的晚餐選擇多樣，有當地美食、海鮮和飯店餐廳。這裡介紹幾家不同價位及用餐類型的餐廳！

米其林星級餐廳

普吉島唯一！

推薦在開放式廚房的吧檯座位。

BEST COURSE

The PRU Experience 6900B

菜單每個月更新一次，只供應套餐，含甜點共有10道料理。

1. 焦糖化香蕉和日式食材的義式冰淇淋。 2. 烤熟成鴨肉。 3. 煙燻榴槤佐泰國近海魚子醬。

沙龍區會提供餐前酒和餐後甜點。

飲料有這些

佐餐酒（含無酒精飲料） 2500B

套餐可以搭配佐餐的葡萄酒，也提供無酒精飲品的選擇。

請享受我的創意料理！

Jim Ophorst主廚

普吉島首間米其林一星餐廳

PRU

頂級度假飯店特里薩拉的招牌餐廳。在這裡可以體驗實踐「從農場到餐桌」獨一無二的米其林風味。

🏠 60/1 Moo 6, Srisoonthorn Rd.（特里薩拉內） ☎076-683-344 營 12:00～15:00（僅週五・六）、18:00～22:30 休 週日・一 交 古城區搭車45分鐘 英語OK 刷卡OK

普吉島北部 ▶MAP P.20 A-3

預約 可(請洽電話或官網)
預算 每人7400B～
服裝 半正式休閒服
其他套餐 蛋奶素食套餐 6400B

飯店餐廳

迷人的海洋景觀

BEST MENU

Sea（海鮮套餐） 2700B～

主菜有4種選擇的8道菜套餐，甜點也有2種。

可以眺望安達曼海的露台區是最佳座位。

店內氣氛優雅，建議提前預約。

飲料有這些

Nam Jai 300B

開胃酒是泰國水果及香草調製的特調雞尾酒。

1. 虎蝦、貽貝等各式海鮮。 2. 主菜是普吉島龍蝦。 3. 黑色椰子布丁。 4. 蔬菜蟹肉沾醬拼盤。

海洋景觀飯店餐廳

Seafood at Trisara

靈感來自泰國南部家庭料理的創意泰國菜，有招牌海鮮及肉類兩種套餐選擇。

🏠 60/1 Moo 6, Srisoonthorn Rd.（特里薩拉內） ☎076-683-320（預約） 營 18:00～22:30 休 全年無休 交 古城區搭車45分鐘 英語OK 刷卡OK

普吉島北部 ▶MAP P.20 A-3

預約 可（請洽電話或官網） 預算 每人3500B～
服裝 半正式休閒服
其他套餐 Land 2000B～

Pru和Seafood at Trisara都是頂級度假村特里薩拉（→P.164）附設的餐廳。

EAT 03

味道和地點都超棒！

最新人氣咖啡廳♡

普古島有許多美到值得一訪的咖啡廳！
讓我們盡情享受道地的泰式料理和度假感滿分的空間吧！

CAFE 1

美到想發文！蓮花池畔 看看絕美咖啡廳

還可以拍影片

蓮花池畔的無人機拍攝非常受歡迎。費用1人500B，2人800B。

大王蓮的巨型葉。雨水較少的12～2月是最佳觀賞季節。

美照拍不完的咖啡廳

Ma Doo Bua Cafe

蓮花池畔的打卡人氣咖啡館。提供付費的無人機拍攝服務，但名額有限，建議盡早前往預約。

310/51 Moo 1, Tambon Thepkrasattri, Bandon-Cherngtalay Thalang District ☎063-197-9244
營 9:00～20:00 休 全年無休
費 無人機拍攝500B～ 交 古城區搭車約30分鐘 英語OK
刷卡OK

普吉島北部 ▶MAP P.20 A-3

可以選擇沙發或桌位，不接受預約。

♡也點了這個♡

145B
285B

蜜香蛋黃絲拿鐵（左）
Foi Thong Iced Latte

The Petal（右）
加上泰國傳統甜點的拿鐵，和以蓮花為主題的飲料，外觀都非常可愛。

250B

芒果起士蛋糕
Mango Cheesecake
濃郁的芒果起士蛋糕，搭配冰淇淋一起享用。

麵包也可以外帶

CAFE 2

海景 **烘焙坊咖啡廳**

甜點和飲料都非常到位！

1. 份量十足的肉桂捲80B是店裡的招牌。
2. 烤南瓜沙拉210B。

海景相當迷人

Cannelle Bakery & co

主打麵包的烘焙坊咖啡館。肉桂麵包是招牌，店名的「Cannelle」是法語「肉桂」的意思。餐點選擇也很豐富

228/4-5 Khok Tanod Rd., Karon
063-015-5562
7:00～21:00
休 全年無休　交 古城區搭車25分鐘
英語OK　刷卡OK
普吉島南部
▶MAP P.21 A-6

♡也點了這個♡

肉桂拿鐵
Cannelle Latte
充滿肉桂香的冰拿鐵。熱飲130B。

可頌班尼迪克蛋
Croissant Benedict
兩顆蛋的班尼迪克搭配酥脆的可頌。

圓形的現代風建築十分美麗。還附設共享工作空間。

CAFE 3

古城區 **絕美建築咖啡廳**

可愛得沒話說！

室內用懷舊老照片裝飾。

純白的灰泥拱門非常美麗。還有露台座位。

♡也點了這個♡

泰式鴛鴦
Kopi Charm
混合了濃縮咖啡與泰式紅茶的普吉島特色拿鐵。

風采迷人的百年白色建築！

泰華咖啡
Thai Hua Cafe

華僑學校的校舍改建而成的咖啡館。店內供應泰式咖啡和月餅等中國甜點。

23 Dibuk Rd.　076-212-454　9:30～18:00
休 全年無休　交 泰華博物館步行5分鐘　英語OK
古城區 ▶MAP P.22 C-1

泰華咖啡館也是當地福建人的交流中心。每週六還會舉行卡拉OK派對。

EAT 04

只有這裡才吃得到！？

品嘗當地甜點！

當地甜點

這也很推薦！

Bi Co Moi
150B
蝶豆花和椰子冰淇淋加黑米甜湯。

O-Aew Original
120B
愛玉、紅豆加花香糖漿冰沙。

LOCAL SWEETS

Torry's Signature Sundae
Torry's Signature Sundae
195B
冰淇淋口味任選的迷你冰淇淋聖代。

上面有鳳梨果醬月餅。

配鮮奶油一起吃更加美味。

普吉島傳統點心的綠豆饅頭口味冰淇淋。

也可以外帶！

裝潢可愛的店面和店外座位區。

所有食材都是有機！

Torry's Ice Cream

店主設計融合了普吉島傳統點心的創意冰淇淋非常受歡迎，還有多種熱帶水果口味。

16 Soi Rommani ☎076-510-888
㊋10:00～18:00 ㊡全年無休
㊌泰華博物館步行5分鐘 英語OK
古城區 ▶MAP P.22 D-2

忍不住想拍照！

中華甜點

LOCAL SWEETS

焦糖卡士達布丁
Caramel Custard Pudding
100B
簡單的卡士達布丁，小巧份量恰到好處。

LOCAL SWEETS

芝麻丸子
Sesame Ball
20B
附設的外帶專用區也販賣炸湯圓，現炸好吃！

黑芝麻裡面包紅豆，白芝麻裡面包黃豆。

微苦的焦糖醬是重點，上面裝飾金箔！

這也很推薦

刨冰
(愛玉、紅豆、西瓜&香蕉)
Shaved Ice with Aiyu Jelly, Japanese Red Bean, Watermelon & Banana
90B
上面有水果、果凍和紅豆的刨冰。

外觀可愛又復古，附設外帶專用區。

提供中泰合璧的甜點

甜甜

Tian Tian Phuket Dessert Cafe

上面放了愛玉、泰國茶和熱帶水果的刨冰是招牌，所有甜點都是自製。

2/4 Phangnga Rd. ☎098-856-6656
㊋12:00～22:00 ㊡全年無休 ㊌泰華博物館步行3分鐘 英語OK
古城區 ▶MAP P.22 B-3

古城區有許多甜品咖啡店，像是普吉島的名產愛玉冰，與象徵文化融合的中式甜點，都是只有在這裡才吃得到的珍品！

What Is

愛玉是什麼?

是泰國南部特產的一種無花果，用水搓揉愛玉果實的種子會得到天然的果凍，當地通常會搭配刨冰一起吃。

愛玉

來碗道地的愛玉冰吧！

店裡還有繽紛的露天座位。

刨冰上有滿滿的愛玉凍。

搭配玫瑰風味的糖漿。

圓圓的西瓜球可以自己搭配。

LOCAL SWEETS

愛玉西瓜加玫瑰糖漿

Oh Aew Watermelon & Rose Essense
79B

西瓜刨冰加愛玉和檸檬雪酪。

這也很推薦

愛玉(蜂蜜檸檬)
Oh Aew Honey Lemon
79B
蜂蜜和檸檬刨冰加愛玉，風味清爽。

請認明中式風格的裝潢，內裝也是中國風。

人氣愛玉咖啡店在這裡

Cafe'in

可以吃到以傳統方法製作的道地愛玉， 搭配色彩繽紛的水果糖漿和刨冰一起享用。

24 Krabi Rd. ☎086-389-1192 營10:00～19:00 休全年無休 交泰華博物館步行1分鐘 英語OK
古城區
▶MAP P.22 B-2

刨冰

LOCAL SWEETS

泰式紅茶刨冰

Thai Tea Bingsu
235B

搭配泰國傳統紅茶的刨冰。

上面有微甜的黑糖凍。

喜歡甜一點再加煉乳。

上面有鮮奶油&小顆粒的米果。

店如其名，就位在普吉街和拉薩達街的轉角處。

這也很推薦

舒芙蕾鬆餅
Souffle Pancake On The Beach
285B
充滿空氣感的鬆餅淋上焦糖布丁醬。

皇家榛果醬鬆餅
Royal Nutella Pancake
280B
鬆餅搭配榛果醬、草莓、香蕉和冰淇淋。

早上就開始營業的鬆餅咖啡店

Pancake Corner

以入口即化的鬆餅聞名，在普吉島共有四家分店。也提供非甜食的餐點，也適合早餐時段來用餐。

51/2 Phuket Rd. ☎099-365-6796 營9:00～22:00 休全年無休 交泰華博物館步行10分鐘 刷卡OK 英語OK
古城區
▶MAP P.23 E-3

Pancake Corner的鬆餅點餐後需要25分鐘製作。

SHOPPING 01

從美妝到服飾都充滿南洋風！

到人氣店家尋找可愛小物

想在普吉島幫自己買點禮物，有當地品牌小物和可以現穿的度假風服飾應有盡有！
一起去逛逛這些人氣店家。

Lemongrass House

普吉島當地有機美妝保養品

150B

按摩油（雞蛋花）

含荷荷巴油與植物精油，可全身使用。

85B

香皂

薄荷、蓮花和茉莉等香味的肥皂，也適合當紀念品。

各150B

洗髮精&護髮乳（檸檬草）

含香茅精油、並添加蘆薈和綠茶成分。

280B

身體磨砂膏

使用荷荷芭油並添加蘆薈成分，去除老廢角質回復肌膚光滑。

BARÜ

適合海灘的休閒單品

1650B

洋裝

大網眼針織連身裙，非常適合在海灘穿著。

1790B

成套褲裝

綁帶上衣的成套褲裝，質料柔軟舒適透氣。

1590B

洋裝

幾何印花的迷你連身裙，也可當外衣穿。

1550B

成套迷你裙

針織短版上衣和迷你裙的套裝。

1850B

比基尼

顏色及圖案花色豐富的成套比基尼，成熟風的熱帶花紋×黑色。

飯店和Spa中心愛用的當地品牌

Lemongrass House

使用泰國國產草本植物和花卉精油，並添加高保濕效果的荷荷芭油製成的有機化妝品當地品牌。在普吉島共有六家分店。

🏠 35 Yaoward Rd.　☎ 081-271-2771　㊎ 8:00～20:00
㊡ 全年無休　㊇ 泰華博物館步行2分鐘
英語OK　刷卡OK　古城區 ▶MAP P.22 B-2

從頭到腳充滿南洋風情的服裝

BARÜ

店主精選的時尚單品，看了會讓人想去海邊或海邊餐廳走走。印花連身裙和套裝，圖案及顏色種類豐富。

🏠 13/36 Moo 1 Rawai Phuket　☎ 076-530-579
㊎ 11:00～20:00　㊡ 全年無休　㊇ 古城區搭車25分鐘
英語OK　刷卡OK
普吉島南部 ▶MAP P.21 A-6

How To

購物途中休息放鬆的最佳咖啡廳

附設咖啡廳的商店可讓逛街的人稍事休息，悠閒購物！Endless Summer和Paradi的咖啡店也很受歡迎。

Endless Summer
裝潢可愛，有色彩繽紛的沙發和抱枕。蜜桃霜淇淋250B。

Paradi
巧克力專賣店等級的巧克力飲品120B和霜淇淋95B。

Endless Summer

精心挑選的服飾到室內設計都非常迷人

820B

托特包
火鶴圖案的托特包，可以收納浴巾的大容量。

750B

手環
法國購回的手鐲非常適合時尚度假風。

550B

刺繡小物包
緞面布料的中國風小物包，上面復古風格的刺繡花朵非常搶眼。

360B

小物盒
編織小物盒5～10cm共有三種尺寸，也可當作室內擺飾。

4200B

比基尼
性感又可愛的大人系泳裝，商品幾乎都只有一件。

PARADAI

720B

BONBON 9顆禮盒
加入熱帶食材，如寶石般的巧克力。

250B

70%黑巧克力
使用普吉島產的可可豆，古城限定包。

使用泰國各地產的可可豆製作包裝非常可愛的巧克力

250B

75%黑巧克力
使用泰國南部那空西塔瑪拉的可可豆製作的苦甜巧克力。

可愛的綠色殖民式建築

Endless Summer

店主是法國妝髮造型師，為大家精選來自世界各地的商品，走的是融合都會設計風格的波西米亞風。

🏠 175 Yaowarad Rd. ☎ 096-757-7541 營 10:00～19:00 休 週一 交 泰華博物館步行5分鐘
英語OK 刷卡OK 古城區 ▶MAP P.22 B-1

泰國可可豆做成的巧克力

PARADAI

在國際間榮獲多項大獎的精品巧克力。店內也設有烘焙及製作的實驗室。目前在曼谷有3間分店，普吉島只有這裡才買得到。

🏠 36 Yaowarad Rd. ☎ 無 營 10:00～20:00 休 全年無休 交 泰華博物館步行2分鐘
英語OK 刷卡OK 古城區 ▶MAP P.22 B-2

Paradai的巧克力禮盒「Phuket Signature」，裡面有椰子、鳳梨和糯米等各種經典泰式風味。

SHOPPING 02

可能會發現意想不到的好物

週日晚上就要去週日夜市

週日夜市每週日晚上在古城區開市。
在這裡可以吃到便宜好吃的泰式料理，還有雜貨和小物可以挖寶，非常有趣！

週日晚間限定玩法

週日夜市

Sunday Night Market

古城區塔朗路上的小攤林立，提供現做的新鮮美食、甜點及手工藝品等，讓人目不暇接！

Thalang Rd.
營 16:00～22:00左右　休 週一～六
交 泰華博物館步行1～5分鐘
古城區
▶MAP P.23 D-2

How To

1. 夜市16～22點營業
攤販從傍晚開始漸漸增加，入夜後最為熱鬧，營業時間因店舖而異。

2. 挑戰殺價
攤位上的商品可以議價，如果大量購買還可能會有折扣。

3. 要留意隨身物品
和原宿的竹下通一樣擁擠，所以記得顧好包包，妥善保管貴重物品。

4. 留意生食！
有些店家會提供海鮮的生食，但因炎熱高溫要留意食物中毒的問題，吃熟食還是比較安全。

還有一個夜市！

週三～五的小眾夜市

購物中心設立的小型夜市。有樂團表演，頗受年輕人歡迎。

Phuket Indy Market

2/23 Dibuk Rd. Lime light Avenue內 ㊡ 16:00～22:30左右 ㊡ 週六～二 ㊡ 泰華博物館步行10分鐘

古城區 ▶MAP P.23 F-1

1. 芒果糯米飯50B。
2. 泰式粿汁40B。

市場戰利品大公開

手工製品太可愛了！

普吉島的手工藝品

耳環

手工製作的雕刻和彩繪貝殼耳環。

各159B

200B

手鍊

價格合理得驚人的普吉島珍珠。

159B

耳環

用堅硬的椰子殼雕刻，造型豐富。

塔蘭街傍晚就開始車輛管制，路旁擺滿攤販。

從晚餐到甜點都包辦！

水果&泰式料理

20B

APON

椰子可麗餅是泰國當地甜點。

青木瓜沙拉

又酸又辣，加了玉米讓人一吃上癮的涼拌沙拉。

60B

30B

炒寬米粉

寬米粉做成的炒麵。

30B

水果

滿滿的鳳梨、木瓜等當令水果。

65B

柳橙汁

甜度很高的泰國柳橙100%原汁。

明天就可以穿的單品！

流行服飾

200B

細肩帶

在市區也可以穿的短版針織細肩帶。

200B

長褲

材質透氣的長褲，花樣和顏色都非常豐富。

250B

短褲

到海灘或戶外活動都非常實穿！

這也可以體驗一下！

蠟染著色體驗150B，也有飾品製作體驗99B等各種攤位，像廟會一樣熱鬧！

有些攤位在普吉島也可能有店面，可以先查好感興趣的店家。 161

BEAUTY 01

熱帶國度的療癒體驗

普吉島做Spa先從景觀挑起

有在大自然或私人別墅進行的豪華Spa，也有在市區街邊的休閒按摩，
普吉島的Spa和按摩的類型相當豐富！

scene-1

森林

四周環繞著熱帶植物的理療室，光是坐著，享受耳邊的鳥語及綠意就很療癒。

SHOP DATA

預約 需預約※洽官網

療程 有英文

工作人員 英文OK（設有日文提前諮詢電話）

空間 庭院涼亭、室內個人包廂

除了專用按摩涼亭外，還有包廂。

普吉島市中心的熱門店家

Mookda Spa

店主同時經營有機草本商店，療程皆使用自家研發的泰國天然草本產品，庭院涼亭區非常受歡迎。

75/18 Vichitsongkram Rd. ☎ 076-321-844（英語・泰語） 營 9:00～22:00
休 全年無休
交 古城區搭車15分鐘 刷卡OK 英語OK
普吉島市中心 ▶MAP P.21 A-4

推薦 MENU

Mookda Special Package
2000B
（1小時30分鐘）

除了泰式古法按摩，還有使用草本藥膏的肩頸背部按摩。

推薦 MENU

Shirodara Package
4300B
（3小時30分鐘）

精油滴在眉心的灌頂療法(Shirodhara)，內含按摩、洗髮和桑拿等服務。

被大自然療癒

蝶豆花洗髮精480B等商品，現場也提供販售。

戶外還有寬敞的浴池。

How To

在古城區的海灘上……也有這樣的Spa！

古城區有許多休閒的按摩店，在芭東海灘等大型海灘上還有露天按摩區。

相當開放的環境！泰式按摩一小時約300B。

在古城區有四家分店的Kim's Massage。

scene-2

城中區

地處交通方便的市中心，晚餐後或即使時間晚一點也可以輕鬆前往是它最受歡迎的地方。建議事先預約。

接待櫃檯的環境非常時尚。

裝潢非常可愛的按摩店

黃色的外觀非常好認，左邊還有美甲沙龍。

SHOP DATA

預約	需預約※洽官網
療程	有英文
工作人員	英文OK
空間	室內個人包廂

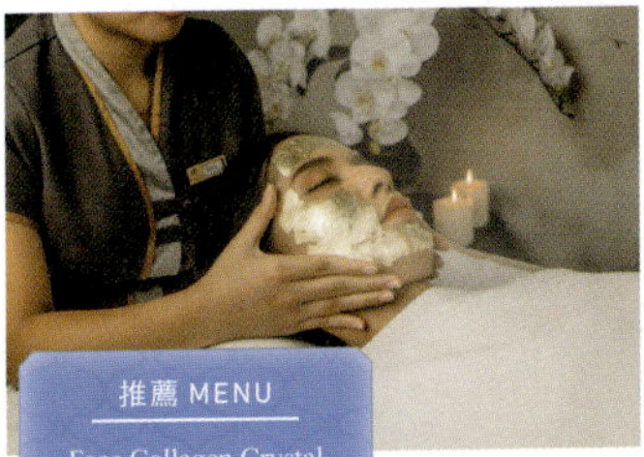

推薦 MENU

Face Collagen Crystal Gold Mask

1100B

（1小時）

使用24K黃金面膜為肌膚補充營養，促進排毒，也提供按摩服務。

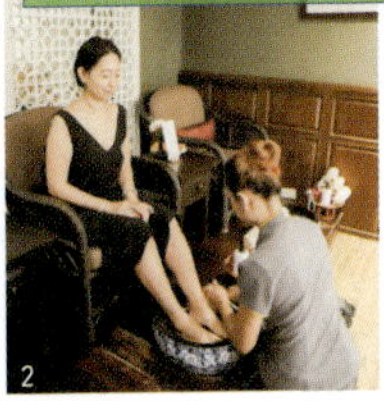

1. 療程都是在個人包廂中進行。
2. 療程前都會有足部按摩。
3. 可以單買藥草球。

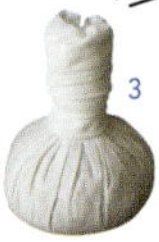

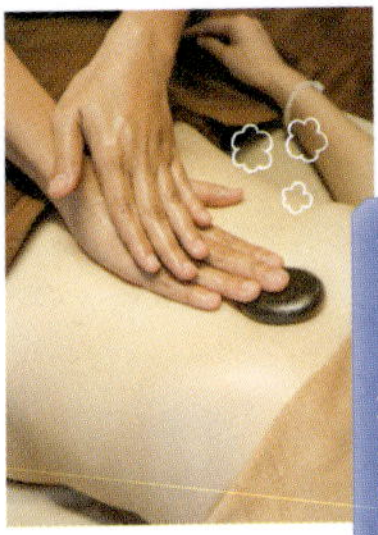

請好好放鬆

推薦 MENU

熱石按摩

Hot Stone

2200B（1小時30分鐘）

使用熱石舒緩肌肉，提升放鬆效果。

豪宅般的空間非常可愛

De Flora Spa

位於芭東海灘附近，交通方便。若有空位就可直接前往，但因為很受歡迎，建議提前預約。

216 Rash-u-tit 200 Pee Rd. ☎076-344-555 營10:00～24:00（LO 23:00） 休全年無休 交古城區搭車30分鐘 刷卡OK 英語OK

芭東海灘周邊 ▶MAP P.21 A-5

享受個人專屬的療癒空間就到飯店Spa！

被綠意包圍的私人別墅，限2人。

推薦 MENU

Royal Banyan

15000B

（2小時30分鐘）

用浸泡在芝麻油裡的草藥球進行全身按摩。

飯店裡的奢華Spa

Banyan Tree Spa

共12間私人別墅，每間別墅都配有淋浴室，療程使用泰國國產草藥和香料，享受極致奢華的療程體驗。

33 Moo 4, Srisoonthorn Rd. 普吉島悅榕莊飯店內 ☎076-372-400 營10:00～18:00 休全年無休 交古城區搭車30分鐘 刷卡OK 英語OK

普吉島北部 ▶MAP P.20 A-3

scene-3

別墅

宛如置身飯店房間，獨享極致奢華的私人別墅空間，彷彿公主般的待遇♡

SHOP DATA

預約	需預約※洽官網
療程	有英文
工作人員	英文OK
空間	全室內個人包廂

1. 館內使用芳療精油。2. 迎賓飲料是橙汁和薑汁口味。

悅榕莊使用的產品，除了在Spa中心的接待處外，還可以在另一棟的商店購買。

STAY

從海灘度假村到市區飯店！

入住普吉島最佳飯店

該選擇有海景優勢的豪華度假村，
還是交通便利的古城區周邊都市型飯店呢？

01 想住高級飯店！

在普吉島眾多奢華飯店中，獨特的地理位置和有口皆碑的服務，非這裡莫屬！

極致奢華!!
到迷倒世界各國名媛貴婦
的高級度假村住一晚

度假村前面有遼闊的私人海灘。

230㎡的招牌海景泳池套房。

這裡最特別

極致奢華的海景別墅

每間海景別墅都配有專屬無邊際泳池，135～300㎡大的面積很寬敞。

有室內及室外的休息空間，可在泳池邊享用早餐。

1. 地中海創意料理餐廳Cielo，海鮮塔4900B，可大啖各種海鮮。2. 茴香沙拉600B。

1

2

★★★★★

被熱帶植物包圍的別墅

Trisara

位於普吉島西南部的寧靜海灣，擁有39棟能眺望安達曼海的飯店別墅，及22棟配有管家的獨棟別墅，多樣化的餐點也是一大迷人之處。

🏠 60/1 Moo 6, Srisoonthorn Rd.
☎ 076-310-100 費 海景泳池豪華小套房1325$起 交 古城區搭車45分鐘 刷卡OK 英語OK
URL https://trisara.com/jp/
普吉島北部 ▶MAP P.20 A-3

SPA

6間Spa理療室也有海景，也開放非住客使用。

ACTIVITY

提供瑜伽和泰拳等各種課程，戶外活動也非常多樣。

BEACH

被綠意包圍的私人海灘。旁邊還設有公共游泳池。

What Is

普吉島飯店二三事
從國際品牌到超便宜的飯店都有。喜歡悠閒的人可選度假村，喜歡漫遊城市的人就選市區飯店吧。

還是喜歡海邊度假村！
擁有海景的奢華飯店大多集中在東海岸，尤其是集中在邦濤海灘的樂古浪區。

市區飯店也很推薦
在古城區和芭東海灘周邊也有不少休閒旅店，推薦給注重交通便利的旅客。

被熱帶雨林包圍 終極自然度假村

叢林

置身叢林般的森林

站在可以俯瞰大海的山丘上。

這裡最特別！
充滿個性的度假小屋&別墅
靈感來自古代四種生活方式的四種客房，每間都有專用泳池和戶外露台。

在公共區域的酒廊也可欣賞美麗景色。

以鳥巢為靈感的鳥巢泳池別墅。

以遊牧民族為靈感的帳篷泳池別墅，面積為140㎡。

★★★★★
全方位療癒系隱藏度假村

Keemala
近卡馬拉海灘卻仍能享受置身森林的禪修式隱祕度假村。有38間別墅、SPA和餐廳等設施，體驗極致奢華隱居式度假。

🏠 10/88 Moo 6, Nakasud Rd.
☎ 076-358-777　每晚17748B起／房　古城區搭車30分鐘　刷卡OK　英語OK
URL www.keemala.com/ja/
卡馬拉海灘周邊
▶MAP P.21 A-4

SPA 在備有桑拿和香氛浴的Spa室，享受使用海藻的療程。

POOL 清涼的瀑布流入公共泳池，營造出一股山野情趣。還有游泳池酒吧。

DINNG 在開放式的餐廳享用晚餐，大量使用在園區種植的草本植物。

Keemala住宿3晚以上就提供Special retreat package，可以透過Spa和健身活動來放鬆身心。

02

交通便利的時尚旅店！

近古城區和海灘等交通方便的觀光景點，設計感十足的空間也是魅力所在。無論是崇尚悠閒或喜愛戶外活動的人都非常合適！

設計風格旅店

融合中泰文化的設計風格旅店

設計感十足的公共泳池。

這裡最特別

店主精心設計的室內裝潢

中國裔業主以18世紀的住宅為靈感設計而成。

大理石階梯等奢華的內裝。

1. 中泰混合風格的擺飾。2. 在懷舊的氛圍中巧妙融入歐風元素。

3. 使用訂製家具的美麗客房。4. 當地藝術家的畫作擺飾。
5. 房間內搭配的泳池或浴缸也各具特色。

★★★★

2022年新開幕的熱門飯店

Hotel Verdigris

12間客房中有2間是適合單人旅行的單人房。早餐非常特別，可以從附近的熱門餐廳訂餐，還有禮賓人員常駐。

154 Yaowarat Rd. ☎076-530-629 費 每晚6500B起／房
交 泰華博物館步行7分鐘
刷卡OK 英語OK
URL https://hotelverdigris.com/
古城區周邊 ▶MAP P.21 B-5

老字號飯店

普吉島歷史最悠久的雅致飯店

1. 有古董家具擺設的大廳。 2. 挑高中庭設計非常別致。

這裡最特別

仿古風格的室內設計

融合了中國與歐洲文化的懷舊空間，連大廳都絕美如畫。

★★★

以普吉島的全盛時期為靈感

The Memory at On On Hotel

創立於1927年，位在古城區市中心的老字號飯店。中葡風的白色建築非常優美，用復古家飾擺設的客房也相當迷人。

19 Phangnga Rd. ☎076-363-700 費 每晚2056B起／房
交 華泰博物館步行5分鐘
刷卡OK 英語OK
URL www.thememoryhotel.com/
古城區 ▶MAP P.22 C-2

ROOM

3. 每間客房的裝潢都各有特色。4. 呈現開採錫礦繁盛時期的展示品。 5. 員工制服是傳統服飾。

隱居型度假村

到方便前往海灘的設計旅店住一晚

這裡最特別

各種時尚又多樣的用餐選擇

如果預約，也能一圓漂浮早餐的美夢！

泰國的下午茶非常盛行

1. 客房有泳池景觀、海景等五種類型。 2. 泰式傳統甜點是下午茶的主角，酒廊有供應。

★★★★★

距離芭東海灘步行5分鐘！

瑪麗娜畫廊度假村

Marina Gallery Resort

東西合璧的殖民式風格建築非常迷人，74間客房中有2間配備戶外泳池，還有健身房和餐廳等完善設施，提供豐富的住宿體驗。

326/13 Phrabarami Rd. ☎076-540-9402
費 每晚2140B起／房
交 古城區搭車25分鐘 刷卡OK 英語OK
URL www.marinagalleryresort.com
芭東海灘周邊 ▶MAP P.21 A-4

RESTAURANT

3. 前往面積20㎡的豪華泳池，從陽台就能夠直接進入。 4. 餐廳供應自助式早餐。

從瑪麗娜畫廊度假村可搭乘接駁巴士前往巴東海灘！ 167

當日來回一日遊

From 普吉島

觀光浮潛兩相宜！

從普吉島出發可到皮皮島來趟離島之旅！

可當天往返♪

皮皮島位於普吉島西南方近海，搭乘中型船隻約2小時抵達。以皮皮頓島為中心，其中還包含皮皮雷島、榮島等6個島嶼，這次跟團要前往的是皮皮頓島！

建議行程

皮皮島通塞灣中型遊船團

需時 約9小時
費用 1700B

行程內容
含來回船票、浮潛船、浮潛面鏡、登島門票、國家公園使用費、午餐、英語導遊、救生衣、保險以及飯店來回接送服務

- J&R TRAVEL→別冊P.31

8:00	飯店出發
8:30	拉薩達港報到&出發
10:30	遊船觀光
11:00	可以在珊瑚灣浮潛，也可在皮皮頓島的海灘放鬆
12:15	飯店午餐
13:00	自由活動
14:30	通賽灣報到&出發
16:30	抵達拉薩達港
17:00	抵達飯店

※出發&抵達時間因飯店位置而異
※團體行程的時間根據當天情況或有變動

8:00 到普吉島的飯店接送

迷你巴士會到飯店接送，時間會依地點有所不同。

8:30 從拉薩達港搭郵輪出發！

日語導覽

抵達前往皮皮島的出發港口，若有預約日語導遊，會在這裡與導遊會合後再登上指定船隻。

還附點心

1. 中型船隻比較穩，不用擔心暈船問題。2. 到達港口後依照工作人員指示登船。

10:30 在船上欣賞絕美島嶼景色！

繞皮皮群島之一的皮皮雷島一周。可從船上看到電影《海灘》出現的瑪雅灣等美麗海灘。

海風好舒服

POINT
經過採摘燕窩的洞窟

從船上可以看到鐘乳石洞的入口，這裡以出產燕窩聞名！

皮皮雷島僅11～4月的旺季才能登島。

11:00 換搭小艇，開始浮潛！

抵達皮皮頓島的通賽灣後，換搭浮潛用的小艇前往珊瑚灣浮潛。

換搭小艇

船上可以租用浮潛面鏡。

POINT
也可以在沙灘上放鬆

不諳水性的人也可以在皮皮頓島的沙灘上悠閒放鬆。

救生衣也提供租借，蛙鞋加100B。

Koh Phi Phi

沉潛在珊瑚礁包圍的絕美景色中！

1.沿著海灘的步道綠意盎然。 2.通賽灣擠滿各種船隻！ 3.就在通賽灣旁邊的羅達倫海灘，也是個放鬆的好地方。

12:00 抵達皮皮島！

浮潛結束後抵達皮皮頓島，可以在熱鬧的通賽灣附近散步，接著前往飯店餐廳用餐。

1.通賽灣附近聚集了很多旅客。 2.也有7-Eleven等便利商店。

12:15 到老字號飯店吃午餐

到步行可至的「皮皮飯店」享用露天午餐。飯店也提供戶外淋浴設施。

有泰式料理也有義大利麵等西式餐點。

POINT

與其他同行團員併桌

午餐會與其他同行團員併桌，聊天很有趣！

13:00 自由活動時間！島上散步

午餐後是自由活動時間，可以在飯店後方的羅達倫海灘游泳，或是到熱鬧的市中心散步。

POINT

提供躺椅租借的服務

租借躺椅100B，也有獨木舟等水上活動。

1.皮皮飯店附近的街道聚集許多紀念品攤販和餐廳。 2.羅達倫海灘。 3.路邊攤的椰子冰淇淋50B。

14:30 從皮皮島出發

在通塞灣集合後搭船，在船上會領取前往飯店的巴士號碼。

16:30 抵達拉薩達港

搭乘指定的迷你巴士，回到住宿飯店。

How To

也可以搭乘快艇

搭乘中型船隻時間約需2小時，小型快艇則約1小時。但小型快艇比較晃，所以可能會暈船。

❶ 在叢林中奔馳的野生動物之旅非常受歡迎（P.178）。 ❷❸ 蘇美島有大象保護區，可以餵食（香蕉）也可以幫牠們在河裡洗澡。 ❹ 通稱「豬島」的瑪薩姆島可以跟團參加一日遊前往（P.176）。島上有小豬，親人的小豬非常療癒。 ❺ Giant Summit Samui（P.185）有可以俯瞰海洋的絕美景觀，午餐內容也很豐富。

蘇美島

Koh Samui

蘇美島

布滿椰子樹的成人度假島嶼

蘇美島又名「椰子島」，是泰國第三大島。因為自然保育相關的開發法規限制，保留了大量自然景觀。除了北、東、西部保留了大量白色沙攤，還有許多寺廟、景觀等旅遊景點。附近海域還有許多如龜島和帕岸島等美麗島嶼，可以盡情享受跳島旅遊也是一大樂趣。

人口
約5萬8千人

面積
228.7km²

納蒙瀑布周邊

Na Muang Falls

有不少瀑布及農園分布的茂密山林

位在島嶼中央的廣闊山地上，裡面有像是南安瀑布和潭沙碟瀑布等徒步旅行和叢林探險著名景點。山坡上也有幾家可俯瞰整座島嶼東部美景的咖啡店和餐廳。

Giant Summit Samui
>>>P.85

南安瀑布
>>>P.179

蘇美島的基本交通

計程車	◎	包車	○
Grab	○	租賃摩托車	○

以計程車為主讓交通更有效率

雖然在海灘或購物中心等地方會明確標明計程車費用，但實際仍需和司機議價。通常從查汶海灘到波普海灘大約300～500B。

詳見>>>P.201

Grab只有汽車租賃摩托車也很方便

在海灘附近的短程移動小型摩托車非常便利，但需要國際駕照。租摩托車約每天250B～。

詳見>>>P.201

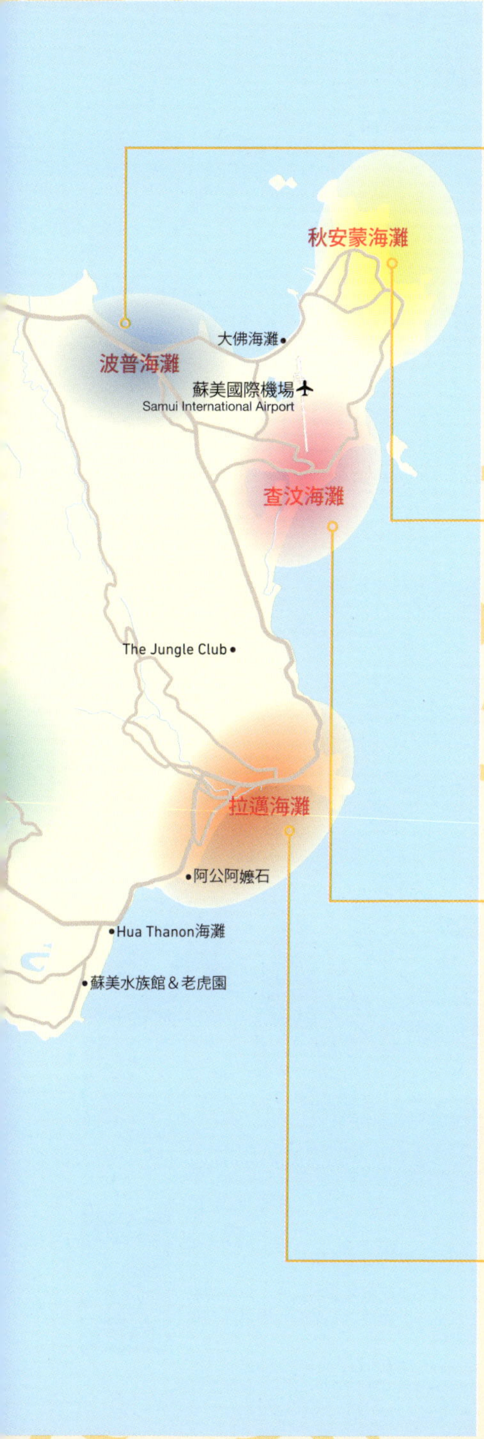

波普海灘

Bophut Beach

時尚店家輩出的新興人氣區域

曾是樸實矮房的漁村，隨著度假飯店的開發而快速興起，時尚旅店和餐廳紛紛誕生。現在海灘路一帶是稱為「漁夫村」的觀光景點，每週五晚上還會舉辦夜市。

波普海灘
>>>P.174

秋安蒙海灘

Choeng Mon Beach

小巧而靜謐的海灘

雖然只有約800m，但堪稱島上最美的海灘，海水透明無話可說！這裡有很多度假飯店和小木屋。雖然有一些餐廳，但不是高音量類型的酒吧，氣氛寧靜，適合悠閒的度假時光。

Kimpton Kitalay Samu
>>>P.191

查汶海灘

Chaweng Beach

商店和住宿選擇多樣的熱門一級戰區

約7km長的寧靜海灘，聚集了從度假飯店到小木屋的各種住宿選擇。海灘旁邊的查汶海灘路也有很多餐廳、酒吧和禮品店，從早上到深夜都人潮不斷。

查汶海灘>>>P.175

拉邁海灘

Lamai Beach

僅次於查汶海灘的第二熱門區域

約3.5km長的海邊和市區都有飯店分布，以清澈聞名的海灘從早上就非常熱鬧。在島上開放觀光以前就已很繁榮，當地居民很多，所以有不少休閒食堂和攤販，可以充分體驗當地氣氛。

The Oyster Bar X
>>>P.183

SIGHTSEEING 01

蔚藍大海和細緻沙灘讓全世界遊客都著迷

蘇美島4大海灘

從全長約7公里的長灘到小巧的海灘，蘇美島有各式各樣的海灘。
每個海灘的清澈度、沙子的細緻度，以及人潮的多寡各有不同，不妨多走走看看。

人氣咖啡館和餐廳雲集！

1 波普海灘
Bophut Beach

沿著海灘有許多度假飯店、老屋改裝的食尚餐廳、酒吧，以及各式商店，可以玩上一整天。每週五晚上還有夜市營業，非常熱鬧。

波普海灘 ▶MAP P.25 F-3

全長3km的海灘非常適合散步。

1. 提供拖曳傘和香蕉船等活動的攤位。 2. 海灘販賣的烤玉米和水果。 3. 在Coco Tam's（P.182）可以選擇座位。

距離海灘步行3分鐘！

波普海灘的推薦咖啡廳

1. 滿滿巧克力的大塊餅乾。 2. 綜合莓果與優格的果昔，口味清爽，是最佳的海灘良伴♪ 3. 巧克力和香草的綜合霜淇淋。 4. 也可內用。

美式手作甜點店

GOODTHINGS Cafe

波普海灘非常受歡迎的甜品店。可在海灘上享受美味的霜淇淋和果昔，也供應各種自製蛋糕。

49 Moo 1, Fisherman's Village Bophut
☎053-920-111 營12:00～22:30 休全年無休
交波普海灘步行3分鐘 英語OK
波普海灘 ▶MAP P.25 F-3

How To

蘇美島的玩法

1. 最佳季節是2～9月！
因為是乾季所以氣候宜人，雖然10～1月是雨季，但因跟普吉島相比雨量較少，所以海況也相對穩定。

2. 海灘之間的移動可搭計程車
海灘之間的距離較遠，步行移動較困難，加上人潮較少的海灘通常沒有計程車，使用Grab叫車，這些問題都能輕鬆解決。

3. 沙灘椅和洗手間可向海邊店家租借
海灘邊的餐廳通常會有海灘椅，基本上只要用餐或點飲料就可以使用。餐廳洗手間也開放外借。

蘇美島最大！豐富的水上活動等你來體驗

2 查汶海灘 Chaweng Beach

擁有綿延約7km長的白沙灘，是島上最受歡迎的海灘。住宿和餐廳的選擇也是島上最多，一早就非常熱鬧。海上活動豐富，非常適合想體驗各種活動的旅客。

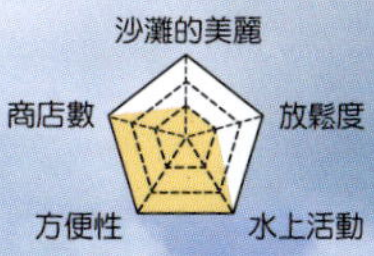

查汶海灘 ▶MAP P.25 E-1

1. 一邊按摩，一邊享受海潮聲與海風。 2. 海灘椅向海邊餐飲店點餐就能免費使用。 3. 獨木舟1小時300B。

恰到好處的大小

3 拉邁海灘 Lamai Beach

照片提供：泰國政府觀光局

位於查汶海灘南側，長約2公里，海水清澈，沙灘也很美麗。在步行可至的範圍有每晚營業的夜市及紀念品商店。

周圍是安靜的度假村，深受歐美人士喜愛。

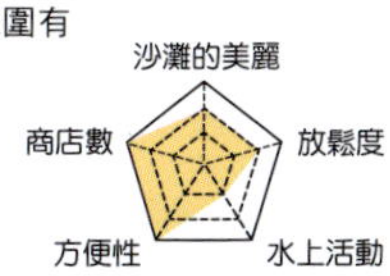

拉邁海灘
▶MAP P.25 F-2

極佳的海水清澈度

4 秋安蒙海灘 Choeng Mon Beach

照片提供：泰國政府觀光局

位於突出島嶼東北部的半島東岸，是片四周環繞著小灣和岬角的寧靜海灘，擁有細緻的沙和清澈海水，越來越受歡迎。

活動不多，不妨放鬆一下。

秋安蒙海灘 ▶MAP P.24 C-1

除了上面介紹的4大海灘外，湄南海灘和大佛海灘也很受歡迎。

SIGHTSEEING 02

鄰近海域的小島也可以浮潛
遊船觀光欣賞美麗大海！

8:00

查汶海灘飯店接送

接送時間因飯店區域而異，預訂時確定。

9:00

Thong Krut Pier 報到

到海邊的餐廳報到，入口處有服務人員，提供姓名即可。

9:30

搭船出發！

參加者到齊後開始登船，登船時會經過淺灘，建議穿著短褲。

參加這個套裝行程！

觀賞粉紅海豚 龜島&瑪桑島的快艇之旅

TOUR DATA

需時 8小時

費用 2250B

行程內容

英文導遊、午餐、飯店接送、救生衣、浮潛、飲用水

Hobo-ya蘇美島店 →別冊P.31

8:00	飯店出發
9:00	抵達Thong Krut Pier
9:30	出航
10:15	觀賞海豚
11:30	海灘午餐
12:45	龜島浮潛
14:00	瑪桑島和小豬玩
15:00	行程結束
16:00	回飯店

point!

救生衣&飲用水可自由取用！

瓶裝水裝在保冷箱中，可自由取用。

10:15

到達觀賞海豚的景點

抵達粉紅海豚的棲息帶，海豚出沒時導遊會告訴大家。

point!

看到海豚的機率90%！

約有50隻棲息在這裡。據說看見牠們的機率非常高！

甚至可以近距離觀察它！

發現粉紅海豚！！

11:00

享受船遊時光抵達納康海灘

下一站是泰國本島的海灘，欣賞未受到人為破壞的自然景觀與碧海藍天充電。

有粉紅海豚的棲息地，還有可以和豬玩耍的小島，
蘇美島鄰近海域有各式各樣的景點！
搭船遊覽的套裝行程可以一次玩遍，是個老少咸宜的玩法！

How To

搜尋套裝行程的方法與預約方式

上網搜尋會有不少可用英文預約的網站。若是在當地，則可向在各大海灘的旅行社洽詢。

11:30

中午在海灘的餐廳享用午餐

在納康海灘享用午餐。提供每天不同的菜色及水果自助吧。

point!
舒適的露台座位
可自由選擇室內或室外的露台座位，露台區可以欣賞海景。

自助吧式

食物有降低辣度，水以外的飲料可以付費加點。

12:45

盡情享受在龜島附近的海域浮潛

前往有美麗珊瑚礁的浮潛景點。浮潛時也會有導遊在旁引導。

海水非常清澈，從船上就可以看到魚！

point!
面鏡可免費租借
裝備狀況良好，要小心不要掉到水裡遺失。

14:00

抵達因海灘有豬而聞名的瑪桑島

海灘有餐廳飼養的小豬，可愛的小豬溫和親人而且可觸摸。

point!
餐廳提供小豬專用的飼料
小豬會跑來要食物，有很多近距離接觸的機會！

也有豬寶寶

15:00

行程結束

回到出發集合地點，與導遊合影留念後搭乘小巴返回飯店。

16:00

抵達飯店

介紹套裝行程只在週一、三、五和週日提供。不含觀賞海豚的行程，其他行程每天都有。 177

SIGHTSEEING 03

豐富的大自然和旅遊景點都在一天滿足！

超人氣叢林野生動物園之旅

駕駛Jonny

搭軍用吉普車GO！

座位在載貨區。坐在車上在山裡可以充分享受叢林探險的刺激旅程！

SPOT 1

抵達千手觀音廟

POINT!

千萬別錯過18隻手臂觀音大士！

最大景點是巨大的千手觀音菩薩，旁邊還有一尊巨大的彌勒佛。

首先抵達漂浮在池塘上的寺廟。15分鐘自由活動後接著再由司機解說行程。

SPOT 2

到海景優美的阿公阿嬤石

POINT!

自古以來的傳說

據說很久以前有對老夫妻不幸死在海上就變成了這塊石頭。

泰文中的阿公阿嬤石指的是類似男性和女性生殖器的岩石。

SPOT 3

拍攝超震撼巨大關公神像

以中國漢朝末年武將關羽命名的中國寺廟，威嚴的表情非常震撼！

SPOT 4

供奉僧侶肉身佛像的庫納朗寺

寺裡供奉打坐時圓寂僧侶的肉身佛像。

POINT!

打坐中圓寂的僧侶

全泰國的僧侶肉身佛像共有20具，非常稀有。

途中的零食。

TOUR DATA

搭乘軍用吉普車出發！叢林野生動物園之旅

需時：7小時

費用 1950B

活動內容 英語導遊、午餐、飲用水、保險、魔幻花園門票、飯店接送

・Hobo-ya 蘇美島店

→別冊P.31

SCHEDULE

10:00	飯店出發	
10:30	千手觀音廟	SPOT 1
11:15	阿公阿嬤石	SPOT 2
12:00	關帝廟	SPOT 3
12:30	庫納朗寺	SPOT 4
13:00	南安瀑布	SPOT 5
14:00	午餐	
15:00	魔幻花園	SPOT 6
15:45	燃燈佛舍利塔	SPOT 7
16:30	行程結束	
17:00	抵達飯店	

參加

蘇美島最熱門的7個景點7小時全數解鎖！搭乘軍用吉普車在叢林中疾馳，刺激的快感是最棒的體驗之一。

How To

若想以最高效率觀光，參加旅行團是最佳首選

蘇美島是泰國面積第3大島嶼，搭乘計程車或包車所費不貲，人數不多的話跟團會比較划算。

SPOT 5 到南安瀑布游泳

流經蘇美島中央群山的南安瀑布。瀑布周圍是天然的水上公園。

POINT!
自由游泳！別忘了帶毛巾
瀑布的水比海水溫度低，夏天非常舒服！

在高台上的餐廳享用午餐

山裡景色優美的餐廳，咖哩、炒蔬菜等5道菜大家一起用餐。

SPOT 6 到神祕的魔幻花園 散步

熱帶雨林中有一字排開的石像，神祕的景象引發熱議，是人氣景點。

POINT!
旁邊是熱帶水果園
花園園主是農民，榴槤和百香果結石累累。

POINT!
爬到旁邊的塔上可以拍到佛像！
塔頂上有個觀景台，在這裡可以拍到整尊佛像。

SPOT 7 佇立在山頂的佛像 燃燈佛舍利塔

從650m的高處俯瞰景色絕佳！晴天甚至還可以看到周圍的島嶼。

團員紀念大合照！

1 穿上安全裝備＆聽取講座

穿上連接鋼索的安全裝備。為了能安全又快樂的體驗，請注意聆聽安全注意事項的解說。

2 開始滑行！

從起點往下跳就可以在叢林中高速滑翔！驚險刺激♪

3 到瀑布休息♪

下山前，在綠意盎然的休息區稍事休息。附近也有瀑布可以散步。

這也很受歡迎！

溜索冒險之旅

需時 4小時　費用 1800B

活動內容 飯店接送、飲料、點心、英文導遊

・Hobo-ya蘇美島店→別冊P.31

SCHEDULE

9:00	從飯店出發
9:45	步行前往起點
10:00	體驗溜索
13:00	抵達飯店

蘇美島的觀光團大多都有說英語的導遊，溝通不必擔心。

可以當天往返！

從蘇美島出發的離島之旅

可以跟團周遊！蘇美島附近各有特色的島嶼

蘇美島是泰國第3大島，近海處還有自然景觀豐富，未受破壞的美麗島嶼。搭乘小船就可前往。

要充分享受島上的時光，潛水、海灘浮潛、獨木舟或健走等活動，這些都是能夠充分體驗大自然的好選擇。

最受歡迎的龜島，是泰國數一數二的潛水景點，更是世界級的潛水勝地，美麗的海景也廣為人知。其他像是在滿月之夜會吸引世界各國遊客前去朝聖的帕岸島、國家公園的安通群島，以及有豬隻的瑪桑島等。每座島嶼都各有特色，跳島旅行會是很不錯的玩法。

照片提供：泰國政府觀光局

想浮潛就來這裡！

① 南緣島

Koh Nang Yuan

位於濤島西邊500m外海的小珊瑚礁島嶼，三座小島有細長的白沙灘相連。島嶼周邊是著名的潛水點，海灘浮潛也非常有趣。島上還有可以住宿的飯店。

→P.194

照片提供：泰國政府觀光局

到國家公園的島上看一看

② 臥牛島

Koh Wua Ta Lab

安通群島是由50座大小島嶼組成的國立海洋公園。其中的烏塔拉島有登山口，往上爬約500m就可抵達臥牛島觀景台，從這裡可以俯瞰群島的壯麗美景。

照片提供：泰國政府觀光局

有機會看到鯨鯊

③ 龜島

Koh Tao

位於蘇美島以北約60km的龜島，是泰國數一數二的潛水勝地。在西北約10km處的Chumphon Pinnacle是鯨鯊出沒的景點，島上也有高級度假村和小屋可供住宿。

→P.194

✓ 想周遊列島可以活用旅行團！

前往蘇美島附近的離島，參加旅遊團是最方便的選擇。旅遊團選擇多樣，可以根據自己的需求，例如浮潛、潛水等活動，來選擇合適的行程！

→P.176、別冊P.31

照片提供：
泰國政府觀光局

滿月派對非常有名

④ 帕岸島

Koh Phangan

蘇美島群島的第2大島，島上有不少海灣環繞的沙灘，每個月都會在月圓之夜舉行滿月派對，吸引世界各地約2～4萬人前來參加。

和小豬近距離接觸！？

⑤ 瑪桑島&丹島

Koh Mat Sum & Koh Tean

瑪桑島和丹島是從蘇美島出發的跳島旅遊熱門目的地，瑪桑島以可以與小豬互動而聞名，而潭島則是絕佳的浮潛勝地。

→P.176

EAT 01

根據地點、想吃什麼、心情來選擇！好吃不雷的人氣餐廳

精選介紹各區餐廳的人氣店家！
可以根據當天的地點和心情，挑選最符合你口味的餐廳。

主打自營農園！

店主
TA女士

自波普海灘
搭車8分鐘

非常上相的 有機餐廳

1 用花染色的麵和咖哩，搭配香草套餐。2 火炬薑果汁。3 花生、萊姆和醬汁包在蓮花瓣中的前菜。

這也很推薦

60B

450B

290B

MEMO
預算 500B／人
預約 電話、社群網站

店裡最受歡迎的是用蝶豆花煮的飯，再和蔬菜和香草拌在一起吃的「青葉飯」（Kao Yam），150B（圖前）。

客席後方有廣闊的農田和蓮花池，景觀優美。乾季蓮花開花時非常美麗。

從農場到餐桌的概念餐廳

The Nature Samui

The Nature Samui

提供花卉入菜料理和甜點，所有蔬菜及香草都在餐廳後方的庭院栽培。餐廳也提供完全預約制的料理教室，十分受歡迎。

4169, Tambon Mae Nam
☎ 081-564-8489 ㊐ 11:00～17:30
㊡ 週三 ㊢ 波普海灘搭車8分鐘
英語OK
波普海灘周邊 ▶MAP P.24 C-1

波普海灘旁

氣氛景觀都滿分 海灘餐廳

MEMO
預算 1000B／人
預約 電話、社群網站

正式的餐點在建築內提供，海灘座位區僅提供輕食和飲料。

MUST EAT

590B

580B

190B

1 大量使用蒜頭、辣椒的海鮮義大利麵。2 燒烤豬排附炸薯條。3 綜合水果的無酒精雞尾酒。

蘇美島最熱鬧的餐廳

COCO TAM'S

兩層樓的海景餐廳。以燒烤和義大利麵料理為主，菜色豐富。經常高朋滿座，所以需要事先預約！

62/1 moo 1. Bohput
☎ 091-915-5664
㊐ 13:00～隔天1:00
㊡ 全年無休
㊢ 波普海灘沿岸
刷卡OK 英語OK
波普海灘
▶MAP P.25 F-3

還有煙火秀！

每晚會舉行煙火秀，約30分鐘，分別在19:15和21:00開始。

明星和名媛的愛店
泰國南部料理

自查汶海灘 搭車12分鐘

保證好吃！

MEMO
預算 700B／人
預約 電話、社群網站

店主夫妻

這也很推薦

美食家和泰國藝人一致推薦

SATOR KITCHEN

在島上經營Spa中心的夫妻，原本作為員工餐廳用的空間因疫情爆發後卻意外爆紅，以海鮮料理為主提供豐富多樣的菜色。

炒小魷魚，上面有香茅風味的微甜芡汁。 300B

使用大量蟹肉的泰式炒蟹咖哩飯，搭配豐富蔬菜。 500B

店主強力推薦的「油炸鯧魚」（圖前）是泰國南部地區的人氣料理。

- 25/236 Tawirat Phakdi Rd.
- ☎ 098-799-8007　⏰ 10:00～22:00
- 全年無休　查汶海灘搭車12分鐘
- 刷卡OK　英語OK

查汶海灘周邊　▶ MAP P.24 C-1

新鮮的海鮮
自拉邁海灘 步行5分鐘

讓人大飽口福♪

這也很推薦

有吧台座位或桌位可以選擇，旺季非常熱門，需要提前預訂。

1 上面有烤蝦和淡菜的「血腥瑪麗」。 345B
2 椰香麵衣的炸蝦。 395B

品嚐來自世界各地的生蠔
The Oyster Bar X

以新鮮的海鮮料理著稱，尤其是生蠔、螃蟹和龍蝦等廣受好評。紅白酒及雞尾酒等酒單也非常豐富，吸引眾多饕客前來，每晚熱鬧非凡。

- 84/34 M.3, Had Lamai Rd.
- ☎ 089-660-1772　⏰ 18:00～23:00（週五・六17:00～）
- 全年無休　拉邁海灘步行5分鐘
- 刷卡OK　英語OK

MEMO
預算 1000B／人
預約 電話、社群網站

可依照產地點餐的生蠔6顆1060B～，也有泰國產！

拉邁海灘　▶ MAP P.25 F-2

在飯店餐廳的戶外空間用餐
南美料理
波普海灘旁

炭烤大蝦850B和鮪魚生魚片520B，餐點豐富，每樣都色香味俱全。

飯店庭院的露天座位可欣賞海景。

這也很推薦

1 酪梨芒果番茄沙拉。 380B
2 桌邊服務的鳳梨瑪格麗特。 400B

店員的表演也非常有看頭
GUILTY SAMUI

融合亞洲風味的南美料理餐廳，受歡迎的除了美味的餐點及華麗的擺盤，雞尾酒的桌邊服務也非常值得一訪。

- 84/34 M.3, Had Lamai Rd. 蘇美島波普安納塔拉度假酒店
- ☎ 089-660-1772　⏰ 12:00～23:00（週一～7:00）
- 全年無休　波普海灘旁
- 刷卡OK　英語OK

MEMO
預算 1500B／人
預約 電話、社群網站

波普海灘　▶ MAP P.25 E-3

※海灘旁的餐廳主要以遊客為主，因此價格會稍高。當地人比較常去的小館多在離海灘稍遠的市區。

EAT 02

拍照打卡熱門餐廳大集合！到人氣海景餐廳吃午餐

既然都來到離島，用餐時當然也要能欣賞海景。從高台俯瞰海景及海灘別有一番風味，吃美食賞美景請看這裡！

VEGAN CAFE
@拉邁海灘

俯瞰拉邁海灘的崖上咖啡廳

店內寬敞，有餐桌座位區和沙發座位區。

靠近海邊的桌位是賞景和拍照的最佳位置。料理和飲品擺盤也非常精美，是拍照打卡的首選！

南瓜派
Pumpkin Pie
120B

使用椰棗代替砂糖，不僅健康，濃郁的口感也很滿足。

這也很推薦

招牌
墨西哥捲餅
Vikasa Signature Burrito
320B

人氣第一的墨西哥捲餅，餡料豐富還能加點鮮蝦和雞肉。

←面海的吧台座位也貼心配有充電插座。

附設瑜珈教室的生活風格咖啡館

Vikasa Life Cafe

以瑜伽、健康飲食為主題的咖啡館，店裡供應在德國經營料理教室的主廚所設計的蔬食料理。部分菜單也開放加點肉類或魚類。

211 Bontji Moo
077-422-232　營 9:00～22:00
休 全年無休　交 拉邁海灘搭車約10分鐘
刷卡OK　英語OK
拉邁海灘周邊 ▶MAP P.25 F-1

泰式香辣
豬肉沙拉
Spicy Minced
Pork Salad
250B

餐點以泰式料理為主，用椰子當作容器的咖哩，裡面加了滿滿的海鮮！

香草牛奶奶昔
Vanilla Milk Shake
250B
也可只點飲料，上面也可以加購冰淇淋。

也可以在咖啡店喝！

PHOTO SPOT!

泰式料理餐廳
@南安瀑布附近

面海的吧台座位，放眼望去左邊是波普海灘，右邊則是拉邁海灘。

從山頂俯瞰整個島嶼東部
Giant Summit Samui

位在蘇美島中央的山區，餐點種類豐富，泰式經典菜色到南部料理都有，傍晚時分染紅的天空最為美麗。

Na Mueang
☎ 097-965-9490 營 10:00～19:00
休 全年無休 交 拉邁海灘搭車20分鐘 刷卡OK 英語OK
南安瀑布周邊 ▶MAP P.24 B-2

PHOTO SPOT!

最受歡迎的拍照景點是吊床椅，還可以躺在上面。

餐廳&酒吧
@蘇美島東北部

可以飽覽海景的露台座位區。

飽滿多汁的漢堡，再配上滿滿一大份薯條。

竹製牆面搭配風格現代的室內裝潢，展現出獨特的風格。

整家店都是拍照景點
The Cocoon

餐廳外觀以鳥巢為主題用竹子裝飾，內部還提供180度的海景，有多處熱門打卡景點。夜間時段為酒吧，並不定期舉辦各種活動。

33/67 Village No.4 ☎ 093-586-1777 營 9:00～22:00
休 全年無休 交 查汶海灘搭車10分鐘 刷卡OK 英語OK
查汶海灘
▶MAP P.24 C-1

查汶海灘附近的「The Jungle Club Restaurant」交通方便，也非常受歡迎！

SHOPPING 01

發現難得一見的好物！
蘇美島購物必訪！

珠寶

使用貝殼或天然石製成
各種造型華麗的飾品

(ITEM & PRICE)
- 貝殼耳環 ………… 2800B
- 天然石項鍊 ………… 各2000B

精緻的項鍊有10種以上的顏色，耳環則使用夜光貝製成。

・推薦商品・

1 方形切割的夜光貝串連而成的銀製手鍊。 2 在不同的角度和光線下色澤會變化的蛋白石，加上一顆珍珠的耳環。 3 大象親子造型的銀製戒指。 4 以傳統織品上的圖騰為靈感的精緻手環，作工非常精細。

只有在這裡買得到的原創設計

Nature Jewelry

商品幾乎都是手工製作，風格從休閒到奢華，在這個小小的空間應有盡有。也提供訂製服務。

200, 9 Chaweng Beach Rd.
☎ 077-422-594
營 11:00～23:00 休 全年無休
交 茶汶海灘步行5分鐘
刷卡OK 英語OK
查汶海灘
▶MAP P.25 D-2

度假穿著&小物

堅持使用天然材質
高人氣當地品牌

(ITEM & PRICE)
- 巴拿馬帽 ………… 1600B
- 露肩上衣 ………… 1350B
- 連身褲 ………… 1900B
- 項鍊 ………… 1200B

100%亞麻製連身褲，與大海十分相襯的黃色營造出絕佳的時尚感！

・推薦商品・

1 會隨著海風輕盈搖曳柔軟的A字裙。 2 使用日本製高級稻草紙製成的巴拿馬帽，可折疊，方便旅途攜帶。 3 圓形皮革搭配鏈條的托特包，有多種顏色可選。

以波希米亞風為主題

Qujami Koh Samui

由旅居蘇美島的日本女性設計，據說靈感來自旅途中的經歷。店內提供使用亞麻等質地柔軟的服飾及配件。除了蘇美島，在普吉島也有分店。

209 Chaweng Beach Rd. Central Samui 1F
☎ 077-963-830 營 11:00～20:00 休 全年無休 交 查汶海灘步行5分鐘
刷卡OK 英語OK
查汶海灘
▶MAP P.25 D-2

眾多深受各國遊客喜愛的熱門商店，從海邊度假風格服飾到適合當作伴手禮的天然保養品應有盡有，都可以當作旅途的美好回憶。

How To

蘇美島商店二三事

商店多集中在查汶海灘附近，以購物中心「Central Samui」為中心，從當地品牌、選物店到路邊攤，種類眾多，應有盡有。

天然系保養品&食品

(ITEM & PRICE)

- 椰子油 ………… 235B
- 辣木保健食品 ……… 650B
- 蜜蠟膏 ………… 200B
- 通鼻劑 ………… 60B

嚴選各種高優質自然系有機天然商品

從化妝品、營養補充品到食品，商品豐富一應俱全。

·推薦商品·

1 以蘇美島的香氣為主題的擴香，還有曼谷和清邁的版本。 2 使用大豆油和椰子油做的香氛蠟燭。 3 使用椰糖做的巧克力。

以「對身體和環境都好」為主題

Samui Health Shop by Lamphu

商品來自泰國各地的當地品牌，除了商品本身的品質外，對包材也很注重，嚴選環保素材，相當貫徹環保的理念。

- 130/39 M.4, Maret
- ☎ 096-634-8752
- ㊖ 10:00～20:00 ㊡ 全年無休
- ㊫ 拉邁海灘搭車約5分鐘
- 刷卡OK 英語OK
- 拉邁海灘 ▶MAP P.25 F-1

蘇美島的購物景點

購物中心

蘇美島規模最大！

Central Samui

從人氣品牌到本地品牌應有盡有，集結超過150家商店，還設有戶外的美食廣場、超市及藥妝店，連按摩店都有。

- 209 Chaweng Beach Rd. ☎077-962-777
- ㊖ 11:00～21:00 ㊡ 全年無休
- 查汶海灘 ▶MAP P.25 D-2

商店街

各種時髦小店大集合

Fisherman's Village

波普海灘沿岸地區有很多度假服飾和珠寶專賣店，每週五晚上還會舉辦夜市。

- Thanon Bo Phut周邊
- ㊖ 17:00～24:00左右
- ㊡ 全年無休 波普海灘 ▶MAP P.25 F-3

夜市

邊逛邊買邊走邊吃

拉邁週日夜市
Lamai Sunday Night Market

拉邁海灘沿岸的主街上，每週日都有市場營業，這裡有各式各樣的攤販，從泰式風格的手工藝品、服飾、香氛蠟燭到皮革製品，應有盡有。

- Had Lamai 4周邊 ㊖ 15:00～24:00左右
- ㊡ 全年無休 拉邁海灘 ▶MAP P.25 F-1

島上各地每天都有小型夜市，可以向飯店詢問相關資訊。 187

BEAUTY 01

「自然×奢華」享受離島才有的

蘇美島極致Spa體驗

蘇美島得天獨厚的自然資源，讓這裡的Spa館能同時享受大自然的壯麗與舒適的服務，絕佳的地理環境與療程讓身體和肌膚都充分得到呵護，完美演繹了度假島嶼的放鬆體驗。

森林景觀

被大自然的能量包圍 叢林裡的老字號Spa館

推薦 MENU

Steam & Dream

240分鐘／5500B

草本蒸氣桑拿&泳池&自助去角質90分鐘+按摩150分鐘（泰式按摩或精油按摩等共4種選擇）。

按摩在高台上的開放式涼亭進行。

讓人忘卻時間的放鬆之旅

TAMARIND SPRINGS FOREST SPA

主打岩石泳池和洞穴桑拿等在自然環境進行的Spa按摩。館內禁止使用手機，可以讓人徹底放鬆身心排毒。

265/1 Thong Takian, Moo 4
☎08-5926-4626　營9:00～18:00
休 全年無休　交 拉邁海灘搭車5分鐘　刷卡OK　英語OK

拉邁海灘 ▶MAP P.25 F-1

1.位於岩石間的桑拿室，充滿草本香氣非常舒服。
2.3.桑拿結束後可以在岩石泳池或休息區放鬆，並免費提供自家製磨砂膏自由使用。

光是在廣闊的園區內散步就能讓人轉換心情。

療程後也可以在園區的咖啡店享用輕食。

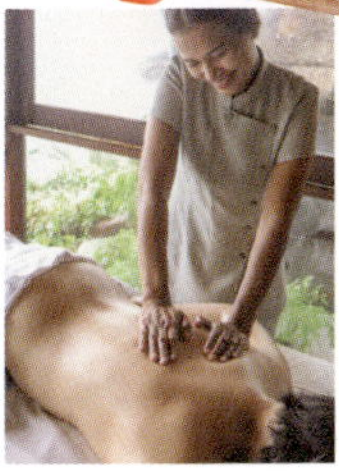

療程前後都有頌缽的音療服務，療程中也會仔細地確認力道。

海洋景觀

Spa廣受好評的度假園區 精湛按摩技術讓人難以忘懷

推薦 MENU

Samui Ritual

150分鐘／6900B

椰子去角質+椰子身體裹敷+椰子油按摩。

蘇美島限定的療程

SIX SENSES SAMUI

以提供身心靈健康為主題開發的獨特療程，在海景壯麗的私人別墅享受技術精湛的按摩服務，徹底放鬆身心。

9/10 Moo 5, Baan Plai Laem ☎07-724-5678 營11:00～21:00 休全年無休 交秋安蒙海灘搭車10分鐘 刷卡OK 英語OK

秋安蒙海灘

▶MAP P.24 C-1

必買的Spa產品

土火風水四大元素為主題的芳香精油，990B。

森林景觀

性價比超高的套裝方案 全身從頭到腳都容光煥發

在大廳一隅販售獨家護膚產品和草本茶。純天然的潔面皂每塊150B。

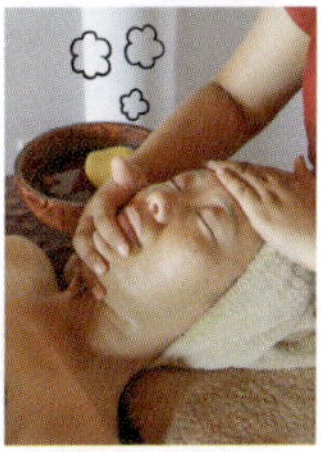

臉部護理療程也全程使用純天然護膚產品。

親切的芳療師

推薦 MENU

Oriental Option Package

155分鐘／3400B

藥草蒸浴桑拿&按摩浴缸30分鐘+身體去角質35分鐘+招牌按摩90分鐘。

超高性價比的自然派Spa館

Eranda Herbal Spa

綠意環繞的私人別墅有按摩浴缸和桑拿設備完善，提供價格實惠的奢華Spa體驗，高性價比是深受歡迎的原因之一。

9/37 Moo 2 Chaweng North Rd. ☎098-329-1445 營9:00～20:00 休全年無休 交查汶海灘搭車9分鐘 刷卡OK 英語OK

查汶海灘

▶MAP P.25 D-1

旅遊旺季人潮眾多，若有多人同行的計畫，建議最好提前預約。 189

STAY

嚴選海景時尚飯店！
蘇美島度假飯店5選

要在蘇美島住宿，當然要選熱帶風情滿分的度假村！可依同行的旅伴、目的和預算等不同需求挑選合適的飯店。

這裡最特別

全館都是個人別墅 隱密感十足！

間隔設計寬裕的別墅，四周有樹木環繞，隱私性極佳。沉浸於舒適的寧靜中，享受身心徹底放鬆。

1

★★★★★

洗淨感官的療癒住宿體驗
SIX SENSES SAMUI

以「正統、個人化、可持續」為主題，提供冥想、農務體驗等，並提供豐富的健康養生相關活動。

9/10 Moo 5, Baan Plai Laem
07-724-5678 費 每晚15088B起／房 室 66間 交 秋安蒙海灘搭車10分鐘 刷卡OK 英語OK

秋安蒙海灘周邊 ▶MAP P.24 C-1

2

3

4

1 270度海洋景觀餐廳。 2 色調與自然協調的客房。 3 4 每日舉辦冥想和瑜伽等活動，每天更換不同主題。 5 堪稱島上最大，全長35m的無邊際泳池！

5

What Is

蘇美島飯店二三事

飯店多集中在大海灘沿岸，特別是像查汶、拉邁等受歡迎的大型海灘有非常豐富的住宿選擇。

度假村飯店非常受歡迎！

以戶外游泳池和海景度假村為主流，有各種不同等級的選擇。雖然淡旺季或有不同，但有時比日本旅遊還要划算。

想要觀光，建議住在主要海灘附近

查汶、波普、拉邁這三個區域有許多步行可至的觀光景點，這三區也通常是旅行團提供免費接送的區域範圍。

精緻的設計

生活風格旅店

融合熱帶風情與別緻風格 散發獨一無二的光芒

這裡最特別

館內客房無處不美不時髦！

泰國傳統的圖騰以現代的時尚風格呈現，打造出精緻優雅的氛圍，詮釋高優質的成人假期體驗。

1 138間客設計都不一樣，房間的擺飾和藝術品都非常時尚。2 擁有海景的「海灘別墅風餐廳」。3「大廳酒吧」的復古氣氛讓人心動。4 提供玩具和遊戲器材的兒童遊戲區。

1

★★★★★

眾多房型可以選擇

Kimpton Kitalay Samui

提供與泳池相連及擁有海景的高低兩種樓層，以及海濱別墅等共8種不同房型，以滿足各種不同風格的旅行。

10/79 Moo 5, Bophut ☎ 077-951-999 費 每晚9460B起／房 室 138間 交 秋安蒙海灘旁

刷卡OK 英語OK

秋安蒙海灘 ▶MAP P.24 C-1

2

3

4

高級度假村的餐廳除了住客以外，也對外也開放。服務和氛圍都非常到位，適合旅途中來享用晚餐。

南國風情的
裝飾非常可愛
精品旅店

優雅的南洋情調 讓人心動不已！

最適合
姊妹淘出遊！

這裡最特別！

融合各國風情別出心裁的獨家設計！

走訪世界各國的店主將各國元素融入設計，營造出恰到好處的華麗優雅氣氛，相當迷人！

★★★★

好多女性住客

Karma Resort

以「風格與放鬆」為主題並融入各國多元設計，以獨特的世界觀打造出有別於日常的度假住宿體驗。

182/3, Moo 1, Tambon Bophut
077-427-111 費 每晚5000B起／房 室 26間 交 波普海灘旁
刷卡OK 英語OK

波普海灘 ▶MAP P.25 E-3

4

5

1

3

2

1 度假村位在波普海灘旁，海灘上設有專供住客使用的躺椅和遮陽傘。 2 5 菜色豐富的早餐可在海景露台享用。 3 面向海灘的游泳池。 4 開放式淋浴間。

位在海岸高地上的
山頂度假村

懸崖上的度假村
美景令人屏息

這裡最特別！

泳池、餐廳全館皆可飽覽美景

最吸引人的就是海景。無邊際泳池、餐廳等，館內有多處可欣賞美麗景致的景點。

1 公共區域寬敞的無邊際泳池。 2 提供各國料理的餐廳也有露台座位。 3 位在熱帶植物茂密的高台上。

★★★★★

附泳池的別墅很受歡迎
思拉瓦迪度假村飯店
SILAVADEE POOL SPA RESORT, KOH SAMUI

80間客房都附有按摩浴缸及游泳池。其中最受歡迎的海景泳池別墅，提供能盡情獨享私人無邊際泳池。

🏠 208/66, Moo 4, Maret ☎ 077-960-555 ㊫ 每晚10200B起／房～ ㊜ 80間 ㊮ 拉邁海灘搭車8分鐘 刷卡OK 英語OK
拉邁海灘 ▶MAP P.25 F-1

用餐或觀光都交通方便
海灘飯店

地點和性價比都超棒
大型度假村飯店

這裡最特別！

有兩座戶外泳池！高性價比超受歡迎

面向海灘的地理位置和兩座寬敞的泳池廣受好評，相對實惠的價格也是人氣重點之一。

1 步行到海灘僅需1分鐘的絕佳位置。 2 有各種價位的房型可以選擇。 3 早餐也可以在海灘餐廳享用。

★★★★

情侶或家族旅遊都適合
查汶麗晶海灘度假村
Chaweng Regent Beach Resort

位在查汶海灘的中心，交通方便的大型度假飯店，無論是到海灘或觀光都非常方便，推薦給喜歡安排各種活動的人。

🏠 155/4 Chaweng Beach ☎ 077-300-500 ㊫ 每晚4384B起／房～ ㊜ 145間 ㊮ 查汶海灘旁 刷卡OK 英語OK
查汶海灘 ▶MAP P.25 D-2

因為每個海灘的氛圍都完全不同，所以建議可以多安排幾個不同區域的住宿體驗。 193

當天往返一日遊
From 蘇美島

從蘇美島出發約1個半小時！

迷倒世界各國潛水客 龜島&南緣島 盡情享受翡翠般的碧藍海洋！

在蘇美島周邊的眾多小島中，龜島和南緣島最為美麗。
龜島與南緣島之間有白色沙灘相連，清澈的水質非常受潛水客的喜愛。
碧藍的海洋與沙灘，還有水中的景觀，是名副其實的人間天堂，值得一訪！

如翡翠般的綠色部分是珊瑚礁的淺灘，即使不下水也看得到珊瑚。

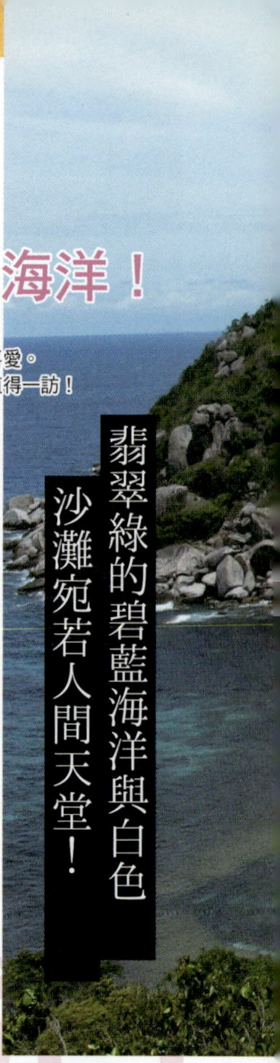

翡翠綠的碧藍海洋與白色沙灘宛若人間天堂！

推薦的當日行程

參加的是這個套裝行程！
南緣島&龜島浮潛團

需時 10小時30分鐘
費用 2600B
活動內容
飯店接送、浮潛裝備、保險、午餐、碳酸飲料

Hobo-ya蘇美島店
→別冊P.31

- 6:30～7:00 從飯店出發
- 8:00 從蘇美島出發
- 9:30 抵達南緣島
- 11:30 南緣島吃午餐
- 12:30 在龜島自由活動
- 14:30 從龜島出發
- 16:30 回到蘇美島
- 17:30 抵達飯店

8:00 搭乘大型高速遊船出發！

距離龜島65km，享受在水上疾駛的快感的同時，不知不覺中已抵達！

搖晃的情況根據浪況或有不同，隨身備妥暈船藥會比較安心。

9:30 到南緣島浮潛

抵達南緣島後立刻下水浮潛！跟導遊領取浮潛裝備後跳入翠綠色大海中。

水深極淺，即使是不諳水性的人也能盡情享受！白天陽光強烈，建議務必做好防曬措施。

POINT

淺灘處有很多魚群

色彩鮮豔的熱帶魚即使靠近也不會逃跑，可以近距離觀察，還能一起拍照！

Koh Nang Yuan & Ko

How To

龜島&南緣島這樣玩！

1. 容易暈船的人建議選擇大船

雖然有高速船的套裝行程，但若風浪較大船身也會晃動得很厲害。特別是對兒童、老年人等容易暈船的族群來說，選擇大型船隻會比較好。

2. 龜島上的住宿也非常推薦！

潛水勝地龜島也有許多住宿，可以周遊各大海灘，或是徒步觀光，都可以盡享島上風光。

11:30 島上餐廳 享用午餐

中午在南緣島吃自助吧，可以隨心所欲自由挑選喜愛的菜色。

1. 咖哩炒蔬菜、炸雞等各種常見受歡迎的菜色。2. 也有靠海的座位。

12:30 龜島自由散步

用餐後在龜島有2小時的自由活動時間，可以選擇浮潛，或在充滿潛水客的島上散步逛逛♪

POINT

到打卡景點和南緣島合影

可以看到南緣島和白色沙灘，也是從海灘步行可至的距離。是打卡拍照的最佳地點！

根據當天狀況也有可能在中午前就抵達龜島。若有需求也可以只安排前往南緣島的行程。

14:30 行程結束 登上前往蘇梅島的船

波浪平靜的話可以在船上小睡片刻。到達蘇美島後就會有專車接送回住宿飯店！

Tao

泰國之旅
Info

從容出國，優雅歸國5步驟

自2024年7月15日起，泰國正式對台灣護照持有人實施免簽待遇，每次入境可停留最多60天，適用於觀光、短期商務考察等目的，無需事前申請簽證。2025年5月1日起正式實施泰國電子入境卡（TDAC）措施，所有計畫前往泰國的外國旅客需於抵泰前72小時內完成線上申請。

入境▶免簽也免書面資料！

台灣 ⇒ 泰國

到達機場後先進行入境審查&領取行李。
只需按照機場指示標誌進行即可。

STEP1

抵達

按照「Arrival」（抵達）的指示標誌前往「Immigration」（入境審查）。請在外籍人士專用的「Foreign Passport」通道排隊。如需轉機至國內航班，則按照「Transit」（轉機）標示，在「Passport Control」處完成入境審查後再前往國內航班的登機口。

⇩

STEP2

入境審查

入境審查時需出示護照，並進行指紋掃描和拍攝臉部照片。有可能會被詢問旅行目的、住宿地點及停留天數，有時也會要求出示回程機票。

⇩

STEP3

領取行李

抵達後領取託運行李，在顯示航班的行李輸送帶前等候自己的行李出來。

⇩

STEP4

海關檢查

如果隨身攜帶超過免稅範圍，需在海關櫃檯申報。如果無須申報，請走綠色標誌的「Nothing to declare」（無需申報）通道前往大廳。

曼谷和清邁有直飛的班機

台灣直飛泰國的航班地點有曼谷和清邁可以選擇，至於普吉島和蘇美島航線則必須經過曼谷轉機。可洽各大航空公司。

等不到行李的話

可以將托運行李時拿到的行李提領證（行李標籤）交給服務櫃檯協尋。如果發生行李未能在轉機時順利載運或沒有到達目的地的狀況，可以告知住宿飯店的地址和名稱，讓機場協助送至飯店。

泰國入境條件

簽證

若是以觀光為目的且停留時間不超過60天，無需申請簽證（需要持有回程機票或前往其他國家的機票）。若是非觀光目的則需要提供相關簽證。

護照的有效日期

入境日後至少6個月以上的效期即可。如果效期不足6個月，則需辦理護照更新。

入境泰國時需要申報的物品

現金	若攜帶45萬泰銖以上，或相當於15,000美元的外幣（包括泰銖和外幣合計超過45萬泰銖），包含旅行支票等，也需要在海關申報。
香菸	可攜帶紙捲菸數量為200支（1條），或是250克的雪茄。
酒類	酒類1瓶(1公升以下)。
其他	每人可攜帶一台單眼相機與一台攝影機。底片單眼相機可帶5捲，攝影機則可帶3捲。

禁止攜帶入境

泰國禁止攜帶出／入境的物品

✖電子菸 ✖毒品 ✖猥褻物品
✖部分水果、蔬菜、植物
✖骨董、美術品（需要輸入許可）
✖槍砲、彈藥（需要輸入許可）

機內禁止攜帶液體

液體限100毫升（g）以下並裝在容器中，並放入總容量1升以下的夾鏈透明塑膠袋內（建議尺寸為長寬不超過20cm）。超過此限的物品則需放入行李箱託運。此外，出境後購買的化妝品、酒類等液體不受此限。但，若在限制攜帶液體的國家轉機時，仍有可能會在機場被沒收。

出國▶提早出發到機場！

泰國 ⇒ 台灣

建議至少在航班起飛前兩小時到達機場，會比較安心。

STEP1 退稅手續

適用免稅的商品可以在「VAT REFUND」櫃檯辦理退稅手續。若是在曼谷的蘇凡納布國際機場，櫃檯位於出發大廳4樓的W區附近。

⇩

STEP2 辦理登機

航空公司櫃檯排隊辦登機手續並托運行李。完成手續後，會拿到登機證與行李托運單（行李標籤）。

⇩

STEP3 行李檢查、海關檢查

安全檢查（手提行李檢查）時需要出示護照和機票。手提行李須通過X光檢查，液體物品的攜帶則有相關限制。

⇩

STEP4 出境檢查

向審查官出示護照和機票，接著進行指紋掃描和拍攝臉部照片。最後護照上會蓋出境章。

⇩

STEP5 登機

前往機票上標示的登機門。但登機門可能會調整，因此要隨時查看電子看板，有時會離登機門很遠，千萬不要掉以輕心。

剩下的泰銖該怎麼處理?

泰銖兌換成台幣的匯率通常不太好，因此建議最好在機場的餐廳或商店把剩餘的泰銖花掉。

免稅手續需要書面的申請書！

滿足以下條件的購物，可以申請退還已支付的VAT（增值稅）。在曼谷（蘇凡納布、特朗）、清邁、普吉、蘇美等國際機場都有退稅櫃檯。

STEP1 購物時製作書面資料

要到有標示「VAT REFUND FOR TOURISTS」的商店消費，出示護照並完成「VAT退稅申請表」上相關資訊的填寫後，再向店家領取退稅申請書及稅金請款單（TAX Invoice）。

⇩

STEP2 在機場提交資料

值昂貴的情況，可能會被要求進行物品確認，所以建議做好隨時可以取出供查驗的準備。

⇩

STEP3 辦理登機後進行退稅

到VAT退稅櫃檯再次出示申請文件及護照，就能當場領取退稅現金。若選擇退款至信用卡帳戶將會酌收手續費。蘇凡納布國際機場的退稅櫃檯位於出境後的出發層。

退稅條件

- 同日同一家商店購買超過2000B
- 非泰國籍的旅客
- 一年內在泰國停留未滿180天
- 從國際機場搭乘航班離境泰國
- 消費日期後60天內由本人辦理退稅

回國時主要的免稅規範

酒類	酒精成分物品1公升1瓶。
香菸	200支香菸或250克菸草商品。
香水	2盎司(1盎司約28mℓ)，古龍水與淡香水除外。
其他	非屬管制進口物品且已使用過之行李物品（菸酒除外），其單件或1組之完稅價格在新臺幣1萬元以下者，准予免稅。前項以外其他行李物品（管制進口物品及菸酒除外）總值在完稅價格新臺幣3萬5千元以下者，仍准予免稅。非屬本人自用家用之行李物品、旅客有明顯帶貨營利行為或經常出入境且有違規紀錄者，不適用免稅規定。

留意託運行李重量限制

航空公司針對托運行李有重量限制，例如泰國航空根據乘客的艙等和國內／外線會有不同限重規定，建議事先確認電子機票上註明的行李托運相關規定。

事先在網路上辦理登機手續

建議出發前可在網上先辦理登機手續，以節省在機場登機櫃檯的手續時間。若已完成登機手續，就可直接前往托運行李（Baggage Drop）櫃檯辦理托運。左頁中的「入境泰國申報的物品」，若經查發現有超過規定的狀況，可能會被罰款，請特別留意。

左頁中的「入境泰國申報的物品」，若經查發現有超過規定的狀況，可能會被罰款，請特別留意。

泰國之旅
Info

暢行無阻！泰國國內交通的大小事

首先從機場到市區的移動，非常推薦Grab，是最便宜又安全的交通方式（蘇美島無法使用Grab）。而泰國國內移動一般是搭乘飛機，也有部分地區可以搭乘火車或巴士。

從機場到市區的交通

曼谷

曼谷有2座機場！

近市區且國際航班眾多的機場是蘇凡納布國際機場。廊曼國際機場則主要由廉價航空公司營運。若從蘇凡納布國際機場入境，先從入境樓層（2樓）移動到1樓的計程車乘車處。
※以下為蘇凡納布國際機場的交通方式

Grab

需時▸30分鐘～1小時
費用▸依照淡旺季及時段不同

叫車應用程式Grab也提供機場接送服務。一般會在一樓計程車等候區提供接送服務。

跳表計程車

需時▸30分鐘～1小時
費用▸300～400B左右／台(到MRT蘇坤蔚站附近)

1樓的4～7號出口外有計程車等候區。從自動取票機領取叫乘車券後，再到指定的車道等候車。除跳錶計費外，還會加收機場接送費50B、25B起跳的高速公路通行費，以及行李費用20～100B（66cm以上的行李需支付）。

豪華計程車

需時▸30分鐘～1小時
費用▸1050B～／台(到MRT蘇坤蔚站附近)

至機場2樓「AOT LIMOUSINE」的售票處指定目的地，工作人員安排車輛。採用定額與預付制，費用依目的地及車型而異，也可以在官網上提前預訂。
URL www.aot-limousine.com

電車

需時▸約30分鐘　費用▸到MRT蘇坤蔚站附近35B

從機場到曼谷市中心的MRT碧武里站或BTS帕亞泰站，可以搭乘「機場捷運線」（Airport Rail Link）。不僅沒有塞車問題，而且費用便宜。乘車處在地下1樓。

清邁

清邁國際機場距離市中心的古城區僅約2～3公里，十分方便。機場只有一個航廈，走到大廳後即可看到外幣兌換處和機場計程車櫃台。但在旺季無論是哪種交通方式都有漲價的可能。

Grab

需時▸約15分鐘
費用▸依照淡旺季及時段不同

接送地點在國際線的出口附近，通常可在計程車乘車處附近上車。

跳表計程車

需時▸15分鐘　費用▸150B／台(到古城區附近)

入境樓層設有櫃檯，每人費用為150～200B，採定額預付制。先將目的地飯店告訴工作人員後付款會取得乘車收據，計程車抵達時會有工作人員引導上車。

機場接駁巴士

需時▸約30分鐘　費用▸40～60B／人

共乘的小型巴士。到入境樓層的櫃檯告知目的地後等候安排。湊滿乘車人數後即發車。

可多加利用旅遊團或飯店的接送服務

如果機場接送包含在套裝行程裡，可以省去安排當地交通的麻煩。訂飯店時，也可以要求飯店提供接送服務。飯店接送的費用通常比機場計程車略高，但是是最安全的選擇。

普吉島

普吉國際機場位在島的北部，距離古城約35km，據說是泰國第二繁忙的機場。入境大廳位於1樓，計程車乘車處也在同一樓層。

Grab

需時▶約45分鐘
費用▶依照淡旺季及時段不同

入境大廳外有Grab的接送點，所以預約完成後即可前往候車。雖然和計程車的價差不大（尤其在旺季），但可以信用卡支付非常方便。

計程車

需時▶約45分鐘
費用▶650B／台(到古城區附近)

入境大廳櫃檯可以安排定額計程車。不同區域費用也不一樣，如到普吉鎮約650B，到芭東海灘約800B。

小巴

需時▶1小時20分鐘
費用▶150B／人(到古城區附近)

共享小巴，在入境大廳的櫃檯告知目的地後等待安排。湊滿乘車人數後即發車。好處是費用相對便宜。

城市間的交通

搭乘國內線最為方便

泰國航空、曼谷航空等多家航空公司提供連接泰國各地的國內航班。主要區域的飛行時間請參考P.4。

火車或長途巴士也不錯

若是價格考量，鐵路和巴士也相對便宜。從曼谷到清邁搭火車約需13～15小時，巴士則需約10～11小時。從曼谷到普吉島搭火車到達素叻他尼車站則需要約12小時30分鐘，轉乘巴士再約4小時；若全程搭巴士則約需14小時。從曼谷到蘇美島，坐到素叻他尼的巴士約10小時，再轉乘渡輪約1小時30分鐘可抵達。

蘇美島

抵達蘇美國際機場後將會搭乘開放式的車輛從降落處到達大廳。領取行李後，請前往會面點，在會面點有機場計程車的服務櫃檯。

機場計程車

需時▶約15分鐘
費用▶400B／台(到查汶海灘附近)

會面點的櫃檯可安排接送，每輛車最多3人價格為400B。如果超過4人，每人需額外支付125B。旺季也可能漲價。

小巴

需時▶20分鐘
費用▶150B左右／人（因區域而異）

人數集齊後就會發車的共乘小巴。淡旺季節價格略有不同。

最建議的交通方式 還是叫車App Grab！

東南亞地區最盛行的叫車App。只要設定出發地點和目的地事前就會知道費用，再派遣附近的司機來接送。無須議價可省去各種麻煩。並提供支持信用卡支付，價格通常比跳表計程車合理。

事前準備

・註冊App帳號
下載免費的Grab應用程式到手機並註冊（需進行電話號碼SMS驗證）。

・登錄信用卡
事先登錄要使用的信用卡。

建議在網路上進行！

①選擇Transport（配車）
除了接送也提供外賣或代購服務。

②搜尋目的地
在「Where to？（目的地是？）」的欄位輸入飯店名稱或店名（也可以是地址），或是主要的觀光景點也可以英文進行搜尋。選擇出現的候選項設定為目的地就完成了。

③設定乘車地點 可在地圖上選擇
輸入設施或飯店名稱，也可在地圖上移動藍色圖釘進行設定，建議淺顯易懂的地點為佳。確定目的地和目前位置後，點擊「Choose This Pick-Up」即完成叫車。

④選擇車種 建議在曼谷使用 Grabike 以避免交通壅堵
有一般車（GrabCar）或計程車（GrabTaxi）等多種選擇，若沒有特殊要求，選擇「JustGrab」配車時間通常較短，價格也相對便宜。

⑤事先預約
點擊「Book JustGrab」後預訂即完成。當GPS功能媒合到附近的司機，形成將會成立。系統會顯示司機的照片、車輛號碼及預計到達時間等相關資訊。

⑥乘車&下車
確認車輛號碼後上車，如果選擇非現金支付抵達目的地後就可直接下車。如果使用現金支付，則是在下車時支付車資。

位在上述城市機場的外幣兌換處都是根據航班時間營業，因此可以在入境後再進行兌換。

泰國之旅 Info

一起看看泰國各地不同的市區交通方式

泰國除了計程車和電車外，還有嘟嘟車（Tuk Tuk）和雙條車（Songthaew）等平常不常見的交通工具。根據地區的不同，使用的交通工具和收費也會有所差異，先了解每種交通工具的特性，選擇最適合的出行方式吧。

曼谷

曼谷是大型都市，擁有完善縝密的電車系統（BTS和MRT）非常方便。相較之下，計程車和摩托計程車對遊客來說就難度稍高，且容易遇到塞車問題，是主要的缺點。

BTS・MRT

費用▶17B～
推薦度 ★★★

BTS和MRT是曼谷市區的環狀電車。對遊客來說，行駛於市中心的BTS蘇坤蔚線和是隆線，以及會經過古城區和唐人街的MRT藍線等都非常方便。這些路線目前也在持續擴充中。
〈請參考別冊P.15曼谷路線圖〉

使用方法

① 購買車票

到車站內的自動售票機或售票口買票，部分售票機可能只接受硬幣，若到窗口購票，只需告訴工作人員目的地的站名稱即可。

② 過檢票口前往月台

將車票（卡片或代幣）在入口處感應即可進入。確認目的地後走樓梯或搭手扶梯前往月台。請注意，檢票口內外通常沒有廁所。

③ 上車&下車

因為沒有時刻表，所以需要在月台等候。乘客較多的路線通常每隔3～5分鐘就有一班車。下車後按照「EXIT」（出口）的指示前往檢票口出站。

④ 出檢票口

一次性車票（卡或代幣）會在檢票口回收。如果是回數票（預付卡），只需要將卡片靠近感應。大型車站通常有多個出口。

車票的種類

單程票：每次搭車都發行的車票。BTS是用卡片，MRT則是用代幣（塑膠製代幣）。依不同距離票價在17～72B。出站時車票或代幣會回收。1日票：BTS限定發行的1日票。購買日或首次乘車當日有效，票價150B。
回數票：可儲值的預付卡。BTS首次發行手續費為100B，最低儲值金額為100B。MRT的首次發行手續費為30B，保證金50B，首次充值金額為100B，合計共180B。可在車站的窗口或部分售票機購買。

Grab

費用▶依照距離、時間帶別收費
推薦度 ★★★

叫車App Grab的司機源很多，通常很快就會叫到車，價格便宜也是它的優勢。若想避免塞車問題，可選擇GrabBike，騎乘摩托車時會提供安全帽。

>>>P.199

昭披耶河的客輪

費用▶14B～
推薦度 ★★

流經曼谷市區的昭披耶河也可搭船移動。雖然路線眾多且碼頭常有變動稍嫌複雜，但對遊客較為方便的昭披耶快船Chao Phraya Express Boat（票價14～33B）和遊船（單程30B，1日票150B）。此外，也有搭到對岸的渡船，單程約為4～5B。

計程車

費用▶起程費用35B(1km)
推薦度 ★★

計程車站點較少，所以就地攔車是比較常見的做法。但有些司機是議價制而非跳表計費，所以上車前一定要事先確認。部分司機不會說英文，建議使用Google Map確認目的地。另外，部分目的地可能會被拒載。

嘟嘟車、摩托計程車

費用▶議價制
推薦度 ★★

嘟嘟車是採議價制，需就地攔車。摩托計程車通常會在車站或主要觀光景點附近排班，適合短程移動價格從20B起跳。

市區公車

費用▶8B～
推薦度 ★★

當地人常搭的市區巴士路線複雜，建議先用Google Map查詢路線。巴士沒有固定時刻表，無法預測進站時間，所以建議在時間充裕時再嘗試。

注意事項

▶曼谷市區一定會塞車

尤其是蘇坤蔚路周邊常塞車，所以搭計程車會花很多時間。特別是在早上和傍晚的上下班尖峰時間塞車更為嚴重，建議避開這些時段。

清邁

清邁的古城區附近聚集了許多餐廳和觀光景點。由於城市不大，所以基本上推薦以步行為主。如果距離較遠的行程則建議使用Grab。

Grab

費用▶依照距離、時間帶別收費

推薦度 ★★★

叫車App Grab可選擇汽車或摩托車。除了價格最低且不需與司機議價的好處非常推薦。根據淡旺季或時段有可能會有司機源不足的情況，等候媒合司機的時間可能會比較久。 >>>P.199

雙條車

費用▶30B～／人

推薦度 ★★

座位在車斗的共乘紅色小型貨車，舉手攔車告訴司機目的地後坐在車斗。但如果上面已有其他乘客，就只能前往和他的目的地順路的地點稍嫌麻煩。每趟基本費用30B，但若移動距離較長可能會額外加收費用。若是移動範圍較遠的行程也可以協調包車(需協調)。

嘟嘟車

費用▶議價制

推薦度 ★★

在古城區等主要觀光景點排班，在路上也可以隨招隨停。車資並不固定，所以需要在上車前告知目的地並進行議價。一般價格是50～200B，但旺季價格通常較高。

計程車

費用▶包車500B～

推薦度 ★★

在清邁市區幾乎沒有跳表的計程車。若想要去較遠的地方多半會選擇包車。價格依計程車公司而異，從古城區到素帖寺來回約800B。也可透過旅遊公司預約。

普吉島

相較於曼谷等大城市，普吉島屬於度假區，各種交通工具的價格都偏高。如果要在廣大的島上移動，包車會比較方便。包車的費用約每天3000B起。

Grab

費用▶依照距離、時間帶別收費

推薦度 ★★★

不論是計程車或摩托計程車都有，且價格通常比計程車便宜。在普吉島市區如古城區和芭東海灘很容易媒合到司機。若目的地較遠，建議與司機交涉來回包車。

>>>P.199

嘟嘟車

費用▶700B(古城區～芭東海灘)

推薦度 ★★

即便有標示「TAXI」，也可能是要坐在車斗上的小型貨卡嘟嘟車，多半在島上的海灘待命。芭東海灘到古城區約需30分鐘，車資可議，依淡旺季或有不同。

雙條車

費用▶40B(古城區～芭東海灘)

推薦度 ★★

從古城區的普吉中央市場（MAP P.22 A-3）到芭東海灘有共乘巴士（移動時間45分鐘，每30分鐘一班）。因為坐在車斗不太舒適，且比計程車需要的時間更長。

計程車

費用▶議價制

推薦度 ★

紅色和黃色車身的計程車是跳表計費，但數量很少很難攔到。實際上使用跳表計費的計程車也不多，基本上都是現場議價。

蘇美島

基本上蘇美島的計程車車資處於通膨狀態，尤其是在旺季價格更高，因此租摩托車（1天250B～）也是一種選擇，但需國際駕照。此外，Grab在蘇美島的司機源比其他城市更少，有可能會找不到。

計程車

費用▶500B（查汶海灘～波普海灘）

推薦度 ★★

重要景點會有標示「TAXI」的乘車處，通常會標示主要區域的車資。但設定費率通常較高，建議在搭車前進行議價。

雙條車

費用▶議價制（查汶海灘～波普海灘）

推薦度 ★★

坐在車斗上的小型貨卡共乘計程車。上下車地點自由，只要舉手就可攔車。但上車前，建議先確認目的地是否正確。

Grab

費用▶依照距離、時間帶別收費

推薦度 ★

由於島上幾乎沒有Grab Bike所以基本上都是用Grab Taxi。島上司機源較少，因此價格比胡志明市等其他地區更高。但Grab Taxi相較於計程車還是便宜，且不需要議價相對方便。 >>>P.199

注意事項

▶留意議價糾紛

對於需要談判的交通工具，當你告訴司機目的地後，他們通常會先報一個較高的價格。這個初始價格往往可以減少至少3～4成，因此在乘車前一定要議價。避免在乘車後再討論價格，以免產生爭議。

▶費用不固定

在高需求的旺季或夜間使用議價制的交通方式通常會遇到漲價。可依據所需時間和路程和台灣計程車費稍作比較，若覺得價格過高，可用自己認為合理的價格判斷再決定是否搭乘。

▶提供目的地時

即使目的地的飯店名稱或設施名稱是英文，也可能因發音不同而無法正確傳達。這時透過Google Map或出示官方網站的名稱和地址，都有助正確地向司機傳達溝通。

議價制的交通工具在旺季通常會漲價。標示的價格也僅供參考。

泰國之旅 Info

遇到麻煩了，我該怎麼辦？實用Q&A大全

即使做好各種準備，在陌生環境還是可能會遇到突發狀況。
只要先了解旅途中常見的問題和應對方法，就可以冷靜處理。
記得事先確認在當地的聯絡方式、飲用水、食物等基礎情報。

擔心生病或受傷…

海外旅遊保險是明智選擇！

除了透過保險公司的官方網站申請，也可以在台灣的機場櫃檯加保。某些信用卡也有附帶的海外旅遊險，事先確認補償內容是很重要的。

若已加入保險

根據所購買的保險種類，醫院診療和意外的賠償內容或有不同。流程手續也因保險公司而異，因此出發前要確認相關細節。

1. 先與保險公司聯絡

應立即聯繫加保的保險公司，並依指示行事。有時保險公司會要求直接聯繫有配合的醫院進行約診。

2. 前往醫院

在醫院櫃檯出示保險合約，並說明診療費用將由保險公司支付。

3. 由保險公司負擔診療費

後續保險公司會將出險支付的相關報告寄到家中，檢查內容是否正確。

若未加入保險

首先要找到可以就診的醫院。可以向飯店工作人員詢問附近推薦的醫院。到醫院就診時，最好先告知自己並未投保，在診療前先了解大致的醫療相關費用。

緊急聯絡網

- 旅遊警察呼叫中心：☎1155（24小時服務）
- 警察:☎191

駐泰國台北經濟文化辦事處

☎+66-2-119-3555
⌂40/64 Vibhavadi-Rangsit 66, Laksi, 10210 Bangkok, Thailand
Email：tha@mofa.gov.tw
☎02-207-8501

想打電話！

善用LINE和Whats App

在有網絡的情況下使用通話App通常是免費的。但若訊號不穩定可能會導致無法通話，因此建議先確認可用手機或當地市話撥打的方法。國際通話都比在台灣國內的通話費還高，WhatsApp在泰國非常普遍，也可以用在跟商家預約。

國際電話的撥打方法

☎ 從泰國撥打台灣

00	+	886	+	對方號碼
國際電話識別碼		台灣國碼		長途電話請加0，手機也是

※使用手機撥打國際電話可以長按「0」鍵，等到出現「+（國際電話識別碼）」後，再輸入相對應的國碼。

注意事項

▶關閉「數據漫遊」

數據漫遊是指當身處於無法接收簽約行動電話公司訊號的區域時，可以利用當地行動電話公司的訊號進行通信的功能。若將數據漫遊為開啟狀態，雖然可以繼續上網，但可能會發生高額的行動數據費用。因此建議出國時務必關閉。你可以在智慧型手機的設定>數據通信選單來更改。

電源、電壓?

多數都可以直接使用

● **電源（插頭）** 泰國的電器插頭有A、B3和C三種類型。台灣的插頭是A和B型，泰國大多數則是混合型，所以即使沒有轉接頭，通常也可以直接使用。

● **電壓** 泰國的電壓是220V，台灣是110V，若直接使用台灣電器可能會造成短路故障。但近年電子產品多為支援100V～240V，因此不需要使用變壓器。但保險起見，記得確認電子產品標標示對應的電壓範圍。

連不上網路

BEST ANSWER 先在台灣準備

搜尋地圖、翻譯、查看店家評價等在網路上完成會比較有效率！如果隨時保持可以上網的狀態，可以考慮出國專用的Wi-Fi路由器或是SIM卡／eSIM。

方法1　租借Wi-Fi路由器

透過網路預約，在機場出發前取貨及回國時在機場歸還。根據國家和使用時間收費略有所不同，缺點是會增加隨身設備，且須定期充電。

方法2　出國專用的SIM卡

在台灣購買國外SIM卡，到當地後更換就能使用行動數據。SIM卡也可以在當地的機場或電子產品店購買。也有只需更改手機服務電信業者即可啟用的eSIM可以選擇。

方法3　使用當地免費Wi-Fi

在飯店、餐廳、機場、主要觀光景點和購物中心，通常會提供免費Wi-Fi。但使用時可能需要註冊電子郵件地址或電話號碼有點麻煩，且可能會有時間限制。基於安全考量，也建議避免在免費Wi-Fi上輸入個人資訊。

注意事項

為避免訊號不穩定措手不及，建議事先確認能離線使用的應用程式。例如Google Map或翻譯的應用程式都可事先下載會更加方便。

事先了解的當地情報

・飲用水請一定要喝礦泉水

泰國的自來水不適合飲用請避免生飲。礦泉水可以在便利商店或小賣店購買。

・留意食物中毒

街頭小吃、生食和冰都可能會引起腹瀉，若不習慣吃辣的食物也要特別小心。

・避免對王室不敬的言論

泰國是君主制，所以即使是外國人批評國王或王室也可能構成犯罪，必須留意發言。

・多為虔誠的佛教徒

泰國95%以上的國民是佛教徒，在參觀寺廟時要避免穿著暴露的衣服，也不能觸摸佛像。

・僅能在指定場所吸菸

電車或公車等大眾交通工具內，或是有空調的餐廳及設施內禁止吸菸，亂丟菸蒂也會被罰款。

・有限制酒類販售的時段

泰國的酒類販售時間為11:00-14:00和17:00-24:00，超市和餐廳在非酒類銷售時段無法提供。另外，選舉前一天和當天都是禁酒日，酒吧也不能提供酒精飲料。

失竊或遺失物品！

BEST ANSWER 盡快向警察報案

若失竊或遺失物品時要盡快向警察報案，取得保險理賠需要的失竊或遺失證明。以下是各種不同的應對措施。

護照

到曼谷的駐泰國台北經濟文化辦事處申請護照補發，或申請回國用的「入國證明書」。申請時需要提供當地警察開立的「失竊或遺失證明書」。

信用卡

立即聯絡信用卡公司的緊急聯絡窗口，並進行卡片掛失。手邊留存信用卡卡號和有效期限等，手續會更加順利。

語言不通的話

BEST ANSWER 善用應用程式別慌張

由於泰國是觀光產業國家，從事觀光業的人幾乎都會說英語。弱勢旅客經常光顧的飯店或餐廳，即使用簡單的英語也能夠溝通。若希望進一步用泰語表達或閱讀，可以參考以下工具。此外，學會一些簡單的泰文問候語也能讓對方留下好的印象，可以事先準備（→別冊P.26）。

翻譯應用程式

下載免費的翻譯應用程式非常方便。也可以使用線上翻譯網站進行翻譯。

Google智慧鏡頭

使用手機的相機拍攝功能就能搜尋，也能翻譯文字，所以在閱讀泰文菜單時非常方便。只需啟動相機，點擊Google Lens的標誌，選擇翻譯，再按下快門按鈕即可。但有些iPhone型號可能無法支援。

注意事項

有些翻譯應用軟體提供離線使用，因此事先下載這些應用程式會非常方便。Google Lens也支持離線服務，只要下載常用語言（如英語和泰語），在沒有網路的情況下也能正常使用。

在當地經常發生的事件請參考P.16的「泰國事件簿BEST 9」。

ハレ旅
Info

預習泰銖相關情報
讓旅程玩得更划算

剛開始不熟悉的時候，換算外幣比較困難。
但如果事先掌握物價，就可以順利購物。
也要留意兌換的小訣竅和小費文化。

貨幣與匯率

1泰銖≒1台幣

泰國的貨幣是泰銖（B）。
幾乎沒有地方可以用台幣或美金支付。
（2024年1月現在）

紙幣

1000B

500B

100B

50B

20B

硬幣

10B、5B、2B、1B、50分(沙丹)、25分(沙丹)，沙丹硬幣幾乎已經沒有使用。

rule 1 確認主要物價

高級餐廳和高級飯店的價格與台灣相差無幾，以當地人為主顧的商店則比台灣便宜許多。

- 礦泉水（便利商店）約10B
- 咖啡（攤販）約20B
- 海南雞飯（攤販）約50B
- 腳底按摩（一般店家、30分鐘）約150B
- 計程車啟程運價（曼谷）約35B

rule 2 兌換外幣建議在市區進行

兌換外幣最好在市區的兌換所進行。建議抵達機場後，先在機場內的兌換所兌換少量現金，之後再在市區的換兌換分次進行。

rule 3 信用卡支付非常方便

在飯店、餐廳、購物中心、便利商店以及連鎖咖啡廳等各種場所幾乎都可以使用信用卡。相較於兌換現金，信用卡的好處是手續費較低且不必攜帶大量現金在身上。

rule 4 在ATM領錢

在有「Visa」或「Plus」標誌的ATM可使用台灣發行的信用卡提領現金。為了避免遇上機械故障的問題，建議使用銀行內的ATM會相對安心。操作步驟為選擇「WITHDRAWAL」（取款）後，再選擇「CREDIT」（信用／預支）。提領現金會產生手續費。

rule 5 有小費文化

在飯店搬運行李時，根據飯店等級，小費的行情大約是20～100B。在餐廳通常會給帳單金額的10%左右作為小費。按摩店則視店鋪等級，小費大約給50～200B左右。如果費用中已含服務費就不需要再另外給小費。

注意事項

▶在台灣兌換貨幣的匯率較差
台灣機場的兌換所或銀行的匯率較不划算，因此建議抵達當地後再進行兌換。如果擔心手上沒有泰銖，也可以在台灣先兌換少量金額。

▶僅收現金的店家很多
當地食堂、路邊攤、禮品店小店和計程車等，通常無法使用信用卡支付。

▶記得確認金額
用行信用卡結帳時務必確認卡機上顯示的金額。後續也要留意帳單明細，確認沒有遭到盜刷。

▶有些洗手間需要收費
在海灘或市場的洗手間通常需要收費，每次大約10B左右。

▶小額的紙幣搭配零錢比較方便
計程車或小吃攤等可能會遇到無法找零的情況，所以大面額的紙鈔（如1000B）可能無法使用。建議準備100B以下的紙鈔搭配硬幣會更方便。

泰國之旅INDEX

曼谷

SHOPPING

BEAUTY

STAY

清邁

SIGHTSEEING

EAT

SHOPPING

BEAUTY

STAY